WITZE JUMBO

WITZE JUMBO

2500

Zweitausendfünfhundert Witze, die einschlagen!

Weltbild

Zusammengestellt
von
Sabine Geier-Leisch

Der Text dieses Buches folgt den neuen Regeln
der deutschen Rechtschreibung

Weltbild Buchverlag

2. Auflage 1998

Illustrationen/Layout: Gestaltungsbüro Uhlig, Augsburg

Satz: Uhl + Massopust, Aalen
Druck und Bindung: Ebner Ulm
Printed Germany
ISBN 3-89604-304-8

INHALTSVERZEICHNIS

Seite | Kapitel

Kapitel

1.

Laut gelacht ist halb gewonnen

Treffen sich zwei Hellseher.
Meint der eine zum anderen: „Dir geht's gut und wie geht's mir?"

„Was hat Sie denn hierher geführt?", will der Pastor vom Gefangenen wissen.
„Mein Glaube!"
„Ihr Glaube?"
„Ja, ich habe felsenfest geglaubt, die Bank hätte keine Alarmanlage!"

Klingelt der Pfarrer an der Haustür. Tönt plötzlich eine Stimme aus der Sprechanlage: „Bist du es, Engelchen?"
Der Pfarrer mit einem Schmunzeln: „Nicht direkt, aber von der gleichen Firma!"

„Ihr Vorname?"
„Pfui", sagte der Teufel.

Zimmermann Alois arbeitet auf einem Kirchendach. Dabei kommt er ins Rutschen und schlittert hinunter. Hochwürden, der von unten die Arbeiten verfolgt, ruft erschrocken:
„Halte dich an Gott, mein Sohn!"
„Ich wäre froh, wenn ich den Dachbalken erwischen würde", schreit Alois.

Im Gefängnispfarrer hat Ede einen guten Zuhörer gefunden. Am Tag seiner Entlassung schüttelt ihm der Geistliche die Hand und meint: „Also, wenn du mal Hilfe brauchst, wende dich vertrauensvoll an mich." Winkt Ede ab. „Nettes Angebot, aber Tresore knacken ist schwerer wie Sie denken, Herr Pfarrer!"

Sitzen beim Friseur eine Rothaarige und ein Glatzköpfiger nebeneinander.
Sagt die Rothaarige: „Na, der liebe Gott wollte Ihnen wohl keine Haare geben?"
Meint der Kahlköpfige: „Doch, rote – aber die wollte ich nicht!"

Der Papst besucht anonym Venedig und fällt aus der Gondel in einen Kanal. Das Wasser geht ihm nur bis zur Brust, doch er sinkt immer tiefer im Schlamm ein. Ein Gondoliere rudert vorbei und bietet seine Hilfe an.
Der Papst sagt: „Nein danke, der Heilige Geist wird mir beistehen!"
Das Wasser steht ihm schon bis zum Hals. Der Gondoliere rudert wieder vorbei und bietet abermals Hilfe an.
Papst: „Nein danke, der Heilige Geist wird mir beistehen!"
Nachdem der Papst den Kampf gegen die Fluten verloren hat, trifft er Petrus im Himmel und schimpft: „Wo war denn der Heilige Geist, als ich ihn so nötig brauchte?"
Kommt der Heilige Geist hinzu und sagt: „Ich weiß nicht, was du willst – wer, glaubst du eigentlich, ist die ganze Zeit an dir vorbeigerudert?"

Zwei Hellseher treffen sich bei einem Spaziergang im Park.
„Was für ein Kaiserwetter!", schwärmt der eine.
„In der Tat, Kollege", erwidert der andere, „fast so schön wie im Sommer 1999!"

Drei Wochen strahlender Sonnenschein. Mit hängenden Flügeln gehen die Engel zu Petrus und erkundigen sich nach den Wetteraussichten. „Wolkig", meint Petrus, worauf die Engel in Freudenschreie ausbrechen: „Na, endlich! Dann können wir uns wieder mal hinsetzen!"

Gedankenverloren steht ein älterer Mann am Rande eines U-Bahn-Gleises. Da rempelt ihn plötzlich jemand an, und er wäre wohl unter den heranrasenden Zug gefallen, wenn ihn nicht eine kleine Hand am Mantel gepackt und auf den Bahnsteig zurückgezogen hätte. Aufatmend blickt er hinter sich und sieht ein kleines Wesen, das ihn triumphierend anlächelt. „Vielen Dank auch", sagt der ältere Herr und fragt nach: „Und bei wem darf ich mich bedanken?"
„Ich bin dein Schutzengel", zwitschert der Kleine.
Da verfinstert sich die Miene des Geretteten schlagartig, er packt den kleinen Wicht und schüttelt ihn heftig: „Mein Schutzengel also. Dich möcht ich schon seit Jahren in die Finger bekommen. Wo warst du Lump, als ich geheiratet habe?"

Bertel geht auf dem Rummelplatz zu einer Wahrsagerin. „In ihrer Zukunft sehe ich viel Schwarzes!", prophezeit sie ihm.
„Das hat gar nichts zu bedeuten", meint Bertel, „ich bin nämlich von Beruf Schornsteinfeger!"

Im Freundeskreis von Heike sorgt derzeit das Thema Horoskope für reichlich Gesprächsstoff. Meint ihre Freundin: „Bist du eigentlich abergläubisch? Du weißt schon, schwarze Katzen, unter Leitern durchgehen und zerbrochene Spiegel?" Heike selbstsicher: „Keine Spur!" Dann glaube sie sicherlich auch nicht an Horoskope, meint ihre Freundin weiter. Heike zuckt nur abfällig mit den Schultern: „Niemals! Wir Skorpione sind nämlich äußerst misstrauisch!"

„Für 30 Mark blicke ich für Sie in die Zukunft", sagt eine Wahrsagerin. „Und Sie schimpfen sich Wahrsagerin?", gibt der Mann unwirsch zur Antwort. „Wenn Sie wirklich übersinnliche Kräfte hätten, wüssten Sie, dass ich keinen Pfennig Geld in der Tasche habe!"

Die Wahrsagerin blickt mit ernstem Gesicht in ihre Karten: „Sie werden eine Berühmtheit!" – „Super, da bin ich aber gespannt!" – „Ganz bestimmt, in tausend Jahren wird Ihr Unterkiefer das Vorzeigeobjekt eines Naturkundemuseums sein!"

„Sie sind Zauberkünstler?", fragt der Zirkusdirektor.
„Ja, ich zersäge Frauen!"
„Haben Sie denn Geschwister?", will der Zirkusdirektor wissen.
„Zwei Halbschwestern!"

Carmen zu ihrer Freundin: „Erinnerst du dich, dass ich dir von meiner Bewerbung beim Theater erzählt habe? Die haben mich eingestellt!" Die Freundin will natürlich alle Einzelheiten wissen: „Und, was machst du so?"
„Ich verteile Rollen", erklärt Carmen wichtig. „Na, die haben dir ja gleich eine verantwortungsvolle Aufgabe übertragen", meint die Freundin. Darauf Carmen: „Klar, auf jede Toilette gehört eine!"

Ein Fakir zu seinem Kollegen: „Schau mal, was ich uns mitgebracht habe!"
„Oh toll, ein Sack voller Nägel."
„Das gibt eine super Kissenschlacht heute Abend!"

Kommt ein Fakir in die Eisenwarenhandlung und verlangt zehn Packungen Nägel. „Du liebe Zeit", wundert sich der Verkäufer, „Sie haben wohl noch viel vor!"
„Ich nicht", antwortet der Fakir, „aber meine Frau will heute die Betten neu beziehen!"

Ein vermeintlicher Kunstkenner betritt das Atelier des Bildhauers und schwärmt in den höchsten Tönen: „Meister, wie haben Sie denn diese herrliche Figur nur geschaffen?"
„Nun, ich habe sie aus einem Marmorblock gehauen!"
„Und woher wussten Sie vorher, dass sie da drin ist...?"

Kommt ein älterer Herr an die Theaterkasse.
„Ich habe gestern telefonisch eine Karte reserviert."
„Für 'Othello'?"
„Nein, für mich persönlich!"

Erkundigt sich der Ehemann bei seiner Frau: „Na, wie war's heute in deiner Kunstklasse? Hast du eurem Kunstprofessor wieder Modell gestanden? Wie soll das Gemälde eigentlich heißen?" – Seine Frau: „Eva und die Schlange." – „Klingt interessant. Und wer hat für die Eva Modell gestanden?"

Ein Mann sitzt im Theater. Kurz vor Beginn der Vorstellung meldet sich bei ihm ein dringendes Bedürfnis. Er irrt durch die leeren Gänge, findet aber keine Toilette. In seiner Verzweiflung pinkelt er in eine herumstehende Blumenvase, geht zurück in den Zuschauerraum und setzt sich wieder. Der Vorhang ist bereits aufgezogen, aber es ist niemand auf der Bühne. Er fragt seinen Nachbarn: „Na, war schon was?" Sagt der: „Ja, sehr modernes Theater – kommt einer rein, pinkelt in eine Vase und geht wieder raus."

Auf der internationalen Kunstausstellung in Kassel. Ein namhafter Bildhauer präsentiert sich und seine Kunstwerke den Presseleuten. Interessiert fragt ein Journalist nach dem Arbeitssystem des Bildhauers: „Ist es nicht furchtbar schwierig, eine Figurengruppen wie diese zu meißeln?" Lächelnd meint der Künstler: „Keineswegs: Ich nehme einfach einen großen Marmorblock und schlage alles weg, was nicht nach einer Figur aussieht!"

Zwei Freunde gehen ins Kino. Am nächsten Tag, in der Schule, erzählt der eine dem anderen, dass er letzte Nacht von dem Film geträumt habe.
Sagt sein Freund: „Mensch, da hättest du dir ja das Eintrittsgeld sparen können!"

Was ist Mut? Wenn jemand nur mit einer Krawatte bekleidet ins Theater geht.
Was ist Übermut? Wenn er die Krawatte an der Garderobe abgibt.
Was ist Schlagfertigkeit?
Wenn die Garderobenfrau fragt: „Wollen Sie den Knirps nicht auch noch abgeben?"

Fräulein Meike probt ihre erste Rolle auf der Bühne. Laut ihres Regisseurs muss sie in dieser Szene nur einen Koffer packen. Während sich die junge Frau krampfhaft um eine glaubhafte Darstellung bemüht, meint der Regisseur zum Kostümbildner: „Haben Sie schon jemals eine so packende Rolle gesehen?"

Auf der Straße: „Entschuldigen Sie, wie komme ich am besten ins Museum?"
„Lassen Sie sich ausstopfen!"

Auf dem Gehsteig vor dem Theater hat sich eine gewaltige Menschentraube gebildet. Ein weiterer Passant kommt hinzu und fragt neugierig: „Ist was passiert? Ist jemand verletzt?" Dreht sich ein anderer aus der Menge um und meint: „Keine Ahnung, der Letzte, der's wissen müsste, ist vor einer halben Stunde gegangen!"

„Stell dich gefälligst hinten an", raunzt Axel den Mann an, der sich durch das Gedränge vor der Kinokasse nach vorne geschoben hat. Mit einem Schulterzucken meint dieser: „Geht leider nicht, hinten steht schon einer!"

Das Telefon in der Theaterkasse klingelt. Meldet sich eine verschlafene Männerstimme: „Wann beginnt denn bei Ihnen die nächste Vorstellung?"
Antwort die freundliche Dame an der Theaterkasse: „Mein Herr, wann könnten Sie denn da sein?"

Auf der Vernissage kommt der Künstler mit einem Bekannten ins Gespräch.
Fragt der selbstverliebte Maler: „Und was bewunderst du an meinen Bildern am meisten?"
„Dass du sie verkaufst!"

Zwei Damen der feinen Gesellschaft unterhalten sich:
„Gehen Sie auch zu Figaros Hochzeit?"
„Nein, wir schicken Blumen!"

Die Münchner Pinakothek hat einen neuen Wärter eingestellt.
Zufrieden grinsend meldet er sich bei Dienstschluss seines ersten Arbeitstages beim Direktor ab: „Ist besser gelaufen, als ich gedacht habe. In zwei Stunden habe ich drei Rubens und einen Picasso verkauft!"

Beschwert sich der junge Autor beim Regisseur: „Habe ich Ihnen eigentlich etwas getan? Sie spielen mein Stück immer nur dann, wenn das Theater leer ist!"

Ein Malergeselle tapeziert gerade zusammen mit drei Kollegen das Zimmer des Bundeskanzlers. Plötzlich klingelt der Amtsapparat. Selbstbewusst nimmt der Geselle den Hörer ab und ruft, ohne nachzufragen, wer dran ist, ins Telefon: „Mein Name tut nichts zur Sache, hier ist niemand, denn heute wird hier gearbeitet!"

Zwei Freunde treffen sich in der Stadt.
Fragt der eine: „Wohin gehst du?"
„Ins Kino."
„Was kommt denn?"
„Quo Vadis. Weißt du, was das heißt?"
„Wohin gehst du?"
„Ins Kino. Was kommt denn?"…

Atelierbesuch bei einem bekannten Maler. Ein Freund und Gönner des Malers steht verzückt vor einem neuen Werk. „Herrlich, diese Pinselführung, diese prächtigen Farben! Ich wünschte, ich könnte etwas davon mit nach Hause nehmen!", schwärmt der Besucher. „Das werden Sie bestimmt", meint der Künstler, „Sie sitzen nämlich auf meiner Palette!"

Völlig außer Atem kommt ein Mann zur Kinokasse gerannt.
„Eine Karte für die Vorstellung heute Abend bitte."
„Tut mir Leid, aber das Kino ist bis auf den letzten Platz ausverkauft."
Dann geben Sie mir doch den!"

Ein Penner stöbert im Sperrmüll herum und findet nach langem Suchen einen alten Spiegel. Fasziniert betrachtet er den Spiegel und meint dann:
„Dieses Bild hätte ich auch weggeworfen!"

„Dass wir in einen Horrorfilm gehen, weiß ich ja", meint Helmut zu seiner Freundin, „Aber ich hatte ja keine Ahnung, dass es mich schon beim Eintrittspreis gruselt!"

„Im Kino fiel gestern der Strom aus." – „Und, gab es Panik?" – „Ziemlich, als nach 20 Minuten überraschend das Licht eingeschaltet wurde."

Aus der 'Hauszeitung' im Knast:
„Der Geldknacker wird echt sauer,
war vor ihm schon ein anderer Klauer!"

Zwei Freunde vor dem Kino. Auf einem Plakat wird angepriesen: „Zwei Stunden Spannung! Zwei Stunden Lachen! Zwei Stunden Unterhaltung!" – „Mensch, Hajo, in den Film müssen wir rein!" Sein Kumpel entsetzt: „Spinnst du? Sechs Stunden Kino – das halt ich nicht durch!"

Ein Cowboy, neu in der Stadt, stattet dem einzigen Saloon der abgelegenen Goldgräberstadt einen Besuch ab. Er genehmigt sich einen Drink, beobachtet schweigend die anderen Gäste. Sein Blick fällt auf den Fußboden. Er tippt dem Wirt auf die Schulter: „Guter Mann, warum bestreut ihr euren Fußboden mit Sägespänen?" Lacht der Wirt und meint: „Sägespäne? Cowboy, mach die Augen auf – das sind die Möbel von gestern!"

Herr Bader wird von dem Aushängeschild 'Lasst Blumen sprechen!' in den Laden gezogen. Er sucht dringend nach einem Präsent für seine Frau und fragt den Gärtner: „Haben Sie vielleicht ein Veilchen, das 'Alles Gute zum Hochzeitstag' sagen kann?"

Tobias zieht seinen Freund Heiko auf: „Na, was habt ihr denn heute Schönes im Anstandskurs gelernt?"
„Gute Manieren, du Dussel!"

Ex-Knacki Toni schenkt seiner Freundin ein sündhaft teures Armband. Sie strahlt über das ganze Gesicht, küsst ihn auf die Wange und meint: „So ein wundervolles Geschenk! Das ist doch bestimmt acht Jahre wert!"

Zwei Arbeiter auf der Baustelle. Wundert sich der eine: „Hey, Mann, du schiebst den Schubkarren ja verkehrt rum." Meint der andere: „Du denkst wohl, dass ich nicht ganz helle bin, oder? Im Gegenteil: Wenn ich den Karren richtig schiebe, schmeißen die ständig Sand rein!"

Ein Mann kommt zur Fotografin.
„Machen Sie auch Vergrößerungen bis auf Lebensgröße?" – „Natürlich." – „Oh, prima. Ich hätte da ein Negativ von der Zugspitze..."

„Könntest du mir vielleicht 400 Mark pumpen?", fragt Schuster seinen Arbeitskollegen.
„Sicher, aber welche Garantie kannst du mir geben, dass ich das Geld zurückbekomme?"
„Genügt dir das Wort eines ehrlichen Kollegen?"
„Doch, sicherlich. Schick ihn in der Mittagspause mal vorbei!"

Ein Förster auf seinem Hochsitz beobachtet schon eine ganze Weile, wie sich ein junger Mann mit einem Taschenmesser an einer Baumrinde zu schaffen macht. „Hey, Sie da", ruft der Förster dem jungen Burschen zu, „Sie können doch nicht in einem gesunden Baumstamm herumschnitzen!"
Meint der: „Ich schnitze ja gar nicht – ich radiere etwas aus!"

Zwei notorische Diebe haben ihre Zeit im Knast abgesessen. Endlich wieder in Freiheit, stehen die beiden abwartend vor dem Gefängnistor. Sagt der eine: „Na, was ist? Nehmen wir den Bus?" Sagt der andere: „Spinnst du? Den kauft uns doch keiner ab!"

„Sehr geehrter Herr Inspektor", rechtfertigte sich der Bäcker, „ich gebe ja zu, dass ich in den Teig Sägemehl gerührt habe. Aber ich habe das Gebäck korrekt als Baumkuchen verkauft!"

Rumpeln zwei Milchflaschen auf ihrer morgendlichen Fahrt aneinander. Entschuldigt sich die eine: „War keine Absicht! Ist was passiert?" Knurrt die andere: „Lass mich bloß in Ruhe, ich bin sauer!"

Ein Bankräuber, der kein großes Aufsehen machen will, schiebt dem Bankangestellten einen Zettel unter der Panzerglasscheibe hindurch. Darauf steht: „Dies ist ein Überfall. Drücken Sie auf keinen Fall den Alarmknopf, schreien Sie nicht, sondern packen Sie nur das Geld in eine Tasche und geben es mir unauffällig!"
Mit ausdrucksloser Mimik liest der Angestellte den Zettel, wendet ihn, notiert etwas darauf, und schiebt den Zettel wieder zum Bankräuber. Der liest: „Bringen Sie erst mal Ihren Anzug in Ordnung! Sie werden gefilmt!"

Fragt Heiner seinen Freund, was er denn später einmal werden wolle.
„Bootsmann.“
„Ganz schön harter Job“, meint Heiner.
„I wo, ich will auf einem Schoner arbeiten!“

Das zeitraubende Warten auf den Klempner haben die Schultes sinnvoll ausgefüllt. Als der Klempner schließlich und endlich eintrifft, meint Frau Schulte: „Während wir auf Sie gewartet haben, konnten wir unseren Kindern das Schwimmen beibringen!“

Kommt die kesse Lilo in ein Kosmetikgeschäft: „Ich hätte gern einen fettarmen Lippenstift! Mein Freund macht nämlich gerade eine Abmagerungskur!“

Kerstin, außer sich vor Wut, fährt ihre Freundin an : „Kannst du einmal nicht mit einer Gegenfrage antworten?“
„Tu ich das denn?“

Ein völlig verregneter Samstagmorgen. Michael stürzt in die Bäckerei und verlangt: „Bitte zwei Hörnchen, eins für Steffi und eins für mich.“
Meint der Bäcker: „Na, Steffi ist dann wahrscheinlich Ihre Frau?“
„Ja, sicher. Oder glauben Sie, Mami würde mich bei diesem Sauwetter aus dem Haus jagen?!“

Raimar liest die Morgenzeitung und sagt: „Hey, Schwesterchen, sei bloß vorsichtig, wenn du heute zur Arbeit gehst. Hier steht, dass die Polizei einen Flüchtigen sucht, männlich, 1,85 groß, blond, sicheres Auftreten!“
Genau so einen suche ich schon eine Ewigkeit“, seufzt die Schwester.

„Ist das Rasieren schon wieder teurer geworden?“, beschwert sich der Stammkunde beim Friseur, „wie kommt das?“
„Weil die Gesichter länger geworden sind“, meint der Meister, „habe ich mehr Arbeit.“
„Lange Gesichter?“
„Ja, von der neuen Steuer!“

Stolz präsentiert Renate ihrer Freundin das neueste Geschenk. „Sieh mal, hat mir mein Freund geschenkt – ein Armreif aus Elfenbein!" Mit traurigem Gesichtsausdruck meint die: „Die armen, armen Elfen!"

Kommt einer in ein Kaufhaus, geht in ein Geschäft und verlangt einen Schirm. Sagt die Verkäuferin: „Erst'n Stock!"
Der Mann genervt: „Nee, erst 'nen Schirm und dann 'nen Stock."

Zwei Stecknadeln plaudern aus dem Nähkästchen.
„Du, kennst du schon den neuesten politischen Witz?"
Flüstert die andere: „Pssst! Hinter uns liegt eine Sicherheitsnadel!"

Bei Langfinger-Joe ist Fernsehabend angesagt. Er blättert in der Fernsehzeitschrift, stutzt bei dem Programmpunkt 'Krimi' und ruft seinen Freund, der sich gerade in der Küche ein Bier holt. „Schnell, Knacker-Kurti, komm her! Gleich kommt Schulfernsehen!"

Ein Passant zu Herbert: „Guter Mann, warum liegen Sie denn auf der Straße?"
„Weil ich etwas verloren habe!"
„Ich helfe Ihnen. Was suchen Sie denn?"
„Mein Gleichgewicht!"

„Mein Sohn ist Entwicklungshelfer", prahlt Vater Kasimir vor seinen Tennisfreunden. „In Indien?", fragt einer interessiert. „Nee, im Fotolabor!"

Kommt ein Geizhals in einen Schönheitssalon und verlangt eine Maniküre: „Aber bitte nur den Ringfinger. Ich heirate morgen!"

Es klingelt an der Haustüre, die Dame des Hauses öffnet, und sogleich leiert der Vertreter seinen Spruch herunter: „Guten Tag, gnädige Frau, ich vertrete Schuhcreme." Darauf die Hausfrau entrüstet: „Aber nicht auf meinem Fußabstreifer!" Sprach's und schlug dem Vertreter die Türe vor der Nase zu.

Smalltalk auf der Party. Adriana will über ihren Tanzpartner ein bisschen mehr wissen. Der Prahlhans tönt, dass er Starfotograf sei. Darauf die junge Frau kichernd: „Was es nicht alles gibt! Ist es denn auf die Dauer nicht furchtbar öde, immer die gleichen Vögel zu knipsen?"

„Mein Rasiermesser ist so scharf, dass ich die Kunden nur mit dem Messerrücken rasieren kann", prahlt ein Friseur vor dem anderen. Der lächelt nur und meint: „Pappenstiel! Bei meinem Messer fallen die Barthaare schon vor Schreck ab, wenn ich es nur wetze!"

Jammert ein Schreinerlehrling aus voller, bayerischer Seele: „Mogst es net glaub'n, jetzt hob i's Brett dreimal g'mess'n und viermal abg'schnit-t'n, und jetzt is no z'kurz!"

Auf einer großen Kochausstellung. Heiß liegt die Sonne über den Hallen.
Ein Mann wird ohnmächtig hinausgetragen.
„Sonnenstich?", fragt ein Besucher besorgt.
„Nein, Gratisproben!"

„Wie heißen Sie mit Nachnamen?"
„Schnitzkiplitz-Krismisky."
„Und wie schreibt sich das?"
„Mit Bindestrich!"

Vor dem Postschalter hat sich eine lange Schlange gebildet. Ein älterer Herr schiebt sich selbstbewusst an den übrigen Wartenden vorbei: „Ich brauche nur ein paar Briefmarken."
Entrüstet meldet sich eine Stimme aus der Menge: „Guter Mann, glauben Sie etwa, wir haben uns zur Polonaise aufgestellt?"

Zwei Nachtwächter versuchen, sich mit Kreuzworträtseln und Zeitschriften die Zeit zu vertreiben. Stutzt plötzlich einer der beiden, schaut von seiner Lektüre auf und fragt: „Du, Axel, was ist eigentlich paradox?" Nach kurzem Überlegen meint der andere: „Das ist, wenn ein Einbrecher ausbricht!"

Fragt Ilse Maier ihren Friseur: „Ich bräuchte mal wieder eine neue Dauerwelle, kann ich morgen vorbeischauen?“
Darauf der Friseur: „Gnädige Frau, kommen Sie, wann immer es Ihnen passt, aber seien Sie pünktlich!“

Im Gemüseladen:
„Haben Sie holländischen Kohl?“
„Nein, nur deutschen.“
„Jetzt bin ich den ganzen Weg umsonst hierher gekommen. Haben Sie wirklich keinen holländischen Kohl?“
„Du liebe Zeit, nein! Wollen Sie den Kohl essen oder sich nur mit ihm unterhalten?“

Hilde war bis vor kurzem noch, sagen wir mal, ‘mollig’. Eine Schlankheitskur, zu der sie sich endlich durchgerungen hatte, zeigt auch schon die ersten Ergebnisse. Bewundernd meint eine Bekannte: „Kompliment, Hilde, deine Diät nimmst du ja wirklich ernst!“ – „Und ob!“, antwortet Hilde, „ich lese in der Zeitung nicht einmal mehr das Fettgedruckte!“

Smalltalk bei einem Stehempfang im Rathaus. Weil das festliche Ereignis wenig Gesprächsstoff abgibt, redet man halt über das Wetter. Fragt der eine Gast den anderen: „Wie fanden Sie das Wetter heute?“ Antwortet der andere genervt: „Das war einfach: Ich öffnete morgens die Haustüre – und da war es!“

Mirko hat von seinem australischen Brieffreund einen neuen Bumerang geschenkt bekommen. Seitdem versucht er vergeblich, seinen alten wegzuwerfen!

Brösel kommt in die Großbank, tritt an den Bankschalter und meint: „Würden Sie mir bitte einen Gefallen tun? Ich hätte gern für diesen Tausendmarkschein 15 Hundertmarkscheine!“
Verdutzt antwortet der Bankangestellte: „Sie machen wohl Scherze: Sie meinen bestimmt zehn Hundertmarkscheine!“
Schüttelt Brösel den Kopf: „Dann wäre es doch kein Gefallen, oder?“

In eine Firma wird eingebrochen. Die Diebe überrumpeln den Nachtwächter und zwingen ihn mit vorgehaltener Pistole, den Tresor zu öffnen. Der vor Angst wimmernde Sicherheitsmann äußert mit dünner Stimme noch eine Bitte: „Bevor ich Ihnen den Tresor öffne, schießen Sie doch bitte im Zimmer herum, sodass es wirklich wie ein Überfall aussieht!“ Gesagt, getan, die Diebe ballern im Zimmer herum – peng, ein Schuss in den Schreibtisch – peng, ein Schuss in die Lampe, – peng, noch einer durchs Fenster. „Und noch ein Schuss durch meine Mütze“, bittet der Wachmann. „Geht nicht“, meint einer der Diebe, „Magazine leer!“ Darauf der Nachtwächter: „Dann bleibt der Tresor eben zu!“

„Ich leihe nie wieder einem Freund meine Schallplatten“, schwor sich Manfred, als er die völlig zerkratzte Platte mit Entsetzen betrachtete. Sein Freund hatte, wie er ihm später erzählte, die besten Stellen 'angekreuzt'!

„Dieser Batzen Eis soll eine Portion sein?“, beschwert sich Mario in der Eisdiele. Meint der Inhaber: „Wollten Sie für dieses Geld etwa Holiday-on-Ice?“

Der junge Bauherr ist ein wenig verunsichert, also fragt er beim Baustellenleiter nach: „Warum legen Sie im Winter eigentlich eine Baupause ein?“ – „Na, in der Kälte würden uns doch alle Bierflaschen platzen!“

Unterhalten sich zwei Bankangestellte bei einem Feierabend-Bierchen: „Geld scheint es im Land ja genug zu geben, nur schuldet es jeder einem anderen!“

Kommt ein Greenhorn auf eine Farm und fragt: „Wo finde ich Big Joe?“
„Der ist nicht zu sprechen!“, sagt der Farmer.
„Man hat mir aber gesagt, dass Big Joe nur einen Büchsenschuss von hier entfernt wohnen soll!“
„Genau deshalb kannst du ihn auch nicht sprechen!“

Kommt ein feiner Herr in ein Geschäft für Herrenoberbekleidung:
„Ich hätte gerne ein Hemd", wünscht der Kunde.
Der Verkäufer: „So eines, wie Sie tragen?"
Kunde: „Mein Gott, nicht doch. Ein sauberes natürlich!"

Klausi und Helmut, unterwegs zum Jahrmarkt in der Stadt, wollen von unterwegs noch Klausis Eltern anrufen. Stöhnt Klausi: „Jetzt habe ich die Telefonnummer doch glatt vergessen!" – Sagt Helmut: „Streng dich doch ein bisschen an. Weißt du sie nicht ungefähr?"

„Was machen Sie mit Ihrem Lottogewinn", wird ein 80-jähriger Rentner von Reportern gefragt.
Seine Antwort: „Den lege ich mir für meine alten Tage zurück!"

Treffen sich zwei Streichhölzer auf einer Galaveranstaltung.
Fordert das eine das andere zum Tanz auf: „Ich bin völlig Feuer und Flamme für dich! Komm, lass uns tanzen!" – „In Ordnung, aber mach mich bloß nicht an!"

Sagt eine Frau zur Verkäuferin:
„Ich hätte gern zehn Kilogramm Äpfel! Aber geben Sie mir ruhig die Kleinsten, ich darf nicht so schwer tragen!"

Heiner steht vor einem prall gefüllten Regal im Supermarkt, nimmt sich zwei Tüten Bonbons heraus, geht zur Kasse und sagt:
„Fräulein, nehmen Sie die 100 Mark, und Sie übersehen, dass ich die Bonbons habe mitgehen lassen!"

Ein erzürnter Anruf beim Wetteramt:
„Ich wollte Ihnen nur sagen, dass die Feuerwehr Ihre LEICHTE GEWITTERNEIGUNG aus meinem Keller pumpt!"

In die Wohnung von Zocker-Ede steigt ein Einbrecher ein.
„Keinen Laut, oder ich schieße!", droht der Einbrecher, „rücken Sie das Geld lieber freiwillig raus, sonst hole ich es mir mit Gewalt."
„Moment", antwortet Zocker-Ede, „ich suche mit!"

Der Gefangene Nr. 3867 unterhält sich mit dem Zellennachbarn Nr. 4711: „Mann, wenn ich so eine Nummer hätte wie du, wäre ich schon längst verduftet!“

Christa Kutscher bekommt einen Telefonanruf von der Konditorei Sauer: „In Ordnung, meine Dame, die Geburtstagstorte wieder mit 37 Kerzen, genau wie in den letzten drei Jahren!“

Finsteres Mittelalter. Unterhalten sich zwei Folterknechte.
„Wie viel Typen hast du im Kerker?“, fragt der eine.
Der andere darauf: „18 und ein paar Zerquetschte!“

Einem Passanten fällt ein Blumentopf auf den Kopf. „Eine Unverschämtheit“, schreit dieser empört. Ruft eine Stimme vom ersten Stock: „Nein, eine Geranie!“

„Was wollen Sie denn mit ihrem Lottogewinn von eineinhalb Millionen Mark anfangen?“, wird Hein Trudel gefragt. – „Ein Haus bauen“, erwidert er.
„Und was hätten Sie getan, wenn Sie den Jackpot geknackt hätten?“
„Meine Schulden bezahlt!“

Im Supermarkt. Hilde greift sich beim Anblick eines Punkers plötzlich an den Kopf: „Ach ja, beinahe hätte ich es vergessen – eine Klobürste wollte ich auch noch kaufen!“

„Wie fühlst du dich mit deinen neuen Kontaktlinsen?“, fragt Heide ihre Freundin.
„Super, seitdem treffe ich ständig Leute, die ich schon Jahre nicht mehr gesehen habe!“

Eine Bauersfrau aus dem benachbarten Dorf kommt zur Bahn, muss aber zu ihrem Leidwesen feststellen, dass ihr der Zug eben vor der Nase weggefahren ist. Zum Bahnbediensteten: „Bitt schön, wann geht denn der nächste Zug?“ – „20.05“ – „Herrje, dann geht in diesem Jahrhundert überhaupt kein Bähnle mehr?“

Der Hotelgast beschwert sich an der Rezeption: „Warum haben Sie mich nicht, wie es Ihnen aufgetragen habe, um sechs Uhr geweckt?" – „Hätte ich schon, aber Sie waren noch in der Hotelbar!"

In Kanada werden Holzfäller gesucht. In der langen Schlange von Bewerbern fällt ein kleiner, alter Mann auf.
„Sie sind Holzfäller?"
„Warum wäre ich sonst wohl hier?"
„Und wo wollen Sie das gelernt haben?"
„In der Sahara", antwortet der Kurze.
„Ja, klar. Da gibt es keinen einzigen Baum!"
„Tja – jetzt nicht mehr!"

„Wenn ich nicht sofort 500 Mark auftreibe, muss ich mich erschießen! Kannst du mir nicht helfen?"
„Ich bedaure – ich habe leider keinen Revolver!"

Wenn man den alten Hieber fragte: „Wie alt sind Sie jetzt eigentlich?", gab er zur Antwort: „Augenblick, da muss ich meine Krawatten zählen – ich hab schließlich alle Jahr eine zu Weihnachten gekriegt!"

„Schütze Hartmut, wie verhalten Sie sich, wenn es heißt, Freiwillige vor?"
„Ich trete zur Seite und lasse die Freiwilligen vor!"

Beim samstäglichen Stadtbummel laufen sich zwei alte Studienkollegen über den Weg. Großes Hallo, Schulterklopfen und die gegenseitige Fragerei nach dem werten Befinden:
„Harald, was arbeitest du jetzt eigentlich?", fragt Ludwig.
„Ich arbeite an meiner dritten Million", protzt Harald.
„Ja, super! Und wie war das mit den ersten beiden?"
„Tja, das hat leider nicht funktioniert!"

Zwei Kannibalen essen einen Clown.
Sagt der eine Kannibale zum anderen:
„Schmeckt der nicht irgendwie komisch!?"

Missmutig trägt Karl Mitteregger die gestern erstandene Kettensäge zurück in den Laden: „Diese Säge taugt nichts! Sie sagten mir doch gestern, mit dieser Säge könnte ich in einer Stunde zwölf Bäume fällen! Allein für einen Einzigen habe ich den ganzen Tag gebraucht!"
Der Verkäufer nimmt die Säge kurz unter die Lupe und zieht dann ruckartig an der Anlasserschnur. Die Säge springt sofort an und funktioniert mit ohrenbetäubendem Lärm. Mitteregger verdutzt: „Was ist das für ein Geräusch?"

Prüfer: „Wenn ich Ihnen jetzt ein Barometer gäbe, wie würden Sie damit die Höhe dieses Hauses messen?"
Prüfling: „Ich würde damit aufs Dach gehen, es fallen lassen und die Sekunden zählen!"

Nörgelt die Kundin beim Fotografen: „Hören Sie mal, sind meine Passbilder immer noch nicht fertig? Auf dem Schild an Ihrer Türe steht doch: Auf Passfotos kann gewartet werden."
„Richtig! Und müssen Sie etwa nicht auf Ihre Fotos warten?"

Ein Missionar trifft tief im Urwald einen Medizinmann, der wild auf seine Buschtrommel einschlägt:
„Was ist los?", fragt der Missionar.
„Wir haben kein Wasser", erwidert der Medizinmann.
„Und nun beten Sie um Regen?"
„Ach wo, ich rufe nach dem Installateur!"

Herbert und Karl stehen auf der Rheinbrücke und starren ins Wasser. Plötzlich fällt dem Karl die Brille von der Nase – direkt ins Wasser.
„Guck mal, Herbert, mir ist die Brille in die Mosel gefallen!"
„Das ist nicht die Mosel, das ist doch der Rhein."
„Da kannste mal sehen, wie schlecht ich ohne Brille sehe!"

Eine sehr beleibte Dame steigt beim Apotheker auf eine Personenwaage. Nachdem sie einige Münzen eingeworfen hat, knattert und rattert es, dann spukt die Maschine einen kleinen Zettel aus, auf dem steht: „Bitte nicht in Gruppen auf die Waage steigen!"

Auf einem Dorf in der ehemaligen DDR: Ein Pfarrer wird zum Sterbebett eines Mannes gebeten – eine treue Seele seiner Kirchengemeinde. Als er gerade dessen Haus betreten will, stößt er beinahe mit dem Dorf-Parteisekretär zusammen. Hämisch grinsend sagt der: „Wegen Heinrich brauchst du dich nicht zu bemühen, der ist gerade in die Partei eingetreten." Der Pfarrer ist zuerst sprachlos, dann stürmt er ins Haus. „Heinrich, wie konntest du nur? Wenige Minuten, bevor du vor den Herrn trittst, verlässt du unsere Herde?" Auf dem Gesicht des Sterbenden erscheint ein tiefsinniges Lächeln: „Ach, wissen Sie, Herr Pfarrer, wenn schon einer sterben muss, dann soll es wenigstens jemand von den Schlawinern sein!"

Im vornehmen alten Wien, als man noch sehr auf feine Manieren und gutes Benehmen achtete, forderte auf einem Ball, auf dem alle die Nasen sehr hoch trugen, ein einfacher Bürgersmann eine Tochter aus feinem Hause zum Walzer auf. „Aber mein Herr, Sie wollen doch wohl nicht ohne Handschuhe tanzen?", fragte das vornehme Fräulein pikiert.
„Na, das macht doch nichts", meinte der brave Mann beschwichtigend, „ich wasche mich hinterher schon wieder!"

Besuch bei Mölleman. „Ich habe dich eingeladen, um mit dir ein Glas auf meine Gesundheit zu trinken, und jetzt bist du schon beim achten, alter Freund!" – „Du hast ja auch wirklich ziemlich schlecht ausgesehen!"

Drei Gründe, warum Jesus ein Student gewesen sein muss?
1. Er hatte lange Haare.
2. Er wohnte bei seinen Eltern.
3. Und wenn er was getan hat, dann war es ein Wunder.

Kommt eine Kundin in die Boutique. „Ich hätte gerne so einen extravaganten Minirock wie den roten links in ihrem Schaufenster."
Die Verkäuferin schaut die Kundin etwas verdutzt an, geht zum Schaufenster und meint dann zu der Dame gewandt: „Das ist eigentlich kein Minirock, das ist ein Halstuch zur Dekoration."

Sagt ein Kerzenjunge zum Kerzenmädchen: „Wollen wir zusammen ausgehen?“

Wie wurde das Jodeln erfunden?
Zwei Japaner gingen auf einen Berg, da fiel dem einen sein Radio in eine Gletscherspalte. Darauf der eine zum anderen: „Hol i die ladio oder hol du die Ladio?"

Zwei Gänseblümchen stehen nebeneinander auf der Wiese. Sagt das eine: „Ich liebe dich!“ Haucht das andere zurück: „Ich dich auch. Soll ich das Bienchen bestellen?“

Eine ältere Dame will ein Sparbuch eröffnen und 1.500 Mark einzahlen. Sie geht an den Bankschalter und fragt den Kassierer:
„Ist mein Geld bei Ihnen auch sicher?"
Der Kassierer antwortet: „Wie in Fort Nox!"
„Und was ist, wenn Sie Pleite machen?"
„Dann kommt die Landeszentralbank auf!"
Die Dame fragt weiter: „Und was, wenn die Pleite machen?"
Der Kassierer antwortet genervt: „Dann kommt die Bundesbank auf!"
„Und wenn die Pleite macht?"
Da lächelt der Kassierer und sagt: „Dann tritt die Bundesregierung zurück, und das sollte Ihnen nun wirklich die 1.500 Mark wert sein!"

Treffen sich zwei Skelette auf dem Friedhof. Das eine zum anderen: „Sag mal, rauchst du immer noch?“ – „Klar doch, aber nicht mehr auf Lunge.“

Auf der Frankfurter Börse.
„Bitte, wo geht's hier zur Toilette?"
„Hier gibt's keine Toiletten. Hier bescheißt jeder jeden."

In der Ex-DDR geht eine Frau durchs Kaufhaus. Sie fragt die Verkäuferin: „Sagen Sie mal, haben Sie hier keine Schuhe?“ Verkäuferin antwortet: „Keine Schuhe gibt es eine Etage tiefer, hier haben wir keine Hosen.“

Es war ein Mann, der den Toilettensitz erfand.
Es war eine Frau, die den Gedankenblitz hatte, ein Loch hineinzumachen.

Treffen sich zwei alte Studienfreunde.
Erkundigt sich der eine nach dem Befinden seines Bekannten.
Antwortet dieser: „Gagagaaanz gugut."
Sagt der andere: „Mein Lieber, du stotterst ja immer noch."
Sagt der Stotterer: „Wawaas wiiwilste mamachen."
Sagt der andere: „Ich kenne eine Sprachschule, speziell für Stotterer. Das wär doch was für dich."
Nach ein paar Wochen treffen sie sich wieder und der Freund fragt den Stotterer: „Wie war's denn, erzähl mal."
Beginnt der Stotterer: „Festgemauert in der Erden steht die Form aus Lehm gebrannt; heute muss die Glocke werden, frisch Gesellen seid zur Hand!"
Sagt der Freund: „Was für ein Erfolg, ganz ohne zu stottern!"
Sagt der Stotterer: „Wawawann brbrauchste dadas schon mamamal!"

Die USA, die Sowjetunion und die einstige DDR wollen gemeinsam die Titanic heben. Die USA interessieren sich für den Goldschatz und den Tresor mit den Brillanten. Die Sowjetunion interessiert sich für das technische Know-how. Und die DDR interessiert sich für die Band, die bis zum Untergang noch fröhliche Lieder gespielt hat.

„Jetzt mach aber mal einen Punkt, du hältst mich wohl für einen vollkommenen Idioten", kontert Peter seiner Schwester.
„Also eines wollen wir doch einmal richtig stellen", antwortet sein Schwesterherz, „vollkommen ist auf dieser Welt niemand!"

Fragt der katholische Pfarrer den Rabbi:
„Wann wirst du endlich Schweinefleisch essen?"
Sagt der Rabbi : „Auf Ihrer Hochzeit, Hochwürden!"

Sie: „Was laufen Sie eigentlich die ganze Zeit hinter mir her?"
Er: „Jetzt, wo Sie sich umdrehen, frage ich mich das auch..."

Im Obstgeschäft lässt sich Frau Edel beraten. „Diese roten Äpfel da würde ich gerne meinem Mann mitbringen. Sind die mit Gift gespritzt?" – „Nein, die sind aus biologischen Anbau. Das müssen Sie schon selber machen!"

Eine Emanze faucht einen Herrn an, der ihr die Tür aufhält: „Bloß weil ich eine Frau bin, brauchen Sie mir nicht die Tür aufhalten!" „Ich halte Ihnen auch nicht die Tür auf, weil Sie eine Dame sind, sondern weil ich ein Gentleman bin!"

Ein Mann kauft eine Brille, mit der er alle Leute nackt sehen kann. Zu Hause sieht er seinen Freund mit seiner Frau nackt auf dem Sofa. Er setzt die Brille ab – doch beide sind immer noch nackt. Er setzt sie wieder auf – sie sind immer noch nackt. „So etwas!", schimpft er, „eben erst gekauft, schon ist sie kaputt!"

Steht eine mollige Frau vorm Spiegel und sagt: „Spieglein, Spieglein an der Wand, wer ist die Schönste im ganzen Land?"
Darauf der Spiegel: „Geh mal zur Seite, ich seh ja gar nichts!"

Bei einer Straßenumfrage in der Kölner Innenstadt fragt ein Reporter die Passanten: „Was ist das Problem der heutigen Gesellschaft – mangelndes Wissen oder mangelndes Interesse?"
„Weiß ich doch nicht und das ist mir auch egal!"

Heiko nimmt seinen besten Kumpel zur Seite und fragt besorgt: „Was machst du denn für ein saures Gesicht? Ist dir eine Laus über die Leber gelaufen?" – „Nein, nicht ganz so – eher das Finanzamt über meine Brieftasche!"

Sitzen zwei Plastikeimer im Keller und spielen Karten. Kommt ein Schraubenzieher zur Tür herein, geht über der Tür die Wand hoch, an der Decke entlang quer durchs Zimmer, an der anderen Wand wieder herunter und verschwindet durch die andere Tür. Sagt der eine Plastikeimer zum anderen: „Hast du das gesehen?" Meint der andere: „Ja. Der grüßt nie!"

Geht Alfred Armbrust durch den Wald. Da kommt plötzlich ein Räuber hinter einem Baum hervor, hält ihm die Pistole vor die Nase und ruft: „Geld oder Leben!"
Alfred Armbrust: „Ich habe aber gar kein Geld."
Da sagt der Räuber: „Dann gib mir deine Armbanduhr."
Alfred antwortet: „Ich habe auch keine Armbanduhr."
Da springt ihm der Räuber auf den Rücken und sagt: „Dann trägst mich halt 'n Stück!"

Geht Alfred Armbrusts Freund Helge in den Wald. Da kommt der Räuber hinter einem Baum hervor. Der Räuber sagt: „Geld oder Leben!"
Helge hält ihm sein Geld hin.
Schimpft der Räuber: „Mist! Muss ich halt selber laufen!"

Sitzen zwei in der Wüste.
Nach ein paar Stunden sagt der eine:
„Rutsch mal 'n Stück, ich will auch im Sand sitzen!"

Ein Mann geht durch den Wald, sieht einen Pilz und meint:
„Oh, ein Pilz." Dreht sich der Pilz um und meint: „Oh, ein Mann!"

Zwei Dorfpfarrer unterhalten sich über die Kollekte.
Der erste meint: „Ich nehme mir immer nur die Scheine raus, das Kleingeld bekommt der Herr."
Sagt der zweite: „Also, ich mache das anders, ich nehme die ganze Kollekte, werfe sie hoch und sage: ‚Nimm, Herr, was du brauchst.' – Und was wieder herunterfällt, gehört mir!"

Zwei Erbsen gehen den Flur entlang. Meint die eine:
„Oh, da kommt eine Trepp-epp-epp-epp...!"

Unterhalten sich zwei Bauern. Meint der eine:
„Ich habe meine Scheune jetzt gegen Feuer und Hagel versichert."
Meint der andere: „Das mit dem Feuer leuchtet mir ja ein, aber wie willst du das mit dem Hagel anstellen?"

Treffen sich zwei Spanner.
Sagt der eine zum andern: „Na, Kollege, was machst du heute Abend?"
Sagt der andere: „Mal gucken..."

Der Bau einer großen Brücke wurde endlich fertig gestellt.
Der Bauherr und sein Bauingenieur betrachten zufrieden ihr Werk. Um zu testen, ob die Brücke auch wirklich stabil ist, sollen 500 Bauarbeiter auf der Brücke rumhüpfen. Auf einmal bröckelt und kracht es, und die Brücke stürzt ein. Ein riesiges Spektakel. Wo einst die mächtige Brücke stand, ist nur noch eine Staubwolke zu sehen – sonst nichts mehr. Der Bauherr steht völlig versteinert und entsetzt da. Sagt der Bauingenieur: „Ein Glück, dass wir nicht so viel Zement genommen haben, sonst wär der jetzt auch futsch ..."

„Mit der Brille werden Sie Ihre Mitmenschen erst richtig sehen können!", sagt der Optiker beim Abschied. Nach acht Tagen bringt der Kunde die Brille zurück und murmelt: „Es lohnt sich nicht!"

... und aus dem Chaos sprach eine Stimme zu mir: „Sei froh und lächle, es könnte schlimmer kommen."
Und ich war froh und lächelte... und es kam schlimmer!

Der Angeklagte fragte seinen Anwalt, wie lange die ganze Angelegenheit wohl dauern werde. – Anwalt: „Für mich drei Stunden und für Sie drei Jahre ..."

„Im Laufe des Tages werden örtlich starke Niederschläge auftreten", prophezeit der Meteorologe. Ratlos beugt sich der Assistent über Tabellen und Satellitenfotos: „Woraus schließen Sie das?" – „Ich habe meinen Schirm vergessen, den Wagen gewaschen und bin zu einer Gartenparty eingeladen!"

Treffen sich zwei Hellseher.
Fragt der eine: „Kommst du mit ins Kino, die zeigen den neuesten Streifen?"
Sagt der andere: „Nee, den kenn ich schon!"

„Haben Sie ein wirksames Haarwuchsmittel?", fragt der Glatzkopf den Drogisten.
„Sicherlich, mein Herr! Dieses hier kann ich Ihnen wirklich empfehlen. Ein paar Tropfen auf einen Bleistift, und Sie können ihn als Zahnbürste benutzen!"

Sebastian, der Diener eines alten, schwerhörigen Barons, erwartet seinen Herrn. Als dieser spät nach Hause kommt, hilft Sebastian ihm aus dem Mantel und murmelt vor sich hin: „Na, alter, tauber Korkenzieher, wieder an der Bar versumpft und einen Drink nach dem anderen hineingekippt?" – „Nein, in der Stadt gewesen und ein Hörgerät gekauft!"

Der neue Leitplankenanstreicher schafft am ersten Tag 300 Meter, am zweiten 200 Meter, am dritten Tag sind es nur noch 80 Meter, der Chef reagiert stinksauer: „Warum wird deine Leistung denn von Tag zu Tag schlechter?"
„Chef, ich gebe wirklich mein Bestes – aber schauen Sie doch mal, wo der Eimer steht!"

Noch rätselt eine Gruppe Wissenschaftler über die Herkunft des berühmten Bergmenschen „Ötzi": Österreicher kann er nicht sein, denn man hat Hirn gefunden. Italiener kann er auch keiner sein, er hatte Werkzeug dabei. Vielleicht ist er ein Schweizer, weil er vom Gletscher überholt wurde. – Die Forscher überlegen: Aber wahrscheinlich ist er Deutscher, denn wer geht sonst mit Sandalen ins Hochgebirge.

Ein Maskierter stürmt in die Bank und schreit: „Hände runter!"
Die Kassiererin sieht ihm direkt in den Augenschlitz und fragt: „Sie meinen doch sicher: Hände hoch!, oder?"
Darauf der Maskierte: „Verdammt, ja! Jetzt weiß ich auch, warum das noch nie geklappt hat!"

Mark fragt seinen großen Bruder:
„Stimmt es, dass auf den Sternen Menschen wohnen?"
„Sicher, sonst wären sie doch nachts nicht beleuchtet."

1.

Laufen zwei Sandkörner durch die Wüste.
Meint das eine: „Du, ich glaube, wir werden verfolgt!"

Stehen drei Mathematiker um einen Fahnenmast herum, kommt ein Deutschlehrer vorbei und fragt, ob er helfen könne. Sagt einer: „Wir überlegen die beste Methode, die Höhe des Fahnenmasts zu ermitteln." Da nimmt der Deutschlehrer den Mast aus der Halterung, legt ihn quer vor sich hin, misst mit einem Maßband nach – „Sechs Meter fünfzig!" – Kommentar der Mathematiker: „Deutschlehrer. Wir fragen ihn nach der Höhe und er misst die Länge!"

Auf der Kirmes. Ruft ein Chinese vor dem Festzelt: „Leute kommt alle hel! Liiieeesen Attlaktion hiel. Nul fünf Malk Eintlitt! Leute kommt alle helein! Liieeesen Attlaktion hiel! Einmalig auf del Welt!" Im Zelt: Eine Bühne, der Vorhang noch geschlossen, noch einige leere Bierbänke. Der Chinese ruft noch immer: „Heleinspazielt, heleinspazielt!" Allmählich füllt sich das Festzelt mit Neugierigen. Die Vorstellung kann beginnen. Der Vorhang öffnet sich, nach einem kurzen Augenblick erscheint ein kleiner Chinese, mustert das Publikum, holt tief Luft und sagte: „Rrrrrrrr..."

Zwei Mathematiker stehen vor einem Kindergarten.
Sie sehen, wie drei Kinder hineingehen. Nach ein paar Minuten sehen sie fünf Kinder herausgehen. Sagt der eine Mathematiker zum anderen: „Jetzt müssen noch zwei Kinder hineingehen, damit keines mehr drinnen ist."

Eine Frau vom Land schimpft im Hotel: „Hören Sie, nur weil ich nicht aus der Stadt komme, dürfen Sie mir nicht so ein enges Zimmer vermieten!" – „Nun beruhigen Sie sich doch", antwortet der Portier, „das ist doch erst unser Lift!"

Ein Schauspieler, der mehr Eitelkeit als Talent besaß, kam nach der Vorstellung mit dem Direktor ins Gespräch: „Nun, Herr Direktor! Was haben Sie sich gedacht, als Sie mich heute auf den Brettern sahen?" – „Dass Sie auf dem Holzweg sind!"

Harry zu Ferdinand: „Du heißt Groß mit Nachnamen und bist der Kleinste hier in der ganzen Gegend!" – Darauf Ferdinand: „Na und, du heißt ja auch Weber und bist ein Spinner!"

Hilde, Hannelore und Heidi kommen in den Himmel. Petrus: „Ihr werdet sehen, im Himmel werden all eure Wünsche erfüllt. Nur eines dürft ihr niemals vergessen: Tretet auf keinen Fall auf eine der weißen Mäuse, die hier frei herumlaufen!" Die drei Freundinnen merken es sich und verbringen eine wunderschöne Zeit im Himmel. Am nächsten Tag kommt aber Hilde mit einem sehr hässlichen Mann an ihrer Seite. Sie erklärt den beiden anderen: „Ich bin auf eine weiße Maus getreten." Am nächsten Morgen erscheint auch Hannelore mit einem hässlichen Mann. Auch sie ist auf eine weiße Maus getreten. Überraschung am nächsten Tag. Heidi, die Dritte im Bunde, kommt mit einem wunderschönen Mann an. Meint dieser: „Ich bin auf eine weiße Maus getreten."

Ein Mann bietet beim Juwelier einige wertvolle Rohdiamanten an. Der Juwelier betrachtet die Steine und fragt: „Wurden sie schon mal gefasst?"
„Ich?", stottert der Mann, „nein, noch nie!"

Am Brunnen vor dem Tore,
da steht ein Birnenbaum,
er trägt so süße Äpfel,
man sieht die Zwetschgen kaum.

Eine Birne fliegt an einem Apfel vorbei. Dieser ruft: „He, Birnen können doch gar nicht fliegen!" „Klar kann ich fliegen", entgegnet die Birne, „ich bin doch die Birne Maya."

Ein Rabbi ärgert sich darüber, dass viele der Gläubigen ohne die traditionelle Kopfbedeckung in die Synagoge kommen. Am nächsten Tag hängt an der Türe ein Schild: „Das Betreten der Synagoge ohne Kopfbedeckung ist ein dem Ehebruch vergleichbares Vergehen." Am nächsten Tag steht darunter: „Hab ich probiert. Kein Vergleich!"

Festgenommen wurde ein Betrüger, der ein Medikament verkaufte, das angeblich ewiges Leben bewirkt. Bei seiner polizeilichen Vernehmung stellt sich heraus, dass er wegen des gleichen Deliktes bereits 1631, 1802 und 1924 verhaftet worden war...

Eine Kundin holt beim Schneider ihr neues Kleid ab: „Kann ich dieses Kleid auch kochen?" „Ja, selbstverständlich. Aber natürlich nur mit handwarmem Wasser!"

Heidrun und ihre Nachbarin unterhalten sich über den gestrigen Abend: „Hast du dich gut im Theater unterhalten", fragt die Nachbarin. „Wann denn?", entrüstet sich Heidrun, „das Stück hatte nur eine einzige Pause und die dauerte nur zehn Minuten!"

„Der Typ aus Zelle 103 ist letzte Nacht ausgebrochen", berichtet ein Wärter dem andern. „Na endlich, die verdammte Feilerei ist mir schon auf den Wecker gegangen!"

„Ich benötige Unterhosen."
„Lange?"
„Ich will sie kaufen – nicht mieten!"

„Unheimliche Betrugsserie. Die Polizei vermutet bereits 100 Opfer!", brüllt ein Zeitungsjunge auf der Straße. Ein Passant wird neugierig und kauft dem Jungen eine Zeitung ab. Nach wenigen Schritten hört er den Zeitungsjungen wieder schreien: „Unheimliche Betrugsserie. Die Polizei vermutet bereits 101 Opfer!"

Rudolf und seine Freunde gehen am Fluss entlang und bleiben für einen Moment stehen, als sie am Ufer einen Maler vor seiner Staffelei sitzen sehen. Sagt Rudolf: „Da könnt ihr mal sehen, wie man sich abmühen muss, wenn man mal seinen Fotoapparat vergessen hat!"

Eine Frau kommt in ein Modegeschäft und fragt: „Darf ich das blaue Kleid im Schaufenster anprobieren?" – „Natürlich, meine Dame, aber wir haben auch Umkleidekabinen!"

Ein Betrunkener torkelt, wankt und stolpert plötzlich über seine eigenen Füße mitten in eine Pfütze. Ein hilfsbereiter Passant bietet sich an, den Mann wieder auf die Beine zu stellen. „Ach, lassen Sie nur", lallt der Betrunkene, „ich kann schschschließlich schwwimmen. Kinder und Frauen zuerst…"

Mit einem gelangweilten Gesichtsausdruck sieht sich der Millionär die Morgenpost durch. Fragt ihn seine Frau, ob denn etwas Besonderes dabei sei.
„Nein, mein Schatz! Nur Werbung, Drucksachen und die Benachrichtigung der Lottozentrale, dass wir sechs Richtige haben!"

Der Vertreter klingelt an der Haustür. Als ihm geöffnet wird, sagt er: „Gnädige Frau, darf ich Ihnen unseren Verkaufsschlager vorführen, von dem Ihre Nachbarin meint, Sie könnten ihn sich nicht leisten?"

Wissenschaftler haben jetzt herausgefunden, dass im Bier weibliche Hormone sind!
Wie? – Na, wenn man zu viel davon trinkt, redet man dummes Zeug und kann nicht mehr Auto fahren.

„Also die Frau Thiede, die spielt im Amateurtheater mit", tauscht Henna den neuesten Tratsch mit ihrer Nachbarin aus. „Sie hat da eine Rolle, die fast über ihre Kräfte geht." Fragt die Nachbarin erstaunt: „Wie meinst du das? Sie hat doch eine Rolle ohne Worte!" – „Tja, eben!"

Sagt eine sichtlich hochschwangere Frau beim Bäcker:
„Ich bekomme ein Vollkornbrot!"
Bäcker: „Na, da wird sich Ihr Mann aber wundern…"

Wuttke ist zu einer feinen Abendgesellschaft eingeladen. Nach dem Essen und ein wenig Smalltalk mit einigen Gästen wendet er sich an die Gastgeberin: „Denken Sie jetzt bitte nicht, ich sei unhöflich, weil ich immer auf die Uhr schaue! – Ich langweile mich bloß schrecklich!"

Bei Herrn Vierwisch klingelt es. Der Briefträger steht vor der Tür und fragt: „Entschuldigen Sie, aber ist diese Postkarte für Sie? Der Name ist völlig verwischt."
„Nein, tut mir Leid, mein Name ist Peter Vierwisch!"

Verkäuferin: „Die neuen Schuhe werden in den nächsten Tagen noch etwas drücken."
Käufer: „Macht nichts. Ich trage sie erst nächste Woche."

„Mal ganz ehrlich, haben Sie den Einbruch verübt?"
„Nein, ganz bestimmt nicht, Herr Rechtsanwalt!"
„Wie wollen Sie mich dann bezahlen?"

„Herr Graf, brauchen Sie eine Taschenlampe?"
„Nicht nötig, Johann. Ich finde mich auch so in meiner Tasche zurecht."

Bernhard geht am Ufer entlang und fällt in den See.
Er schreit voll Angst: „Ich habe keinen Grund!"
Fragt Herbert vom Ufer aus: „Warum schreist du dann, wenn du keinen Grund dazu hast?"

Ein Ballonfahrer, der sich wegen eines Sturmes verflogen hat, macht in geringer Höhe über einer Wiese fest, um einen vorbeikommenden Spaziergänger zu fragen, wo er sich befindet. Lange Zeit sinniert der Gefragte, um dann zu antworten: „In der Luft!" Der Ballonfahrer schaut zuerst verdutzt und fragt seinerseits nach einer ganzen Weile: „Sind Sie Mathematiker?" „Ja, woran haben Sie das erkannt?"
Darauf dieser: „An der Antwort: Erstens haben Sie sehr lange gebraucht, zweitens ist die Antwort nicht widerlegbar und drittens kann kein Mensch etwas damit anfangen!"

Der Professor nimmt seinen Prüfling ordentlich in die Mangel: „So, nun sagen Sie mir mal bitte, wie Sie die Umlaufzeiten um die Sonne finden?"
Student: „Einfach fantastisch, Herr Professor, einfach fantastisch!"

Ein Ingenieur, ein Physiker und ein Mathematiker übernachten nacheinander in einem Hotel, das die dumme Eigenschaft hat, jede Nacht zu brennen. In der ersten Nacht schläft der Ingenieur in dem Hotel. Das Zimmer beginnt zu brennen. Der Ingenieur wacht augenblicklich auf, nimmt den Feuerlöscher und erstickt das Feuer im Keim. In der zweiten Nacht der Physiker. Das Zimmer fängt Feuer. Der Physiker schläft etwas länger, wacht dann auf und löscht das Feuer mit dem Feuerlöscher eigenhändig. Die dritte Nacht. Der Mathematiker schläft wie ein Baby. Das Zimmer gerät in Brand. Der Mathematiker wacht auf, sieht das Feuer und den Feuerlöscher. Er stellt fest: „Das Problem ist lösbar", dreht sich um und schläft weiter.

Theo unterhält seinen Kegelstammtisch mit einer interessanten Frage: „Was haben Polizisten und Tausendmarkscheine gemeinsam?", will er von der geselligen Runde wissen. Ratlose Gesichter, alles schweigt. „Na, so schwer kann das doch nicht sein", muntert Theo seine Freunde auf, „ich verrat's euch: „Wenn Ihr einen braucht, ist keiner da!"

Bei Nacht und Nebel begegnen sich zwei Männer auf der Straße an einer Häuserecke. Fragt der eine: „Guten Abend, mein Herr! Haben Sie in der Nähe zufällig einen Polizisten gesehen?"
Der angesprochene Mann zuckt mit den Schultern: „Nein!"
„Bestens! Dann rücken Sie mir mal Ihre Brieftasche raus!"

Auf einer hochnoblen Tanzgesellschaft bittet ein junger Adonis, mehr aus Verlegenheit, ein älteres Fräulein zum Tanz. Mit der Begründung, sie sei schon bestellt, gibt sie dem adretten Jüngling einen Korb. Mustert der beleidigte Jüngling sie genauer und meint dann: „Schon lange, oder?"

Winterschlussverkauf in einem großen Einkaufspark. Mannes Frau ist im Menschengewühl verschwunden. Ein Verkäufer sieht Mannes verzweifelnden Blick und fragt: „Mein Herr, suchen Sie etwas Bestimmtes?" Meint Manne: „In der Tat. Ich habe meine Frau verloren!"
„Trauerkleidung finden Sie in der vierten Etage, mein Herr!"

Wollmer beobachtet schon eine geschlagene Stunde, wie ein anderer vergeblich versucht, mit einem Zahnstocher die Olive aus dem Martini zu fischen. Wollmer kann sich das Trauerspiel nicht länger mit ansehen, rutscht zu dem stark alkoholisierten Mann an der Theke heran. „Na, mein Guter, dann geben Sie mal her! Ich mach das schon für Sie!" – Pling – und schon hat er die Olive aufgespießt. Brummt der Betrunkene mit einem abfälligen Ton: „Tzzt, das ist ja wohl keine Kunst mehr. Wo ich sie doch müde gemacht habe!"

Der Pfarrer predigt vor leeren Bänken. Selbst der Organist und der Kirchendiener haben ihn im Stich gelassen. Hilfesuchend wendet sich der Pfarrer an die Kirchenmaus: „Na, weißt du vielleicht, warum mich heute meine Schäfchen sitzen gelassen haben?" Die Maus zwinkert: „Na, Deutschland spielt gegen Brasilien!"

Hermann und Oskar bei ihrem wohlverdienten Feierabend-Bier. Hermann blättert nebenher in der Zeitung und stößt auf eine interessante Annonce. „Hör mal zu, Oskar. Hier steht, dass das Stadttheater ein paar Statisten sucht. Weißt du, was das ist?"
Oskar stolz: „Klar doch, Statisten sind Leute, die nur herumstehen und nichts zu sagen haben." Hermann kratzt sich kurz am Kopf und meint dann: „Wäre das eigentlich nicht ein guter Job für dich?"

Harald beim Bäcker: „Guten Tag! Haben Sie Krapfen?"
„Nein, mein Junge! Krapfen gibt's erst wieder morgen!"
Einen Tag später: „Guten Tag! Haben Sie Krapfen?"
„Ja, mein Junge! Krapfen haben wir!"
„Haben Sie Krapfen mit Guss und Verzierung?"
„Nein, mein Junge! Krapfen mit Guss und Verzierung haben wir morgen!"
„Guten Tag! Haben Sie Krapfen mit Guss und Verzierung und der Aufschrift 'meiner Mutti zum Geburtstag'?"
„Ja, mein Junge! Krapfen mit Guss und Verzierung und der Aufschrift 'meiner Mutti zum Geburtstag' haben wir! – Soll ich dir einen einpacken?"
„Nein danke – ich ess ihn gleich so!"

Kapitel

2.

Trautes Heim und andere Katastrophen

Ein Erklärungsversuch: Liebe ist ... ein Versuch der Natur, den Verstand aus dem Weg zu räumen.

Wenn Mann gerade verheiratet ist, sagt er: „Darf ich Ihnen meine Frau vorstellen?"
Nach 20 Jahren Ehe sagt er dann: „Können Sie sich vorstellen, meine Frau."
Nach 40 Jahren sagt er dann: „Können Sie sich mal vor meine Frau stellen."

„Was macht eigentlich deine jüngste Tochter?"
„Ach, zur Zeit spielt sie Fledermaus."
„Was heißt das?"
„Na ja, nachts flattert sie durch die Gegend, und tagsüber hängt sie rum!"

„Wie geht's denn Ihrem Ältesten?"
„Er sieht mir immer ähnlicher."
„Und? Kann man dagegen überhaupt nichts machen?"

Das Ehepaar hat zum ersten Mal Streit und schon seit zwei Tagen reden sie kein Wort mehr miteinander. Die Kommunikation findet nur schriftlich statt und am Montagabend schreibt der Gatte auf einen Zettel: „Muss früh raus. Weck mich um sieben Uhr." Am nächsten Morgen wacht er auf, blickt auf die Uhr und muss entsetzt feststellen, dass es bereits neun Uhr ist. Doch neben dem Wecker liegt ein Zettel. Er liest: „Aufstehen. Es ist sieben Uhr."

In Panik stürzt Thorsten ins Schlafzimmer. „Schnell, Liebes, zieh dir schnell etwas über, bei uns brennt's!" Tönt eine tiefe Stimme aus dem Kleiderschrank: „Rettet die Möbel!"

Der Ehemann ist völlig aus dem Häuschen: „Was, bei diesem Sauwetter soll ich jetzt noch Zeitung holen? Da jagt man ja nicht einmal einen Hund vor die Türe!" – Erwidert die Frau trocken: „Ich habe auch mit keinem Wort gesagt, du sollst den Hund mitnehmen!"

In die Notaufnahme stürmt mitten in der Nacht eine aufgewühlte Frau: „Wo ist der Arzt? Schnell, ich brauche Hilfe. Mein Mann hat mich beleidigt!" Die Schwester in der Annahme kopfschüttelnd: „Und deswegen kommen Sie ins Krankenhaus, sogar noch in die Notaufnahme?" – „Holen Sie nun endlich den Arzt, schnell – mein Mann muss bestimmt genäht werden!"

„Wenn bei uns zu Hause das Telefon klingelt, nimmt meine Frau immer ab", erzählt Martin am Stammtisch. Erwidert sein Freund Hans-Georg: „Hast du ein Glück, bei meiner hilft nur eine Diät!"

Die Ehefrau betrachtet sich ausgiebig im Spiegel. Sagt sie nach einer Weile zu ihrem Spiegelbild: „Dich, alter Besen, gönn ich meinem Mann!"

„Mein Gott, wie fünf Schnäpse dich verändern können!", sagt die Gastgeberin am Ende des Festes zu ihrem Mann. Dieser entrüstet: „Ich habe doch gar keine fünf Schnäpse getrunken!" – „Aber ich!"

Entsetzt unterbricht die junge Braut die Trauzeremonie des Pfarrers: „Stopp, stopp! Wie lange sagten Sie?"

„Wohin schaust du, wenn dir ein hübsches Mädchen über den Weg läuft?
„Ob meine Frau gerade guckt!"

Das Klagelied einer Ehefrau: „Schatzi, früher, da warst du glücklich, wenn du mich nur zwei Minuten gesehen hast."
„Und – daran hat sich wohl auch nichts geändert, oder?"

„Ehestand – Wehestand", lautet ein deutsches Sprichwort nach Shakespeares Trauerspiel „Romeo und Julia".

Ein Bauer klagt einem anderen: „Mit meinem Hof steht es nicht mehr zum Besten. Eine lange Dürre hat mich ganz schön ruiniert!" – Sagt der andere: „Ach was? Bei mir war's meine Frau!"

„Schorsch, du willst doch nicht im Ernst deine Ex-Frau wieder heiraten?"
„Du hast schon richtig gehört. Ich musste ihr so viel Geld bei der Scheidung zahlen, dass ich nun schon aus wirtschaftlichen Gründen wenigstens eine reiche Frau heiraten möchte."

„Na, mein Schatz", fragt der Ehemann mit einem hämischen Lächeln im Gesicht, „da zeigt die Waage wohl ein Pfund zu viel, nicht wahr?"
„Ach wo", meint seine Frau, „laut Tabelle müsste ich nur 20 Zentimeter größer sein!"

Ein Ehemann befürchtet, seine Frau könnte untreu werden.
Der Junggeselle hofft es!

Der feine Unterschied zwischen Männern und Frauen?
Eine Frau ist entsetzt darüber, was ein Mann nur alles vergessen kann; ein Mann ist entsetzt darüber, an was alles sich eine Frau erinnern kann!

Ein junges Paar hat einen handfesten Streit.
Wutentbrannt schreit sie ihn an: „Du bist schrecklich eifersüchtig wie immer!"
Er: „Wer ist Immer?"

Heidenreichs verlassen unerwartet früh die Gartenparty ihres Nachbarn. Fragt der Gastgeber verwundert: „Meine Lieben, Ihr wollt uns doch jetzt nicht schon verlassen?" – Mit gequält freundlicher Miene sagt Heidenreich: „Tut mir Leid, war eine schöne Party", und mit einem Blick auf seine Frau, „aber wir haben noch einen kleinen Streit vor uns!"

„Jeden Tag Erbseneintopf", meckert der junge Ehemann am Mittagstisch.
„Kannst du nicht einmal Abwechslung in den Speiseplan bringen?"
„Ich bemühe mich ja schon", meint die Ehefrau verunsichert, „aber es wird immer wieder Erbseneintopf!"

Was ist der Unterschied zwischen einem glücklichen und einem unglücklichen Ehemann?
Der eine hat ein trautes Heim – der andere traut sich nicht heim!

2.

Zwei Arbeitskollegen unterhalten sich bei einem Feierabend-Bierchen.
Schwärmt der eine: „Meine Frau ist in letzter Zeit unheimlich sportlich geworden. Im Weitsprung schafft sie schon über fünf Meter!“ – Seufzt der andere: „An Sportlichkeit kann meine Frau Ihre noch übertreffen. Sie hat vor fünf Wochen einen Seitensprung gemacht und ist bisher noch nicht zurückgekehrt!“

Die Frau eines Fußballers will sich scheiden lassen. Ihr Anwalt redet ihr nochmals ins Gewissen: „Sind Sie sich über diesen Schritt wirklich im Klaren?" – „Ich bin mir ganz sicher", meint die Beklagenswerte, „mein Mann hat seit Jahren mehr Auswärts- als Heimspiele!"

Hans-Dieter erzählt seinem besten Freund im Vertrauen: „Du, Schorsch, ich habe gestern meine Ex-Frau wieder getroffen und sie gefragt, ob sie mich wieder heiraten möchte.“ – „Und, was hat sie geantwortet?“, fragt Schorsch neugierig. – „Sie hat mir einen Korb gegeben“, sagt Hans-Dieter, „sie meint, ich wäre nur hinter meinem Geld her!“

Nach einem Unfall erwacht Axel Flüchtig in der Intensivstation des Stadtkrankenhauses. In seinem Taumel murmelt der Verwirrte vor sich hin: „Wo bin ich – bin ich etwa im Himmel?" – „Nein", antwortet seine Frau, die ihm die ganze Zeit nicht von der Seite gewichen ist, „ich bin immer noch bei dir!"

Margit winkt einem Taxifahrer.
„Sind Sie noch frei?“
„Aber sicher, gnä' Frau“, anwortet dieser, „wohin soll es denn gehen?“
„Zum Standesamt!“
„Pardon, Verehrteste“, erwidert der nun blasse Taxifahrer, „aber so frei bin ich nun auch wieder nicht!“

Was haben emanzipierte Frauen und eine Weltraumsonde gemeinsam?
Beide sind zielstrebig und unbemannt.

Nach der stürmischen Hochzeitsnacht begibt sich der frisch gebackene Ehemann ins Frühstückszimmer, wo seine Holde bereits am Tisch, vor einem Blatt Papier, sitzt und schreibt. Sie begrüßt ihn mit einem herzlichen Kuss und fragt: „Schatzi, wie schreibt man eigentlich 'Desaster'?" – „Liebes, warum willst du das denn wissen?", wundert sich der Ehemann. – „Ach, nur so, ich schreibe gerade an Mutti..."

Hilde entrüstet zu ihrem Mann, der bei seiner späten Rückkehr aus dem Büro eine lapidare Entschuldigung vor sich hin stammelt: „Und du willst mir allen Ernstes weismachen, deine Bremsen hätten versagt! Da hättest du ja eigentlich noch schneller zu Haus sein müssen!"

Hennig kommt von einem ausgedehnten Stammtischabend nach Hause und kann den Lichtschalter nicht finden. Jammert er reumütig vor dem ehelichen Schlafzimmer: „Hasi, Schatzi, nun lass endlich deine Standpauke hören, sonst find ich das Bett nicht!"

Zwei Nachbarinnen unterhalten sich. Sagt die eine zu anderen: „Was ist denn mit Herrn Schulze von nebenan los? Der läuft seit Tagen herum, als ob er im Lotto gewonnen hätte!" – Erwidert die andere: „Also, wie ich hörte, hatte Schulze einen schlimmen Autounfall." – „Das kann wohl kaum der Grund für diese Ausgelassenheit sein!" – „Doch. Infolge des Unfalls hat er nämlich sein Gedächtnis verloren und weiß jetzt nicht einmal, dass er verheiratet ist!"

Ein Ehepaar geht im Stadtpark spazieren. Plötzlich zupft der Mann an ihrem Ärmel und flüstert: „Rasch, Elfi, mach ein glückliches Gesicht, da drüben auf der Parkbank sitzt meine erste Frau!"

Schreibt er von Sylt an seine Frau: „Liebe Else, der Wind heult, das Meer tobt, und ich muss immer an dich denken..."

Gewitterstimmung bei Kellermanns.
„Du bist ja schon wieder total besoffen!", zetert seine Frau.
„Ach, halt doch den Mund", lallt er, „es reicht schon, dass ich dich doppelt sehe!"

2.

Liegt der Haselbauer auf dem Sterbebett. Mit den letzten Atemzügen erleichtert er noch sein Gewissen: „Weib, jetzt kann ich es dir ja sagen: ich habe dich mal mit der Magd betrogen!" Antwortet seine Frau: „Ja, denkst du etwa, ich habe dich grundlos vergiftet?"

Er lädt sie zu einem Picknick ein.
„Gern", sagt sie, „aber vorher würde ich gern noch eine Kleinigkeit essen!"

Michael zu seinem alten Studienfreund Karsten: „Was wünscht sich deine Frau denn zum Geburtstag?"
„Einen Pelzmantel oder ein Auto."
„Und was gibt's dieses Jahr?"
„Einen Pelzmantel. Oder weißt du jemand, der falsche Autos verkauft?"

Der junge Ehemann zu seiner Frau:
Zwei Bauern unterhalten sich bei der Brotzeit über die Feldwirtschaft und das liebe Vieh. Erzählt der eine von seiner neuen Kuh, die zickig beim Stier, wählerisch beim Heu und bockig beim Melken sei.
Darauf der andere: „Hast du die etwa in Hermannshausen gekauft?"
„Ja, wieso?", wundert sich der eine über die Frage.
„Na, das kenne ich, meine Frau ist auch von Hermannshausen!"

Am Stammtisch. Der eine: „Na, is deine Olle wieder von der Kur zurück?"
Der andere: „Ja, ja, leberleidend fuhr sie weg, und leider lebend kam sie wieder."

„Ich habe vielleicht ein Pech", jammert Schnösel, „immer, wenn ich die Frau meines Lebens finde, ist entweder sie verheiratet oder ich!"

Das junge Liebespaar hat seinen ersten handfesten Krach.
Er: „Ich muss ein wirklich schönes Rindvieh gewesen sein, dass ich dich in der Kneipe überhaupt angesprochen habe..."
Sie: „Nun übertreib mal nicht so – schön warst du nie!"

Hausarbeit ist für Hannah ein Fremdwort. Eines Abends tönt die entsetzte Stimme ihres Gatten aus dem Flur: „Hannah-Schatzi, wo ist der Staub auf dem kleinen Tisch? Ich habe mir dort die Telefonnummer eines wichtigen Kunden notiert!"

Eine Frau sagt in einem Laden zum Metzger: „Übrigens kann ich Ihnen versprechen, dass ich meine Wurst immer nur bei Ihnen kaufen werde!"
„Schmeckt sie Ihnen denn so gut?", freut sich der Metzger.
„Es handelt sich bei mir um einen ganz besonderen Fall! Durch die Zeitung, in die Sie einmal eine Mettwurst für mich eingewickelt hatten, habe ich meinen jetzigen Mann kennen gelernt!"

Ein Optimist ist ein Mann, der seiner Frau ein Auto verspricht und glaubt, sie wählt ein Kleinauto.

Der Eheberater zu Frau Wimmer: „Damals, als Sie Ihren Mann geheiratet haben, da hatten Sie doch gute Gründe dafür!"
Frau Wimmer: „Sicherlich, aber die sind mittlerweile bis auf den letzten Pfennig aufgebraucht!"

Zwei Angestellte in der Frühstückspause. „Mensch, gestern Abend war wieder Zoff zu Hause", beklagt sich Arno bei seinem Kollegen. „Und das nur wegen des Fernsehprogramms. Ich wollte das Länderspiel sehen und meine Frau einen Liebesfilm..."
„Und, Arno, wie war die Schnulze so?"

Beamter Magatsch will heiraten und bekommt dafür drei freie Tage bewilligt. Ein sichtlich erschöpfter und aufgelöster Magatsch erscheint nach den drei Tagen wieder im Büro. Sein Vorgesetzter klopft ihm väterlich auf die Schultern und meint tröstend: „Ja, ja, mein Lieber, die Ehe ist kein Schreibtisch, da heißt es schon arbeiten!"

Otmar kleinlaut beim Frühstück. „Schatzi, hab ich eigentlich gestern beim Nachhausekommen viel Lärm gemacht?" – „Du nicht, aber die anderen vier, die dich hereintragen mussten!"

2

Im Supermarkt. Die Freundinnen Jasmin und Heike unterhalten sich über die Gemüsetheke hinweg.
Jasmin: „Wie geht's eigentlich deinem Verlobten Ingolf?"
Heike: „Gut. Er heißt jetzt Michael."

Auf die Frage, warum sie so wenig Besuch zu Hause empfangen, antwortet der Ehemann: „Meine Frau hat alle Gäste in die Flucht gekocht!"

Treffen sich zwei Frauen. „Sagen Sie, was arbeitet Ihr Mann eigentlich?", fragt die eine.
„Ach, der arbeitet bei einem Lastwagenhersteller am Band."
„Merkwürdig, meiner arbeitet auch bei einem Lastwagenhersteller, er darf aber frei herumlaufen!"

Ein junges Paar bei einem Sonntagsausflug. Die Autofahrt führt über idyllische Ortschaften, durch herrliche Wälder und Wiesen. An einer Waldlichtung bricht die junge Frau plötzlich in heftiges Weinen aus: „Du liebst mich nicht mehr!", schluchzt sie. Mit großen Augen blickt sie ihr Mann und fragt: „Wie kommst du denn nur auf so etwas Absurdes?" – „Na ja, als wir noch frisch verliebt waren, hattest du hier immer eine Reifenpanne!"

Ein älteres Paar sitzt auf einer Parkbank. Eine Fee flüstert ihm ins Ohr: „Du hast einen Wunsch frei!" – „Ich wünsche mir, dass meine Frau 20 Jahre jünger ist als ich!" – Ein Blitz, viel Rauch und ein lauter Knall. Als die Rauchschwaden verzogen sind, sitzt neben der Frau ein altes, verknöchertes Männchen.

Fragt ein Strohwitwer einen Leidensgenossen: „Du, meine Socken sind zerbrochen, kannst du mir aushelfen?" – „Klar, nimm solange meine, die stehen unter dem Bett!"

Die Ehefrau zu ihrem Mann: „Unsere Putzfrau bekommt ein Kind!"
Er: „Das ist ihre Sache."
Sie: „Sie sagt aber, es sei von dir!"
Er: „Das ist meine Sache."
Sie: „Und was glaubst du, was ich jetzt tue?!"
Er: „Das ist deine Sache!"

„Papi, warum sind Statuen in Siegerposen immer Frauen?" – „Das, mein Sohn, wirst du erst verstehen, wenn du verheiratet bist!"

Wer Heiratsgesuche und Stellenbewerbungen liest,
lernt Menschen von ihrer besten Seite kennen!

Sagt Albert zu Elfriede: „Lass uns in Wald und Flur spazieren gehen!"
Sagt Elfriede: „Mit dir, du TV-Abhängiger, kann das ja heiter werden! Ich weiß ganz genau, was du willst. Erst suchst du den Platz an der Sonne – dann drehst du an meinem Glücksrad – dann folgt ein Spiel ohne Grenzen – und dann kommt der Große Preis – und ich sitze da mit der Aktion Sorgenkind!"

Was ist der Unterschied zwischen einer Ehe und einer Irrenanstalt?
Um aus der Irrenanstalt rauszukommen, muss man Fortschritte zeigen.

Hilde Fröhlich hat sich von ihrem Friseur zur Abwechslung eine ganz neue Frisur machen lassen. Sie gefällt sich ausnehmend gut. Am nächsten Tag aber erscheint sie wutentbrannt bei ihrem Friseur und klagt: „Also, nehmen Sie mir's nicht übel, aber meinem Mann gefällt der Kopf nicht."
Darauf der Friseur: „Liebe Frau, da hätte er sich eine andere aussuchen müssen, solange es noch Zeit war!"

Hochwassereinbruch bei Lehmanns.
Als das ganze Erdgeschoss unter Wasser steht, flüchtet sich das Paar ins Freie. Sagt sie: „Mein Schatz, ich kann es gar nicht fassen. In den 15 Jahren, die wir verheiratet sind, ist es das erste Mal, dass wir zusammen ausgehen!"

Klaus und Manfred am Tresen. Manfred seufzt:
„Weißt du auch, wie das ist? Du kommst nach Hause und wirst mit Wärme, Interesse und einer ungeheuren Herzlichkeit empfangen?“
Klaus: „Ja, du bist im falschen Haus!“

2.

Frauke schreibt einen schmachtenden Brief an Rüdiger: „Ich liebe dich von ganzem Herzen! Solltest du wider Erwarten meine Liebe nicht erwidern, gib diesen Brief an Thommy weiter!"

Was sieht man sofort einem gut angezogenen Mann an?
Seine Frau hat einen vortrefflichen Geschmack.

Adam und Eva flanieren Arm in Arm durchs Paradies. Flüstert sie ihm ins Ohr: „Liebst du mich auch wirklich?" – „Du kannst fragen", sagt er, „wen denn sonst!"

Heike zu ihrer besten Freundin: „Sag mal, ganz im Vertrauen, wie schaffst du das nur, dich immer wieder interessant für deinen Mann zu machen?“ – „Ein guter Rat unter Freundinnen: Trage ein Parfüm, das nach Bier duftet!“

„Wann kochst du endlich so gut wie meine Mutter?", meckert der Ehemann.
„Wenn du so viel verdienst wie mein Vater, Schatzi!"

Der Ehemann erwartet, dass seine Frau perfekt ist.
Und er erwartet, dass sie akzeptiert, dass er es nicht ist.

Er: „Ich mache dich zur glücklichsten Frau der Welt!"
Sie: „Ich werde dich vermissen!"

„In einer jungen Ehe sind Aufrichtigkeit und Willensstärke die wichtigsten Tugenden“, wird die junge Braut von ihrer Mutter aufgeklärt. Die Heiratswillige: „Was ist Aufrichtigkeit?“ – „Jedes Versprechen, das du deinem zukünftigen Mann gibst, unbedingt zu halten!“ – „Klar. Und was ist Willensstärke?“ – „Niemals ein Versprechen zu geben!“

Das Klagelied von Frau Hölder: „Ich bräuchte dringend neue Klamotten! Die Nachbarn lachen ja schon über meine alten Sachen, wenn ich auf die Straße gehe." Ihr Mann: „Schatz, pack unsere Sachen zusammen. Es ist billiger, wenn wir umziehen!"

„Felix, tu mir bitte den Gefallen und streiche das Wort 'Weib' aus deinem Wortschatz. Wenn schon, dann verwende das Wort 'Dame'!"
„Wie du meinst. Aber man sagt ja auch 'das weibliche Geschlecht' – und nicht 'das dämliche Geschlecht'!"

Beim Essen fragt der Ehemann seine Frau: „Sag mal, wie heißt eigentlich das Zeug, auf das ich so scharf bin?"
Sie zischt giftig zurück: „Ornella Muti!"

„Hat dir das Essen gemundet, mein Schatz?"
„Ausgezeichnet, Liebling!", lobt der Ehemann seine Frau, „und du hast tatsächlich alle Büchsen allein geöffnet?"

Herbert trifft seinen Kegelkameraden:
„Du siehst so erholt aus. Warst du im Urlaub?"
„Nein, aber meine Frau!"

„Liebling, möchtest du gern einmal in einem großen Wagen herumchauffiert werden?" – „Schatz, woher weißt du?" – „Dann komm, da vorne steht der Bus!"

Kuno ist völlig unentschlossen. In der Verzweiflung wendet er sich Rat suchend an seinen Freund Paul: „Soll ich nun die schöne Steffi heiraten oder die kluge Katharina?" – „Ich gebe dir einen gut gemeinten Rat", sagt Paul, „heirate keine von beiden. Suche dir lieber eine Frau, die zu dir passt!"

„Was ist Ihre größte Stärke?"
„Meine Frau."
„Und Ihre größte Schwäche?"
„Andere Frauen..."

„Meine Holde hat gedroht, sie werde mich verlassen, wenn ich weiterhin jeden Freitagabend zum Kartenspielen gehe."
Meint Kellermanns Kumpel: „Na, das ist aber kein schöner Zug von ihr."
Kellermann: „Zugegeben: Am Anfang werde ich sie unter der Woche vielleicht doch etwas vermissen!"

2.

„Liebling, sehe ich wirklich aus wie 39?", fragt Hilde eines Morgens ihren Angetrauten. „Nein, Schatz, schon lange nicht mehr!"

„Mein Schatz, haben deine Freundinnen deinen Verlobungsring schon bewundert?", fragt Heinz seine Zukünftige. „Und wie", erwidert sie, „zwei von ihnen haben ihn sogar wiedererkannt!"

„Warum hast du nur die Verlobung mit dem Uhrmacher platzen lassen, Marianne?" – „Ach, der wollte mich nur aufziehen!"

Eine Frau beim Scheidungsanwalt. Dieser fragt sie natürlich nach dem Grund für die Scheidung:
„Trinkt er?" – „Keinen Topfen!"
„Gibt er Ihnen nicht genügend Haushaltsgeld?" – „Er ist überaus großzügig!"
„Und wie steht's mit der ehelichen Treue?" –
„Tja, in diesem Punkt könnten wir ihn packen, das letzte Kind ist nicht von ihm!"

Eine Frau und ein Mann wollen heiraten. Der Mann willigt unter der Bedingung ein, dass die Frau während der Ehe niemals die oberste Schublade seines Nachttischschränkchens öffnet. 25 Jahr später, zur silbernen Hochzeit, öffnet die Frau aber doch die Schublade und findet drei Eier und 700 Mark. Tags darauf beichtet sie ihrem Mann ihren Verstoß und möchte gerne wissen, was das zu bedeuten hat. Der Mann verzeiht ihr und sagt, dass er für jedes Ei einmal fremdgegangen ist. Daraufhin verzeiht sie ihm die drei Seitensprünge und möchte nur noch wissen, was es mit den 700 Mark auf sich hat. Darauf der Mann: „Jedes Mal, wenn die Schublade voll war, habe ich die Eier verkauft!"

Männer sind wie Waschmaschinen. Nach dem Durchdrehen spülen sie nach.

Ein Ehepaar feiert Goldene Hochzeit. Zu vorgerückter Stunde prahlt der Jubelgreis vor seinen Schwiegersöhnen: „Ja, meine Lieben, in meinem langen Leben habe ich vielen Ehemännern Hörner aufgesetzt!“ Da meint die Jubilarin versonnen lächelnd: „Ich nur einem Einzigen…“

Nach der standesamtlichen Trauung erkundigt sich der Stammtischbruder beim frisch gebackenen Bräutigam: „Was hast du eigentlich dem Standesbeamten gegeben?“ – „30 Mark.“ – „Und, war's ihm genug?“ – „Ich dachte schon“, meint der Bräutigam, legt dann aber nachdenklich seine Stirn in Falten. „Nach einem langen Blick auf meine Angetraute hat er mir die 20 Mark aber wieder zurückgegeben.“

Das Wörtchen 'Ehe' hat nur drei Buchstaben,
doch manche kauen daran ihr ganzes Leben.

„Mein Lieber, wie schmeckt dir denn das Essen?“, fragt die Gattin.
„Suchst du schon wieder Streit, Elfriede?“

Wenn sich zwei auf der Straße küssen, geht man kopfschüttelnd vorbei.
Schlagen sich zwei auf offener Straße, bleibt man stehen!

Mit vor Stolz geschwellter Brust kommt der Ehemann von seinem Vereinsabend zurück. „Ich bin zum Vize-Vorstand gewählt worden.“ – „Da haben sie für den Posten ja die Idealbesetzung gefunden“, meint dazu seine Frau, „die Rolle kennst du ja schon von zu Hause!“

Ein Boxer in der Hochzeitsnacht. Er zieht sich aus und trommelt mit seinen beiden Fäusten triumphierend auf seinen mächtigen Brustkorb: „Schau nur richtig hin, mein Liebes, das sind 190 Pfund reinstes Dynamit! – „Ja, ja“, entgegnet sie etwas gelangweilt, „so viel Dynamit und so wenig Zündschnur.“

„Martin, stell dir vor! Der Heiratsvermittler, der uns damals zusammengebracht hat, ist gestern ermordet worden." – „Und? Ich habe ein Alibi!"

2.

„Na, mein Schatz, gibt's was Neues?", begrüßt der Ehemann seine eben vom Einkaufen zurückgekehrte Gattin. „Wenn du so direkt fragst! Unser Zweitwagen ist jetzt unser Erstwagen!"

Hilde und Matthias zoffen sich schon wieder. Meint er wütend: „Halt dich lieber zurück und reize nicht das Tier in mir!" – „Meinst du wirklich, ich hätte Angst vor einem Esel?"

Zwei Turteltäubchen unter sich: „Weißt du, mein Schatz, in der Ehe wird sich für dich einiges ändern: Du wirst beispielsweise selbst kochen müssen!" – „Und du, mein Herz", meint die Angebetete ohne mit der Wimper zu zucken, „wirst es essen müssen!"

Die Heidekers auf Achse. „Heiko, fährt der Zug schon?" – „Ja, glaubst du etwa, deinetwegen würden die Häuser vorbeigetragen?"

Tief beeindruckt klopft Schwager Klaus dem neuen Familienmitglied auf die Schulter: „Du hast am Freitag, dem Dreizehnten, geheiratet. Bist du denn gar nicht abergläubisch?" – „Doch, seit jenem Freitag!"

Klärchen muss in der Schule einen Aufsatz über die Ehe schreiben: „Bei uns in Deutschland darf jede Frau nur einen Mann haben. Das nennt man Monotonie!"

Nach Tausendundeiner Nacht: „Ich muss euch etwas gestehen", sagt Scheich Emir zu seinem Harem, „ich habe mich in einen anderen Harem verliebt!"

Wann steht man nach dem Höhenflug auf „Wolke sieben" wieder mit beiden Beinen auf der Erde? Wenn er zu Hause anruft und ankündigt, dass er später zum Essen kommt – und sie schon einen Zettel auf den Küchentisch gelegt hat, dass es im Kühlschrank steht.

„Oswald“, ermahnt ihn seine Ehefrau, „eine innere Stimme sagt mir, dass du zu viel trinkst.“ – „Was“, seufzt Oswald, „eine innere Stimme hast du auch noch?“

Dicke Luft. Er: „Reize mich nicht länger, sonst verliere ich neben meiner Beherrschung auch noch den Verstand!“ – Sie: „Das wäre allerdings schlimm, so winzige Dinge sind schwer wiederzufinden!“

Ein Herr beim Heiratsvermittler: „Ich suche eine Frau, die weder raucht noch trinkt, grundsolide und ehrlich ist. Haben Sie so eine?“ – „Bedaure, nein, aber vor dem Gerichtsgebäude steht eine.“ – „Eine aus Ihrer Kartei?“ – „Nein, aus Marmor!“

Feierabend. Er kommt völlig geschafft von der Arbeit. Das Wohnzimmer ist festlich geschmückt, und seine Frau zündet gerade 20 Kerzen auf einer Torte an. „Hat jemand Geburtstag?“, fragt er erstaunt. „Ja“, antwortet sie, „mein Nerz wird heute 20!“

Walters Freundin steht vor der Haustür: „Hallo, Liebling, ich komme gerade vom Schwangerschaftstest!“ – „Und?“ – „Walter, willst du uns nicht erst einmal reinlassen?!“

Ein Bauunternehmer erkundigt sich beim Finanzamt: „Stimmt es, dass man Renovierungskosten von der Steuer absetzen kann?“ – „Kommt darauf an, was Sie renovieren lassen wollen“, erklärt der Finanzbeamte. „Meine Frau will auf die Schönheitsfarm!“

Die Ehe ist wie ein Restaurantbesuch: Man denkt immer, man hätte das Beste bestellt, bis man sieht, was der Typ am Nebentisch bekommen hat.

Gabi blickt versonnen, aber auch ein wenig melancholisch auf ihren Verlobungsring. Zu ihrer besten Freundin: „Glaubst du, Hedi, Hermann wird mich auch noch lieben, wenn wir verheiratet sind?“ – „Aber sicher, Gabi! Der ist schließlich ganz verrückt nach verheirateten Frauen!“

Ein Bauer und seine Alte gehen von der Kirche nach Hause und geraten mitten in ein Gewitter. Plötzlich schlägt einen Meter links neben der Bäuerin ein Blitz ein. Daraufhin der Bauer: „Na!" Ein wenig später kracht ein Blitz genau einen Meter rechts von der Bäuerin in den Erdboden. Wieder entfährt dem Bauern ein: „Na!" Kurz darauf fährt der Blitz mitten in die Bäuerin. Und der Bauer: „Na also!"

2.

Hilde weint sich an der Schulter ihrer besten Freundin aus. „Selbst unseren Hund behandelt mein Mann besser als mich."
„Aber Hilde, das kann ich gar nicht glauben."
„Doch, mir kauft er nicht einmal eine Halskette!"

Grollmann bekommt vom Finanzamt seine Steuererklärung zurückgeschickt mit dem Vermerk: „Wir vermissen die Einkünfte Ihrer Frau." Grollmann antwortet: „Ich auch, meine Herren!"

„Schatzilein, ich habe heute eine Lebensversicherung abgeschlossen", verkündet stolz der Ehemann.
Sie antwortet bitterböse: „Das ist wieder einmal typisch! Immer denkst du nur an dich!"

Die Übergabe des Lösegeldes ist geplatzt. Einen Tag später handeln die beiden Entführer einen neuen Termin aus. Nachdem der eine Entführer den entscheidenden Telefonanruf getätigt hat, sagt er zu seinem Komplizen: „He, Ede, der Mann will nur zahlen, wenn wir seine Alte behalten!"

„Raus mit der Sprache, Alex, du hast doch eine neue Flamme?"
„Warum fragst du?"
„Weil du neuerdings so abgebrannt bist!"

Es gibt drei Dinge, die ein Mann in seinem Leben tun sollte:
einen Sohn zeugen, einen Baum pflanzen und ein Haus bauen.
Denn dann ist seine Frau auch mit drei Dingen sinnvoll beschäftigt: auf den Sprössling aufpassen, den Baum begießen und das Haus putzen.

Kommt eine junge Frau in ein Brautmodengeschäft, schaut sich die Brautmodelle an und sagt: „Ich möchte mir gern ein Brautkleid machen lassen in Größe 38. Was würde denn dieses Modell hier kosten?"
„2.000 Mark", sagt die Verkäuferin.
Die junge Frau seufzt einmal ganz tief.
„Und dieses daneben?", fragt sie zaghaft.
Die Verkäuferin lächelt mitleidig: „Drei Seufzer!"

Ruft Edi aus dem Wohnzimmer: „Wer hat denn da eben an der Haustür geklingelt?"
Seine Frau erwidert: „War nur ein Bettler. Ich habe ihm einen Teller Suppe und zwei Mark gegeben!" – „Und, hat er die Suppe gegessen?", fragt er. – „Selbstverständlich, der war total ausgehungert!" – Murmelt der Ehemann vor sich hin: „Na, dann hat er sich die zwei Mark auch redlich verdient!"

Manne, rasender Mantafahrer und nebenbei noch Automechaniker, unterwegs mit seiner neuen Flamme. Als es plötzlich dunkel wird, erschrickt das Mädel gewaltig. „Keine Angst", erklärt ihr Manne, „wir unterqueren nur einen Tanklastzug!"

„Meine Frau hat Beine wie eine Gazelle!"
„So schlank?"
„Nein, so behaart!"

„In unserer Ehe ist 'Streit' ein Fremdwort."
„Sie Glückliche!"
„Hoffentlich wird die zweite Woche auch so harmonisch!"

Die junge Frau nach der Hochzeitsnacht zum Ehemann:
„Schatz, ich muss gleich mal ausprobieren, wie sich mein neuer Name schreibt. Gibst du mir mal das Scheckbuch?"

Er kommt später von der Arbeit nach Hause.
Sie: „Hast du Überstunden gemacht?"
Er: „Ist das 'ne Fangfrage?"

2.

Alfons berichtet seiner Frau vom gestrigen Fest: „Du, das Fest war ganz toll, sogar ein goldenes Klosett hatten die!“
„Ein goldenes Klo?“, fragt seine Gattin erstaunt und mag es gar nicht glauben. „Das will ich sehen!“
Also fahren sie gemeinsam hin, klingeln, die Hausfrau öffnet die Tür. „Entschuldigen Sie, ich war gestern auf Ihrem Fest und wollte meiner Frau Ihr edles Klosett zeigen“, erklärt Alois.
„Heinrich“, ruft die Frau in die Küche, „das ist der Typ, der gestern in deine Tuba gemacht hat!“

Ein Betrunkener steigt in die Straßenbahn ein und betrachtet wankend die Fahrgäste auf der linken und dann auf der rechten Seite. „Tag auch, meine Herrschaften, links sitzen wohl alle Lügner und rechts lauter Ehebrecher!“, lallt der Betrunkene in die Menge. Daraufhin erhebt sich einer auf der rechten Seite und meint entrüstet: „Bitte schön, ich habe mein Leben lang noch nie einen Seitensprung riskiert!“
Der Besoffene sieht ihn verdutzt an und entgegnet: „Na dann, setz dich mal rüber auf die linke Seite!“

Adam zu Gott: „Warum hast du mir die Eva geschickt?“
Gott: „Damit du nicht so alleine bist.“
Adam: „Und warum hast du sie so schön gemacht?“
Gott: „Damit sie dir gefällt.“
Adam: „Und warum hast du sie so dumm gemacht?“
Gott: „Damit du ihr gefällst!“

Oberstes Gebot für Frischvermählte:
Man soll immer die Wahrheit sagen, man soll aber die Wahrheit nicht immer sagen!

Zwei Freunde im Mittagsplausch. Fragt der eine den anderen:
„Na, wer hat bei dir daheim die Hosen an?“
„Nun, meine Frau kommandiert die Angestellten, die Kinder, den Hund und...“
„Und du?“
„Ich habe die Blumen übernommen!“

„Meine Frau schwärmt für Rohkost!"
„Ja – meine kann auch nicht kochen!"

„Früher hast du mir im Bett immer die Hand gehalten", jammert sie. Er nimmt ihre Hand.
„Dann hast du mich immer geküsst!" Er küsst sie.
„Und dann hast du immer zärtlich an meinem Hals geknabbert!" Er steht auf. „Wohin gehst du?"
„Ins Bad, meine Zähne holen!"

„Meine Frau ist sehr zukunftsorientiert!", prahlt Tünnes von seiner Holden.
„Wie äußert sich das?", fragt sein Freund Huddel neugierig.
„Sie verschiebt alles auf den nächsten Tag!"

„Ihr Mann sieht einfach toll aus in seinem neuen Anzug", meint die Nachbarin zu Hilde. „Das ist kein neuer Anzug, das ist ein neuer Mann!"

„Stell dir vor, Eva, ich habe heute in der Firma einen tollen Einfall gehabt, durch den die Firma im Jahr so um die 50.000 Mark einsparen wird." Seine Frau schaut ihn mit großen Augen an und meint: „Sag bloß, du hast gekündigt?"

Ein Flirt ist der vergebliche Versuch, einem Mann beizubringen, dass er ernste Absichten hat.

Bei einem Scheidungsprozess fragt der Anwalt den Gatten ungläubig: „Sie haben zehn Jahre mit Ihrer Frau geschwiegen. Warum?"
Gatte: „Ich wollte sie nicht unterbrechen…"

Was ist ein nicht verheirateter Mann ? – Ledig.
Was ist ein verheirateter Mann ? – Erledigt.

In der Ehe ist die Eroberung von der Kapitulation kaum zu unterscheiden.

„Du kannst mir zur blechernen Hochzeit gratulieren."
„Blechern? Kenn ich nicht!"
„20 Jahre Essen aus der Dose!"

2.

Kommt ein Mann in die Apotheke und möchte fünf Gramm Arsen.
„Haben Sie ein Rezept dafür?"
„Nein, aber ein Foto von meiner Frau!"

Winfried sitzt vor der Glotze und ruft in die Küche zu seiner Frau: „Schatzi, bring mal das Bier rein!" – Sie: „Wie heißt das kleine Wort mit den zwei 't'?" – Winfried überlegt einen kurzen Moment und sagt: „Aber flott!"

Herr Schnösel betritt eine Boutique und fragt die Verkäuferin nach einem Damenkleid. „Was für eine Farbe soll es denn haben?", fragt die Verkäuferin.
„Egal", meint Herr Schnösel. – „Und die Größe?", stellt sie eine weite Frage.
„Auch egal", erwidert Schnösel. Die Verkäuferin wird langsam ungehalten: „An welchen Schnitt haben Sie denn so gedacht?" – „Ach, auch egal. Meine Frau tauscht den Fummel doch eh wieder um!"

Im Theater wendet sich eine Dame mit einem auffälligen Kopfschmuck nach dem hinter ihr sitzenden Ehepaar um und fragt höflich: „Stört Sie mein Hut?" – „Das kann man wohl sagen", meint der Ehemann, „jetzt will meine Frau genauso einen auch haben!"

Erst macht man der Frau den Hof,
zuletzt kehrt man ihr den Hof.

Ehemänner sind wie Sicherungen:
Wenn die Spannung zu groß wird, brennen sie durch.

Warum hat Gott von Adam eine Rippe geklaut und daraus eine Frau gemacht?
Er wollte zeigen, dass Diebstahl nicht lohnt!

Ein Ehemann hat eine schlimme Nachricht bekommen. „Sag mir doch, was dich bedrückt, Liebling", meint seine Frau. „Wir haben uns doch versprochen, dass wir alles gemeinsam durchstehen." „Na", meint er, „eben erfahre ich, dass wir Vater geworden sind."

Meldet sich ein Hörer bei der Rundfunksendung „Sie wünschen, wir spielen":
„Da meine Frau und ich morgen Goldene Hochzeit feiern, wünsche ich mir das Lied 'Verdammt in alle Ewigkeit!'..."

Die kleine Maxi fragt ihre Mutter: „Mama, warum ist die Braut immer weiß gekleidet?" „Mein Kind, das bedeutet, dass dies der glücklichste Tag ihres Lebens ist!", antwortet die Mutter. Reibt sich die kleine Maxi an der Nase, denkt kurz nach und fragt: „Aber der Bräutigam ist doch immer in Schwarz, oder?"

Mitten in der Nacht schleicht sich Hannelore ins Haus. Das Licht geht an, ihr Mann steht vor ihr und stellt sie zur Rede: „Willst du mir etwa erzählen, das Kaffeekränzchen hätte so lange gedauert?"– „Schatz, auch wenn du es nicht glaubst – ja. Immer wenn eine gegangen ist, haben die anderen so über sie gelästert, dass ich mich nicht getraut habe, wegzugehen!"

Beim Kaffeekränzchen bei Liselotte.
„Wie haben Sie eigentlich Ihren Göttergatten kennen gelernt?", wird Liselotte gefragt.
„Das war so: Ich überquerte mit meinem ersten Mann die Straße, da kam mein zweiter Mann zu schnell von links und überfuhr ihn. Danach haben wir uns öfter getroffen!"

„Sind Sie noch in die, Sie wissen schon wen, verliebt?", fragt Helme einen flüchtigen Bekannten.
„Nein, seit drei Monaten nicht mehr", entgegnet dieser.
„Das freut mich für Sie. Ihre Freundin war, offen gestanden, eine wirklich hässliche Schaufel."
„Ich habe sie geheiratet!"

„Was ist Lebensstandard?", fragt der Ehemann seine Frau.
„Erkläre es mir", sagt sie.
„Das ist, wenn man Geld ausgibt, das man nicht hat, um Dinge zu kaufen, die man nicht braucht, um Leute zu beeindrucken, die man nicht mag!"

2.

Wo kommt die Ehe noch vor der Hochzeit und vor der Verlobung?
Im Duden.

Wie viele Machos braucht man, um in der Küche eine Glühbirne zu wechseln? Keinen, lass die Frau doch im Dunkeln kochen!

Ein Mann im Reisebüro: „Ich suche für meine Frau einen Winterkurort in den Bergen. Haben Sie etwas Hübsches mit Lawinengefahr?"

Sie: „Schatzi, eigentlich habe ich nicht die geringste Lust, heute Abend zu Möllemanns zu gehen."
Er: „Ich doch auch nicht, Liebes. Aber vergiss nicht, wie die sich freuen würden, wenn wir nicht kämen."
Sie: „Du hast mal wieder Recht, Schatzi, gehen wir!"

„Glauben Sie an fliegende Untertassen?"
„Aber sicher!"
„Haben Sie denn schon welche gesehen?"
„Seit meiner Scheidung nicht mehr!"

Selbstzufrieden verkündet der Biologe seiner Frau: „Da kommst du nie drauf, was für eine Überraschung ich mir für deinen Geburtstag ausgedacht habe!" – „Jetzt mach es nicht so spannend, Liebling! Was ist es denn?" – „Ich habe eine Bakterie nach dir benannt!"

„Mutti, kann unsere Putzfrau eigentlich fliegen?"
„Mein kleiner Schatz, wie kommst du denn auf so etwas?", will die Mutter wissen.
„Weil Vati zu ihr gesagt hat: lieber Engel!"
„Mein Kind, und wie die fliegen wird!"

Was hat eine Disco mit einem Supermarkt gemeinsam?
Was man aufreißt, muss man auch bezahlen.

„Spielst du Skat?"
„Seit Wochen nicht mehr, meine Frau hat die Würfel versteckt."

„Hat er tatsächlich gesagt, dass er ohne dich nicht leben kann?"
„Ja, er sagte, ich sei Luft für ihn!"

„Ihre Gattin braucht dringend Seeluft", sagte der Doktor.
Der Schotte nimmt seine Frau – und geht in ein Fischgeschäft.

Ein Kind sitzt in der Badewanne, die Mutter kommt rein:
„Mama, wo ist denn der Waschlappen?"
„Ach, der ist nur mal kurz runter, Zigaretten kaufen!"

Sie schimpft wieder über ihren Zigaretten qualmenden Ehemann: „Du ruinierst dir nur die Gesundheit. Weißt du nicht, dass Nikotin ein schleichendes, langsam wirkendes Gift ist?" – Er genervt: „Na und, glaubst du etwa, dir zuliebe rauche ich Arsen?"

In der Stammkneipe. Becker erzählt: „Meine Frau hat das Buch 'Das doppelte Lottchen' gelesen und bald darauf haben wir Zwillinge bekommen!" Müller meint: „Das ist noch gar nichts, meine Frau hat 'Schneewittchen und die Sieben Zwerge' gelesen und neun Monate später bekamen wir Siebenlinge!" Keller wird kreidebleich und rennt davon mit den Worten: „Ich muss schnell nach Hause, meine Frau liest gerade 'Alibaba und die 40 Räuber'!"

Kommt Franzl zum Bauern Sepp ins Haus gerannt: „Du, auf deinem Feld küsst einer gerade deine Frau!" Sepp rennt panisch los, läuft zum Feld und kommt wieder zurück ins Haus. „Und?", fragt ihn Franzl. Meint Sepp: „War nicht mein Feld!"

Sagt der Taschendieb zu seiner schwangeren Frau: „Wenn es ein Mädchen wird, soll sie Klaudia heißen."

Am Frühstückstisch fragt die Frau ihren sichtlich von einer anstrengenden Nacht gezeichneten Gatten: „Schatz, warum bist du denn heute Morgen so mürrisch?" – Ehemann darauf: „Ich könnte mich ärgern: Heute Nacht habe ich auf Englisch geträumt." – „Na und?" – „Ich habe kein Wort verstanden…"

Hein und Frieder bei ihrem Feierabend-Bierchen in der Stammkneipe. Hein zu Frieder: „Du, deine Frau behauptet, du würdest ihr lauter schlaflose Nächte bereiten." – Frieder erwidert: „Unsinn, ich bin doch kaum da!"

„Bitte heiraten Sie mich, Fräulein Elke!", fleht ein verliebter Chef seine Angestellte an, „Sie bekommen auch jedes Jahr einen neuen Nerz!" – „Nein danke, lieber nicht, Herr Nerz!"

„Du Michael, warum ist eigentlich deine Verlobung mit Simone in die Brüche gegangen?" – „Nur weil ich sagte, dass ihre Strumpfhose Falten hätte!" – „Aber das ist doch keine Beleidigung!" – „Doch, sie hatte nämlich gar keine an!"

Ein 70-jähriger Millionär heiratet eine bildschöne 20-jährige. Fragt sein Freund: „Wie hast du das bloß gemacht?" – „Ganz einfach", sagt der Millionär, „ich habe ihr gesagt, ich sei 95."

Ein Mann will aus dem Fenster springen. Da kommt seine Frau aus der Küche und sagt: „Kannst du den Müll gleich mitnehmen?"

Unterhalten sich zwei Nachbarinnen: „Mein Mann muss früher wirklich ein turbulentes Sexleben gehabt haben." – „Wie kommst du darauf?" – „Jedes Mal, wenn es nachts blitzt, ruft er im Schlaf: ‚Okay, okay, ich kaufe die Negative!'"

„Heute habe ich meinen Mann beim Schmusen mit unserer Haushälterin erwischt", berichtet die Dame der Gesellschaft im Kreise ihrer Freundinnen. „Und?", fragen diese nach, „wirst du dich scheiden lassen?"

„Ich kann einfach machen, was ich will", klagt Heinrich seinen Kegelfreunden. „Jedes Mal lasse ich den Wagen geräuschlos in die Garage rollen, gehe wie auf Zehenspitzen ins Wohnzimmer und ziehe mich leise aus, um dort zu übernachten. Trotzdem habe ich jeden Morgen danach einen Riesenstreit mit meiner Frau!" – Sein Kumpel Harry hat einen guten Rat parat: „Das mache ich ganz anders. Ich hupe wie ein Wilder, trete mit dem Fuß laut singend die Schlafzimmertür auf und frage meine Frau: ‚Na, mein Schatz, wie wär's mit uns beiden?' Sie tut dann immer so, als würde sie tief und fest schlafen..."

Hausfrau an der Tür zum Milchmann: „Danke, heute brauche ich nichts."
„Auch keine Milch?"

Heidi hat endlich ihrem Klaus das feierliche Jawort gegeben. In der Hochzeitsnacht will sie doch noch ihr Gewissen erleichtern und beichtet ihrem Herzblatt: „Mein Schatz, ich muss dir etwas gestehen. Ich habe mir zwar lange überlegt, ob ich dich damit belasten soll, aber wir haben uns schließlich versprochen, ehrlich miteinander zu sein. Klaus, ich bin Nymphomanin!" Dem sichtlich erleichterten Ehemann fällt ein Stein vom Herzen: „Ach, Schatz, wenn es weiter nichts ist. Ich liebe dich so sehr, dass ich dir sogar verzeihen würde, wenn du vorbestraft wärst. – Hauptsache, du bist mir treu..."

Wie heißen die amerikanischen Filmstars, die noch nie geschieden worden sind?
Micky Mouse, Donald Duck, Schneewittchen...

Eine alte Jungfer kommt ins Fundbüro und fragt: „Ich habe unter meinem Bett einen Mann gefunden. Wenn sich niemand meldet, darf ich ihn dann behalten?"

Die Ehefrau besucht den Mann im Gefängnis. Er fragt nach: „Wie geht's dir denn jetzt finanziell?"
„Och, im Moment ganz gut. Die Belohnung, die sie auf dich ausgesetzt hatten, langt noch mindestens drei Jahre."

Steht ein Mann nackt vorm Spiegel, betrachtet sich und sagt: „Ach, zwei Zentimeter mehr, und ich wäre König." Antwortet eine Stimme: „Zwei Zentimeter weniger, und du wärst Königin!"

Ein Mann sitzt im Gefängnis, weil er mit vier Frauen gleichzeitig verheiratet war.
Fragt ein Zellengenosse: „Biste zur Strafe hier – oder zur Erholung?"

Zwei Hausmädchen unterhalten sich: „Ich glaube, ich kündige bald. Den ganzen Tag muss ich sagen: ‚Jawohl, gnädige Frau, jawohl, gnädige Frau' und immer wieder ‚Jawohl, gnädige Frau...!'" – Meint die andere: „Das ist noch gar nichts, ich muss immer wieder sagen: ‚Nein, gnädiger Herr, aber nicht doch gnädiger Herr...!'"

Zwei gerade Verstorbene klopfen an die Himmelstür und verlangen Einlass. Petrus mustert sie prüfend und fragt dann den Ersten: „Warst du auf schon auf Erden im Fegefeuer? Hast du schon die Qualen der Hölle erlebt?"
Der Mann antwortet: „Ich war verheiratet."
Petrus nickt bedächtig: „Das gilt auch. Komm rein. Und wie ist's mit dir?", will er vom Zweiten wissen.
„Ich war sogar zweimal verheiratet."
Petrus legt die Stirn in Falten: „Also bitte – Arme und Unglückliche haben hier natürlich Zutritt – Trottel eigentlich nicht."

Schon wieder erwischt der Bauer einen Lausbuben, der ihm die Äpfel vom Baum klauen will. Er greift sich das Bürschlein, schüttelt es kräftig durch und schließt seine Strafpredigt mit den Worten „...denn da ist jemand, der dich beim Stehlen beobachtet. Eine höhere Macht, die alles sieht und so erhaben ist, dass selbst ich nur ein kleiner Wurm bin, der sie fürchten muss. Und diese höhere Macht wird dir dein Tun nicht einfach so vergeben. Hast du das kapiert". Der Lausbub mault: „Ach, lassen Sie doch Ihre Frau da raus."

Wie hieß die Schwiegermutter von Adam?
Er hatte keine, er war ja im Paradies.

Vor dem heillosen Zorn seiner Ehegattin war Herr Huber unters gemeinsame Bett geflüchtet. Da die beleibte Dame sich außerstande sah, den Guten darunter wieder hervorzuzerren, schlug sie mit dem Teppichklopfer energisch auf die Matratze und brüllte: „Ich zähl jetzt bis drei und dann bist du da wieder herausgekommen. Eins, zwei..." Brüllt Huber zurück: „Herrgott noch mal. Wer ist denn hier der Herr im Haus? Ich bleib hier drunter und damit basta."

Zum dritten Mal ist der Generaldirektor nur knapp dem Tode entronnen und zum dritten Mal hat ihn der eigene Chauffeur mit seinem waghalsigen Fahrstil in Lebensgefahr gebracht. Also will er ihn endlich feuern, doch was sagt seine Ehefrau: „Ach komm, Putzerl. Gib ihm noch eine Chance."

Harry ist ein großer Brigitte-Bardot-Fan. Seiner Frau kommt zu seinem 50. Geburtstag die geniale Idee, sich die Initialen der berühmten Schauspielerin auf ihr Hinterteil tätowieren zu lassen. Am Abend seines Geburtstages lockt sie ihren Ehemann mit süßer Stimme ins Schlafzimmer und präsentiert stolz das Geschenk: „Herzlichen Glückwunsch zum Geburtstag, mein Schatz! Na, was sagst du nun?" – Harry kopfschüttelnd: „Wer ist BOB?"

Auf einem Ball der besseren Gesellschaft gerät eine hübsche Blondine mit einem Herrn in einen heftigen Wortwechsel. Nach minutenlangem Streit verlässt der Mann schließlich wutschnaubend den Ort des Geschehens und eine andere Dame fragt bei der Blondinen nach: „War das Ihr Mann?"
„Was glauben Sie denn", faucht die Blonde zurück. „Glauben Sie, ich würde mit so einem Trottel ein Verhältnis anfangen?"

„So was Dummes", sagt der Ehemann, „jetzt habe ich vergessen, was der Arzt gesagt hat. Hat meine Frau nun Alzheimer oder Arthrose?"
„Das lässt sich ganz einfach feststellen", sagt sein Freund.
„Fahr mit ihr ein paar Kilometer raus, setz sie aus, und wenn sie wieder zurückfindet, hat sie Arthrose!"

2.

Ein Ehekrach endet vor dem Scheidungsrichter, der einiges aufzuarbeiten hat. So wirft die Frau ihrem Gatten Vernachlässigung, Brutalität, Ignoranz und mangelnde Treue vor, während sich dieser über die Unzuverlässigkeit, die Nörgelei und die Prüderie seiner Frau mokiert. Schließlich findet der Richter heraus, dass die Situation unlängst so eskalierte, dass das gesamte Wohnungsmobiliar zu Bruch ging und verlangt einen Zeugen zu hören. „Sagen Sie mal", will er wissen, „waren Sie dabei, als der Streit begann?"
„Jawohl", erklärt der Vernommene. „Ich war Trauzeuge."

Früh morgens geht ein Mann auf die Jagd. Im Wald angekommen, fängt es an zu regnen, der Wind wird stärker. Er beschließt umzukehren. Er kommt zu Hause an, zieht sich aus und legt sich wieder zu seiner Frau ins Bett.
„Wie ist es draußen?", fragt sie im Halbschlaf. „Kalt, und es regnet ...
– „... und mein Mann, der Idiot, ist auf die Jagd gegangen."

Die Ehefrau kommt nach Hause und sieht, dass der Mann seine Koffer packt.
Sie fragt: „Warum packst du denn?"
„Ich fliege nach Australien!"
Sie fragt: „Wieso nach Australien??"
Der Mann antwortet: „Ich habe gelesen, dass man in Australien 100 Dollar pro Samenspende kriegt."
Jetzt fängt auch die Frau an zu packen.
Ihr Mann fragt: „Warum packst du denn?"
„Ich fliege mit!"
Er fragt: „Wieso?"
Die Frau grinst und sagt: „Ich will sehen, wie du von 100 Dollar im Monat lebst!!"

„Glück im Spiel, Pech in der Liebe", seufzte der Stammtischler, als er beim Pokern seine Frau einsetzte und gewann.

Was haben Frauen und Wolken gemeinsam?
Wenn sie sich verziehen, geht die Sonne auf!

Eine 80-jährige beantragte die Scheidung von ihrem 85-jährigen Mann. Auf die Fragen ihrer Kinder nach dem Warum antwortete sie: „Wir sind nun 60 Jahre verheiratet. Genug ist genug."

„Ach was", antwortet die Betroffene. „Als Wiedergutmachung hat er mir schließlich ein neues Auto geschenkt."
„Und wenn er es wieder macht?"
„Na ja", sinniert die Dame: „Ich bräuchte auch noch 'nen Chauffeur."

„20 Jahre lang waren meine Frau und ich die glücklichsten Menschen", seufzt Schorsch am Stammtisch.
„Und dann?", erkundigen sich die Freunde mitfühlend.
„Dann sind wir uns begegnet."

Frau Kluge beschwert sich bitterlich: „Immer gehst du abends weg und nie nimmst du mich mit."
Seine Antwort: „Ich treibe mich halt ungern mit verheirateten Frauen herum."

Gefreiter Müller zu seinem Stubenkameraden. „Stell dir vor: Ich komm nach Hause und finde meine Frau mit Oberstleutnant Straffke im Bett."
Der andere ist geschockt: „Na und?"
„Ich hab noch mal Glück gehabt. Er hat mich nicht bemerkt."

„Und", erkundigt sich Harald bei Fred, „hat sie deinen Heiratsantrag angenommen?"
„Nein. Abgelehnt."
„Mit welcher Begründung?"
„Sie war sehr diplomatisch. Sie sagte, dass sie mich für zu klug hielte, eine Frau zu lieben, die so dumm wäre, mich zu heiraten."

Renate, die frisch gebackene Ehefrau, sagt auf der Hochzeitsreise zu ihrem Mann: „Du, Liebling, könnten wir nicht so tun, als wären wir schon länger verheiratet?"
„Gut, mein Herzblatt, trag du die Koffer!"

„Denk dir, Biggi. Thomas hat gestern um meine Hand angehalten."
„Ja – das macht er sehr charmant, nicht wahr?"

2.

„Ich werde nie wieder eine Frau fragen, ob sie mich heiraten will", seufzt Udo.
„Wieder abgeblitzt?", erkundigt sich sein Kumpel mitfühlend.
„Eben nicht."

Fragt Joachim in der Hochzeitsnacht: „Wenn ich dir jetzt die Unschuld raube, bin ich dann ein Räuber?"
Sagt sie: „Nein, ein Zauberer!"

Ein Ehepaar spielt Golf. Zu ihrem Entsetzen fliegt ein gerade abgeschlagener Golfball durch ein Fenster, das in viele kleine Scherben zerbricht. Das Ehepaar geht schuldbewusst sofort in das Haus hinein, um den Eigentümer zu verständigen. Beide rufen laut, doch niemand antwortet. Sie gehen in den Raum, wo das zerbrochene Fenster ist und sehen eine kaputte Vase, daneben einen Mann mit einem Turban auf dem Kopf. „Sind Sie der Eigentümer des Hauses?", fragt der Ehemann.
„Nein, ich war 1.000 Jahre in dieser Vase eingesperrt, aber jemand hat diesen Golfball durch das Fenster geschossen, dabei die Vase umgeworfen und nun bin ich befreit!", antwortet der Mann.
Der Ehemann, nicht dumm, fragt ihn sogleich: „Oh, sind Sie ein Flaschengeist?"
„Korrekt, ich erfülle euch zwei Wünsche. Weil ich geizig bin, behalte ich den dritten für mich."
Darauf der Mann: „Also, ich will ein jährliches Einkommen von einer Million Mark." „Wie Sie wünschen!" – Der Mann weiter: „... und immer leckeres Essen."
Der Flaschengeist: „Auch das ist gemacht. Nun mein Wunsch: Ich will mich mit deiner Frau vergnügen." Das Ehepaar willigt ein. Als sie allein sind, fragt der Geist die Frau: „Wie alt ist denn dein Mann?"
„40!", antwortet sie. „Und da glaubt er noch an Flaschengeister?"

Ein Gentleman ist ein Mann, der sich zumindest vorstellt, bevor er einer schönen Frau nachstellt!

„Ich bin sehr für eine lange Verlobungszeit", erklärt Theo seinem Bruder.
„Wieso denn das?"
„Sie verkürzt die Ehe."

Sie weint bitterlich: „Du hast mich nur geheiratet, weil ich ein bisschen Geld hatte."
„Unsinn, Liebling", wehrt sich der Gescholtene. „Ich hätte dich auch genommen, wenn du viel Geld gehabt hättest."

Die Kumpels wundern sich, dass Michael doch so plötzlich noch geheiratet hat. „Ursprünglich wollten wir gute Freunde bleiben", erklärt er. „Aber dann haben wir es uns doch anders überlegt."

Zwölf Jahre haben die beiden nun in wilder Ehe zusammengelebt, da fragt sie eines Tages: „Meinst du nicht, wir sollten heiraten?"
Er winkt ab: „Wer würde uns denn jetzt noch nehmen?"

Sie beklagt mit bitteren Worten den frühen Verlust ihres ersten Gatten. Ihr jetziger Gemahl tröstet sie: „Glaube mir, Liebling. Für niemanden ist sein Tod schmerzlicher als für mich."

Professor zum Jurastudenten: „Definieren Sie den Begriff Alimente."
Kurzes Nachdenken: „Alimente – langjährige Haftung eines Einzelnen für einen von zwei Personen begangenen Fehler."

Kleinanzeige:
„Mann, zweifacher Witwer, sucht hübsche Lebenspartnerin.
Hobbies: Pilze sammeln und Kochen."

Heinrich schaut amüsiert aus dem Fenster. Neugierig fragt ihn seine Frau: „Was stehst du denn eine geschlagene halbe Stunde am Fenster, gibt's was Besonderes zu sehen?" Heinrich: „Da sucht ein Mann dort unten auf der Straße schon ewig nach einem 100-Mark-Schein." Seine Frau erstaunt: „Woher willst du das so genau wissen?" – „Na, weil ich ihn gefunden habe!"

Sitzen drei ältere Damen zusammen. Sagt die eine: „Nun bin ich schon 70 und spiele immer noch Golf. Wer weiß, wie lange noch!"
Sagt die Zweite. „Ach, das ist noch gar nichts. Nun bin ich schon 80 und spiele immer noch Tennis. Wer weiß, wie lange noch!"
Sagt die Dritte mit Nachdruck: „Ach kommt schon, das ist doch alles nichts. Nun bin ich schon 90 und immer noch Jungfrau. Wer weiß, wie lange noch!"

Pünktlich zum Monatsersten erwartet die Ehefrau des Geschichtsprofessors ihr Haushaltsgeld. Von der Küche aus ruft sie in die Bibliothek: „Wilhelm! Der Erste!" – Tönt es aus dem Arbeitszimmer: „1861 bis 1888!"

Unterhalten sich zwei Arbeitskollegen.
„Mensch, Klaus, du bist ja knackig braun von deiner Hochzeitsreise zurück! Aber warum ist deine rechte Hand so weiß?"
„Ich musste dauernd tief in die Tasche greifen!"

Meint der Scheidungsanwalt kopfschüttelnd zu der aufreizenden 30-jährigen: „Ich weiß gar nicht, was Sie eigentlich haben – für sein hohes Alter erscheint mir Ihr Mann doch noch sehr rüstig!"
Antwortet sie mit einem Schmollmund: „Für sein Alter mag das ja sein – aber nicht für meins!"

Der Mittagstisch ist gedeckt. Die Ehefrau ruft vom Esszimmer ins Arbeitszimmer ihres Mannes: „Komm nörgeln, Schatzi! Das Essen ist fertig!"

Arnulf schüttet bei seinem Arbeitskollegen sein Herz aus: „Meine Frau behauptet immer das Gegenteil von mir", jammert Arnulf.
„Wobei denn?", hakt sein Arbeitskollege nach.
„Immer, wenn ich nach Hause komme und guten Abend sage, sagt sie jedes Mal: ‚Guten Morgen!'"

Wie hilft der Ehemann bei der Hausarbeit?
Er hebt die Füße, wenn die Frau staubsaugt!

„Mein Hasi", erkundigt sich die Ehefrau besorgt bei ihrem Mann, „fühlst du dich auch gut?" – Der Mann, der sich wie immer schweigend hinter die Morgenzeitung verkrochen hat, blickt von seiner Lektüre auf und fragt erstaunt: „Wie kommst du denn auf so etwas?" – Sie: „Na, deine Finger sind so blass!"

Eine berühmte Hollywood-Diva hat einen rassigen Spanier geheiratet. In einem Fernsehinterview wird sie zu ihrem neuen Eheglück befragt: „Ob ich glücklich bin? Ich bin im siebten Himmel!", antwortet die Diva entzückt, „in Zukunft heiratete ich nur noch Spanier!"

Zwei Damen treffen sich im Supermarkt:
Frau Griese: „Grüß Sie Gott, Frau Ludwig, geht's gut?"
Frau Ludwig: „Na ja, es geht schon besser."
Frau Griese: „Das freut mich, dass es Ihnen besser geht!"
Frau Ludwig: „Aber besser wär's, wenn's gut ginge!"

Hein zu seinem Kumpel: „Ich weiß gar nicht, was meine Frau immer hatte: Ich rauche nicht, trinke nicht, ich bin treu, gehe früh zu Bett und stehe immer um sieben Uhr morgens auf! Aber das eine kann ich dir sagen – sobald ich aus dem Knast raus bin, ist Schluss mit dem Schwachsinn!"

Trifft ein Mann seinen als wortkarg bekannten Nachbarn auf der Straße:
„Gut, dass ich Sie treffe", sagt er zu ihm, „ich habe nämlich gewettet, dass es mir gelingt, Ihnen mehr als ein Wort zu entlocken!"
Meint der Mann: „Verloren!"

Trösel will, bevor er sich ewig bindet, lieber auf Nummer sicher gehen: Er beauftragt unter einem falschen Namen einen Detektiv, den Ruf seiner Frau zu überprüfen. Nach wenigen Tagen erstattet der Schnüffler Bericht: „Alles einwandfrei, Herr Trösel. Ihre Zukünftige hat eine weiße Weste. Aber es hat sich rumgesprochen, dass sie in letzter Zeit mit einem gewissen Herrn Trösel ausgeht, und der hat wirklich keinen guten Ruf!"

Heike lädt ihre Nachbarin auf einen Kaffee zu sich nach Hause ein. Im Flur bleibt die Nachbarin plötzlich stehen und meint: „War Ihre Wohnung schon immer so niedrig?“
„Das täuscht“, meint Heike, „die neuen Teppiche sind so dick!“

2.

Helmut betrachtet sich mit sorgenvollem Blick im Spiegel.
Zu seiner Frau gewandt: „Vor lauter Kummer fallen mir schon die Haare aus!“
„Was bereitet dir denn solchen Kummer?“
„Dass ich bald eine Glatze bekommen könnte!“

Bei Scheunemanns klingelt es an der Haustüre. Frau Scheunemann öffnet, und ruft zu ihrem Mann ins Wohnzimmer: „Heiner, da ist ein Mann, der sammelt für den neuen Fußballplatz – was soll ich ihm geben?“ Scheunemanns Antwort: „Meine ausgedienten Kickschuhe!“

„Ich lasse die ganze Nacht das Licht im Haus brennen – wegen der Einbrecher“, meint Gertrud zu ihrer Nachbarin. „Versteh ich nicht“, sagt die Nachbarin kopfschüttelnd, „soviel ich weiß, haben die immer Taschenlampen dabei!“

Sagt die Ehefrau zu Heinz: „Sag mal, von den 1.000 Mark, die du unseren Nachbarn geliehen hast, hört man gar nichts mehr!“
„Dann hör aber mal genau hin, mein Schatz! Der hat sich davon eine Stereoanlage gekauft!“

Lutz blättert in der Morgenzeitung. Er murmelt vor sich hin: „Hmmh, ein Einbrecher wird also gesucht, soso.“
Meint seine Frau: „Ich glaube kaum, dass sich daraufhin einer melden wird!“

Marianne unterhält sich über den Zaun mit ihrer Nachbarin. Fragt die: „Wie gefällt deinem Mann denn nun seine neue Stellung in der Brauerei, Marianne?“
„Keine Ahnung. Seit seinem ersten Arbeitstag vor einer Woche ist er nicht mehr heimgekommen!“

Der Nachbar beobachtet schon eine ganze Weile, wie Herr Schlumberger in seinem Garten Büsche herausreißt. „Na, Herr Schlumberger, Sie wollen wohl Ihren Garten neu gestalten?"
„Nein, wir ziehen um!"

„Lügen Sie nicht, geben Sie endlich zu, dass Sie meine Frau noch lieben!", brüllt der gehörnte Ehemann ins Telefon. „Regen Sie sich bloß ab, guter Mann", erwidert der vermeintliche Ehebrecher, „sie ist schon vor einer Stunde gegangen!"

Klagt Marek dem Freund sein Leid: „Wo soll das nur enden? Vor zwei Jahren war meine Frau nach dem Italienurlaub schwanger. Letztes Jahr, nach ihrem Skiurlaub in den Alpen, wurde sie wieder schwanger. Eines kann ich dir sagen: Dieses Jahr fahr ich aber mit!"

Vater und Sohn bei ihrer liebsten Freizeitbeschäftigung: Modelleisenbahn. Bis spät in die Nacht wird gebastelt und ausprobiert, die Gleise werden neu verlegt und die Züge unter lauten Getöse in den Bahnhof manövriert. Klopft die Mutter plötzlich an die Türe und meint: „Frau Hasselhuber von nebenan lässt fragen, wann der letzte Zug fährt!"

Erika blättert beim Friseur in den Boulevardblättern. Ihr Blick fällt interessiert auf das Monatshoroskop. Rosige Aussichten werden ihr darin versprochen. Sie liest auch das Horoskop ihres Mannes. Dann blickt sie auf und meint zum Friseur: „Wenn mein Mann nur drei Tage später geboren wäre, dann hätte er ein freundliches Wesen, wäre tolerant und freigiebig!"

Ilse hält demonstrativ die leere Haushaltskasse ihrem Mann unter die Nase und meint: „Ich brauche dringend wieder Haushaltsgeld!"
Meint Langfinder-Joe: „Okay, okay, kannst du vielleicht noch warten, bis die Banken geschlossen haben?"

„Mama, ich möchte einen Hamburger."
„Nein, du heiratest keinen Norddeutschen!"

*Thomas eilt noch vor kurz vor Ladenschluss ins Blumengeschäft. „30 dunkelrote, langstielige Rosen, bitte!“
Staunt der Verkäufer: „Du lieber Scholli! Was haben Sie bloß angestellt!“*

2.

**Karl Müller nimmt den Mantel von der Garderobe, und ruft seiner Frau zu: „Schatz, ich gehe jetzt in den Garten – Blumen gießen."
Kommt seine Frau erstaunt aus der Küche: „Weißt du eigentlich, dass es regnet?"
Darauf Karl: „Okay, dann nehme ich eben den Schirm!"**

*Handwerker Hinrichsen stößt, als er mit Leiter und Werkzeugkasten bepackt den Flur der reichen Schmidts zur Haustüre läuft, eine sündhaft teure Vase vom Sockel. Die in Tränen aufgelöste Dame des Hauses kreischt: „Was für ein Malheur! Die Vase stammt aus dem 18. Jahrhundert!“
Hinrichsen erleichert: „Gott sei Dank! Ich dachte schon, die ist neu!“*

**Marion schreibt ihrem Mann einen Brief ins Gefängnis.
„Lieber Meinrad! Unsere Kinder sind, wie du weißt, jetzt in einem Alter, in dem sie anfangen, Fragen zu stellen. Sie fragen mich ständig, wo du die Beute versteckt hast..."**

*„Zünde bitte den Christbaum an, Steffi!“, sagt der Vater.
Nach einer Weile dringt Steffis Stimme aus dem Wohnzimmer: „Papi, auch die Kerzen?“*

Herr Mittermaier findet etwas früher als sonst den Heimweg vom Stammtisch nach Hause. Als er ins Haus kommt, findet er seine Tochter in den Armen des Nachbarjungen. „Was geht hier vor?", braust Mittermaier auf. Erwidert der Junge lässig: „Ihre Uhr!"

*Georg führt ein ernstes Gespräch mit seinem Schwiegersohn in spe: „So verschuldet wie Sie sind, junger Mann, wollen Sie allen Ernstes meine Tochter heiraten?“
„Wissen Sie etwa einen anderen Ausweg?“*

Zwei Mütter treffen sich vor dem Kaufhaus. Prahlt die eine: „Mein Sohn will Bakteriologe werden. Wie finden Sie das?"
Entgegnet die andere: „Ehrlich gesagt, heutzutage gibt es viel zu viele Fremdworte. Als ob das herkömmliche Wort 'Bäcker' nicht mehr gut genug wäre!"

Ludger sitzt gebannt vor dem Fernseher. Mit einem Ruck dreht er sich plötzlich herum und fragt: „Schatz, hast du eben was gesagt?"
Meint die: „Jetzt nicht, das war gestern!"

Ein Vater-Tochter-Gespräch:
„Liese, ich geb dir mal einen guten Rat: Heirate einen Soldaten. Der macht seine Wäsche allein, putzt die Stube, ist in Erster Hilfe ausgebildet, und daran gewöhnt, Befehle auszuführen!"

Steht die zehnjährige Claudia hilfesuchend vor der geschlossenen Gartentür. Der Nachbar bietet über den Gartenzaun seine Hilfe an, meint aber noch: „Du bist doch schon ein großes Mädchen, eigentlich könntest du die Türe ja auch selbst öffnen, oder?"
Meint Claudia: „Klar, Herr Nachbar, aber die Farbe ist noch nicht trocken!"

Der sonntägliche Ausflug der Möllemanns führt die Familie in den Biergarten. Unter schattigen Linden lässt es sich gut sitzen und der Vater bestellt bei der Bedienung gleich mal zwei Maß Bier. Fragt der Jüngste seinen Vater: „Bekommt Mami nichts?"

Im Reisebüro. Risto will für sich und seine Frau Biggi eine Kreuzfahrt in die Karibik buchen. Der Reisekaufmann notiert folgende Sonderwünsche: „Getrennte Betten, getrennte Luxuskabinen – am besten getrennte Schiffe!"

„Denk dir", erzählt eine Freundin der anderen, „gestern wollte mich ein fremder Mann auf dem Rathausplatz küssen! Ich bin vielleicht gerannt."
„Und, hast du ihn eingeholt?"

Philipp bestürmt sein Herzblatt Heidrun: „Liebste, möchtest du mich beiraten?"
„Schon möglich, aber nur, wenn dein Einkommen viele Nullen hat!"
„Prima – es enthält nur Nullen!"

2.

Herr Pingelig nimmt seinen künftigen Schwiegersohn genauer unter die Lupe und 'ins Verhör': „Rauchen Sie, junger Mann?"
„Nein."
„Schauen Sie anderen Frauen hinterher?"
„Niemals."
„Sie scheinen ja wirklich eine weiße Weste zu haben. Kommen Sie, einen Fehler müssen doch auch Sie haben?"
„Ja. Ich lüge!"

„Superschick, das Kleid", schwärmt die Freundin, als sie Marga in dem maßgeschneiderten Kostüm sieht, „ist wohl der letzte Schrei in Paris?"
„Eher der vorletzte", meint Marga, „den letzten werde ich wohl von meinem Mann hören, wenn er den Preis erfährt!"

Aufgeregt kommt Frau Hämmerle zu ihrem Mann in die Küche. „Stell dir vor, im Wohnzimmer sitzt unsere Tochter auf dem Schoß vom jungen Kächele, und das Licht hat er auch ausgemacht!" – „Der Junge gefällt mir", sagt Herr Hämmerle, „spart Licht und benutzt nur einen Stuhl!"

Die Mutter schimpft ihre Tochter: „Mariechen, wie konntest du dich nur vom Kaminkehrer küssen lassen?"
„Ach, Mama, ich weiß auch nicht. Mir wurde plötzlich ganz schwarz vor den Augen!"

Ernst erzählt seinem Freund: „Stell dir vor, es gibt auch echt nette Autofahrer. Manche halten an, nehmen dich mit, laden dich ein und lassen dich sogar bei sich übernachten."
„Tatsächlich? Ist dir das schon mal passiert?"
„Nein, mir nicht, aber meiner Tochter!"

„Warum so traurig, Herr Nachbar?"
„Na ja, man hat's nicht leicht. Fünf Töchter und noch kein Schwiegersohn!"
„Was soll ich sagen? Eine Tochter, aber fünf Schwiegersöhne!"

Kommt ein Mannn nachts kurz vor drei stockbetrunken nach Hause. Drinnen angekommen hört er die Kuckucksuhr dreimal 'KUCKUCK' rufen. Er denkt bei sich: „Mist, wenn meine Frau merkt, dass ich erst um drei heimgekommen bin, gibt's morgen wieder mächtig Ärger." Nach langem Überlegen sagt er sich: „Ich mach einfach noch acht mal 'KUCKUCK', dann denkt sie, es ist erst 11 Uhr und die Sache ist in Ordnung!" Gesagt, getan – er legt sich beruhigt schlafen. Am nächsten Morgen meint seine Frau beim Frühstück: „Du, ich glaube, wir müssen die Kuckucksuhr mal zum Reparieren bringen. Heute Nacht, da hat sie erst dreimal 'KUCKUCK' gemacht, dann hat sie einmal laut gerülpst und noch dreizehnmal 'KUCKUCK' gemacht!"

„Hugo!", schreit die Ehefrau am Steuer voll Entsetzen ihrem Mann zu, „die Bremsen machen es nicht mehr!" Der Ehemann lässt sich von seiner hysterischen Frau nicht aus der Ruhe bringen und bemerkt lediglich: „Liebling, fahr bitte gegen etwas Billiges!"

Vor einem exquisiten Pelzladen bleibt Helga wie angewurzelt stehen. „Liebling", winkt sie ihren Mann heran, „den – oder keinen!"
„Na schön", meint dieser, „keinen!"

„Na, wie sind denn deine Flitterwochen ausgefallen?", fragt Hannelore ihre beste Freundin. „Himmlisch, kann ich dir sagen", schwärmt die junge Braut, „ich wusste gar nicht, dass man sich auch ohne Lachen so amüsieren kann!"

Aufgeregt sagt die 20-jährige zu ihrer Mutter: „Stell dir vor, auf meine Bekanntschaftsanzeige sind total viele Zuschriften eingegangen!"
„Das freut mich für dich, Kind", sagt die Mutter.
„Und stell dir vor, Mutti: Papi hat auch geschrieben!"

2.

Egon Flitzebogen fährt, wie jedes Jahr, allein in den Winterurlaub. Mit einem zärtlichen Kuss verabschiedet sich seine Frau von ihm, winkt ihm nach und ruft ihm zu: „Soll ich dir die Post wie immer ins Krankenhaus nachschicken?“

Die Neuvermählten sind in Stratford-on-Avon, der Stadt Shakespeares, eingetroffen. Im Hotel sind alle Zimmer nach den Werken des großen Dramatikers benannt. Der Empfangschef schaut auf seinen Plan und meint: „Wir haben noch die Zimmer 'ein Sommernachtstraum' und 'der Widerspenstigen Zähmung' frei.“
Mit einem Seitenblick auf ihren Gatten sagt die Ehefrau: „Wenn's noch frei ist, können Sie uns das Zimmer 'Viel Lärm um nichts' geben?“

Ein Ehepaar kommt ins Hotel. Ihr Zimmer liegt im 18. Stock – und zu allem Unglück streiken die Fahrstühle. Um sich das Treppensteigen zu erleichtern, erzählen sich die beiden unterwegs Witze. Im 14. Stock sagt sie: „Puh, jetzt gehen mir aber die Puste und die Witze aus.“ Darauf er: „Mir nicht. Schatz, wir haben die Zimmerschlüssel unten an der Rezeption liegen gelassen!“

„Herrje, drüben bei Hellbrinks ist ja ein fürchterlicher Lärm.“ – „Tja, die schlagen sich gerade den Traum vom Eigenheim aus dem Kopf!“

Der Bauer zu seiner Frau: „Marie, Schatz, i bin vorhin mit dem Traktor doch glatt in a Radarfalln reingfahrn!“ – „Ja, mei, Bauer, hat's denn blitzt?“ – Na, des net, aber recht gscheppert…“

Brandstätter kommt nach einem langen Arbeitstag nach Hause. „Mann, habe ich einen Durst von der trockenen Luft im Büro!“, ruft er seiner Gattin zu. „Es ist aber nur Wasser im Haus!“, ruft sie zurück. „Seit wann wäscht man sich gegen Durst?!“

Ein leidgeprüfter Familienvater reist mit seiner Frau und drei Töchtern nach Paris. An der Rezeption eines feinen Hotels fragt der Empfangschef: „Wo ist Ihre Bagage?“ – „Bereits auf dem Zimmer. Sie machen sich nur noch frisch!“

Ein Ehepaar will zum Fasching gehen. Sie haben sich schon Kostüme besorgt.
Doch am betreffenden Abend hat die Frau Kopfschmerzen, nimmt Kopfschmerztabletten und legt sich zu Bett. Der Mann zieht alleine los.
Nach wenigen Stunden erwacht die Frau und fühlt sich pudelwohl. Sie beschließt, doch noch zum Fasching zu gehen.
Da ihr Mann ihr Kostüm nicht kennt, beschließt sie, ihn heimlich zu beobachten.
Er tanzt und flirtet mit vielen Frauen. Da beginnt auch sie, mit ihm zu flirten.
Schließlich lädt sie ihn in ein benachbartes Schlafzimmer ein und sie verbringen wilde Stunden. Anschließend geht sie nach Hause, setzt sich ins Bett und liest ein Buch. Als ihr Mann kommt, fragt sie ihn, ob er sich gut amüsiert hätte.
Er antwortet: „Nein, Schatz, ohne dich habe ich keinen Spaß auf Partys."
„Hast du getanzt?"
„Nein, ich habe ein paar alte Freunde getroffen und wir haben gepokert. Aber der Freund, dem ich mein Kostüm geliehen habe, hat sich köstlich amüsiert."

Beim Abendessen strahlt der 18-jährige David seinen Vater an: „Papa, ich habe eine gute Nachricht für dich." – „Und was für eine?" – „Du hast die Autoversicherung erfreulicherweise nicht umsonst bezahlt!"

Es klingelt. Der Vater dreier Töchter nimmt den Telefonhörer ab und schon hört er die süßlichen Worte eines jungen Mannes: „Bist du es, mein Fischlein?" – „Nein", grollt der leidgeprüfte Vater, „hier ist der Besitzer des ganzen Teiches!"

Das Nesthäkchen Heidi fragt ihren Vater: „Du, Papi, bitte erlaube mir doch endlich, dass ich den Führerschein mache. Ich bin jetzt schließlich alt genug!"
„Du schon", erwidert der Vater, „aber unser Wagen noch nicht!"

Die Bauerstochter und ihre neue Flamme gehen spazieren. Sagt sie zu ihrem Verehrer: „So weit mein Auge reicht, gehören all diese Wiesen und Äcker meinem Vater."
Er: „Ein beachtlicher Besitz, hoffentlich bist du nicht kurzsichtig!"

2.

Kaffeeklatsch bei Hillscheids. Das Neueste aus der Nachbarschaft und dem gemeinsamen Bekanntenkreis wird durchgekaut. Sagt die Gastgeberin:
„Also wirklich, über die Schmidts von nebenan kann man nur Gutes sagen."
Darauf ihre Nachbarin: „Tja, dann wollen wir lieber über jemand anderen sprechen."

Matthias, seit kurzem in Besitz des Führerscheins, bettelt seinen Vater an: „Papi, kann ich heute Abend mal den Wagen haben?"
„Mein Sohn, wozu hast du eigentlich zwei Füße?"
„Einen für die Bremse, und einen für die Kupplung, Papi!"

Sailers fahren mit Kind und Kegel in die wohlverdienten Sommerferien. Im Auto dreht sich Vater Sailer zu seiner Frau und den drei Kindern um und sagt: „Also gut, ich fahre jetzt erst mal eine halbe Stunde um den Block. Währenddessen kann sich jeder überlegen, was er vergessen hat...!"

Heinz sitzt im Zugabteil einem fremden Mann gegenüber. Plötzlich beugt sich dieser vor, spuckt Heinz um Haaresbreite am Kopf vorbei und sagt: „Gestatten, mein Name ist Meier, ich bin Kunstspucker."
Heinz beugt sich ebenfalls vor, spuckt dem Mann mitten ins Gesicht und sagt: „Angenehm, mein Name ist Müller, ich bin Anfänger."

Helga kommt völlig abgekämpft bei ihrer Freundin an.
„Der Frühjahrsputz schafft mich jedes Jahr!"
„Und, was hast du alles gemacht?"
„Meine Handtasche ausgeräumt!"

Kapitel

3.

Kinder, Kinder...!

„Verlangt dein Vater auch von dir, dass du vor dem Essen betest?“
„Nein, meine Mutter kocht eigentlich ganz gut!“

Der kleine Pit bekommt Geschwisterchen: Zwillinge.
Er schaut sich die beiden ganz genau an und fragt dann seine Mutter: „Und welchen behalten wir?“

Der kleine Christoph kommt völlig verdreckt vom Fußballplatz nach Hause. Schimpft ihn sein Vater: „Christoph, du bist doch ein Ferkel! Weißt du, was ein Ferkel ist?“
„Ja, Papi“, antwortet der Bub, „ein Ferkel ist das Kind von einem Schwein!“

Beim Museumsbesuch bleiben Vater und Sohn vor einer antiken Statue eines Athleten stehen. Titel: Der Sieger. Der Plastik fehlen die Nase, Teile des Armes und das Ohr.
„Du liebe Zeit!“, ruft der Sohn seinem Vater zu, „wie muss dann erst der Verlierer aussehen!“

Michi darf heute mit Tante Trudi ins Museum. Vor einem großen Stillleben bleibt der Kleine stehen und starrt unentwegt auf die Signatur: „Du, Tante Trudi, warum machen alle Maler ihr Zeichen unten auf die Bilder?“ Die Tante grübelt eine Weile und sagt: „Damit die Leute vom Museum wissen, wie herum sie das Bild aufhängen müssen!“

Der Film ist aus, alles drängt aus dem Kinosaal. Michi will nicht warten, und steigt einfach über die Sitze und öffnet die Notausgangstüre. Weist ihn ein Kinoangestellter zurecht: „Bursche, kannst du nicht hinausgehen, wie du reingekommen bist?“
Dreht sich Florian noch einmal kurz um und meint: „Tu ich doch!“

Von Kinderwagen zu Kinderwagen. Fragt ein Baby das andere: „Sag mal, wie bist du eigentlich mit deiner Mutter zufrieden?“
Spuckt dies seinen Schnuller aus und meint: „Kann nicht klagen, obwohl – am Berg ist sie schon ein bisschen langsam!“

Klein Erna kommt in einen Geschenkeladen. Sie zupft einer Verkäuferin am Ärmel und sagt: „Ich suche für meine Mutter ein Geschenk – eine schöne Keksdose." Die Verkäuferin zeigt ihr eine Auswahl besonders hübscher Dosen. „Na ja, eigentlich ist es egal, was drauf ist", meint Erna, „nur der Deckel sollte leise auf- und zugehen!"

3.

Ein Findelkind wird im Sandkasten von Altersgenossen aufgrund der unbestimmten und zweifelhaften Herkunft gehänselt. Seine Antwort: „Meine Eltern konnten mich aussuchen. Eure mussten nehmen, was kommt."

Julia verspricht ihrem Papa, dass er diesmal so viel zum Geburtstag bekommt, dass er es gar nicht auf einmal tragen kann.
Was bekommt der Papa?
Logisch! Zwei Krawatten!

Susi hat zum ersten Mal ganz alleine eine Suppe gekocht und ist unheimlich stolz darauf. Beim Mittagstisch mault eigentlich nur Brüderchen Christoph, dass die Suppe total versalzen wäre.
„Ich hab aber gelernt, dass der Mensch mindestens zwei Kilo Salz im Jahr braucht", rechtfertigt sich Susi.
„Mag ja sein, aber doch nicht alles auf einmal."

Die kleine Caroline schaut immer zu, wenn das Brüderchen gewickelt wird. Auch heute ist sie wieder dabei und bemerkt sofort, dass Mutti den Puder vergessen hat.
„Stopp", ruft sie. „Noch nicht zumachen. Du hast vergessen zu salzen."

„Warum kannst du nicht einmal meiner Meinung sein", will Gerhard von seiner Schwester wissen.
„Weil wir dann bloß beide Unrecht hätten", antwortet diese.

„Schläft Papi schon?", fragt Franziska ihren Sohnemann.
„Noch nicht ganz", antwortet der kleine Bub.
„Also, dann schlummert Papi nur?", fragt die Mutter verwundert nach.
„Nee, aber Papi sagt: Die Füße sind ihm schon eingeschlafen!"

'Suppenkasper' Evi sitzt mit einem Schmollmund vor ihrem vollen Teller. Tadelt die Mutter: „Was meinst du, was mit kleinen Mädchen passiert, die ihre Suppe nicht aufessen?"
Evi trotzig: „Die bleiben schlank, werden Mannequin und kaufen sich einen feinen Pelz!"

Ulrike macht mit ihren Sprösslingen einen Ausflug mit dem Bus.
Fragt sie den Busfahrer: „Muss ich für die Kinder auch zahlen?"
Meint dieser: „Unter sechs nicht!"
Ulrike erleichtert: „Gut, ich hab nur zwei!"

„Mami, kann ich heute fernsehen, bis ich einschlafe?"
„Na gut, aber nicht länger!"

Kommt Klein Frieda freudestrahlend nach Hause. Stolz zeigt sie ihrer Mutter eine kleine Schachtel: „Mami, der Papi hat mir eine Schildkröte gekauft. Die Verkäuferin hat gesagt, bei guter Pflege wird die fast 200 Jahre alt!"
Darauf die Mutter: „Na, da bin ich aber mal gespannt!"

Hanne will ihrer Mutter eine Freude machen: Sie will ein Gericht für das Mittagessen auswählen und allein zubereiten. Nach einer Stunde lugt die Mutter in die Küche und sieht ihre Tochter vor einem Berg geschnittener Weißbrotwürfel werkeln. „Kind, so viel Brotwürfel braucht man doch nicht für die Semmelknödel!", ruft die Mutter.
Unbeirrt schnippelt Hanne weiter Brot und meint: „Doch, Mutti, im Kochbuch steht: Man schneide drei Tage altes Brot!"

Panzerknacker-Edi hält seinem Sohn eine kräftige Standpauke: „Himmelnocheins! Weißt du überhaupt, um was es geht?"
„Tut mir Leid, Papi. Ich weiß, dass ich nicht aus der Keksdose naschen darf!" – „Das ist nicht der Grund, warum ich mit dir schimpfe: Du hast deine Fingerabdrücke nicht weggewischt!"

Sagt der kleine Michael zu seinem Bruder: „Du hast aber dreckige Fingernägel!" – „Na und, ich bin schließlich zwei Jahre älter als du!"

Tobias und Marcel im Kino:
„Hast du Popcorn dabei?“, meint Tobias zu Marcel.
„Aber sicher!“
„Sitzt du auch gut?“
„Superweich!“
„Siehst du vor?“
„Klar, 1a-Sicht!“
„Wollen wir nicht tauschen?“

3.

Stolz zeigt die kleine Irmi ihrer Mutter ein selbst gemaltes Bild. „Mami, guck mal, ich hab den lieben Gott gemalt!“ Die Mutter streicht ihrer Tochter über den Kopf und meint: „Aber, Kleines, niemand weiß, wie der liebe Gott aussieht.“ Kommt die Antwort wie aus der Pistole geschossen: „Aber jetzt wisst ihr's!“

Florian hat seit wenigen Tagen Verstärkung in der Familie: Er hat ein kleines Brüderchen bekommen. Sein Freund fragt ihn eines Tages auf dem Schulweg, wem das Baby denn ähnlich sähe. Meint Florian: „Also, die Augen hat es von Papi, das Grübchen unterm Kinn von Mutti, und die Stimme von einem Feuerwehrauto!“

Fragt die kleine Margit ihre Mutter: „Warum ist die Tante denn Vegetarierin geworden?“ Darauf die Mutter: „Der Metzger wollte sie nicht mehr anschreiben lassen!“

Familie Heinemann will heuer ihre Sommerferien in Italien verbringen. Großmutter Marlene informiert sie über die neuesten Zeitungsberichte: „Habt ihr schon gelesen? Der Vulkan Vesuv ist schon wieder ausgebrochen.“
Meint die Jüngste: „Ach, Omi, nur keine Sorge. Bis wir ankommen, haben sie den bestimmt schon wieder eingefangen!“

Manuel trinkt hastig sein Cola und muss plötzlich heftig husten. Klopft ihm seine Mutter auf den Rücken: „Na, hast du dich verschluckt?“
„Keine Sorge , Mutti, ich bin noch da!“

Unterhalten sich zwei Mütter vor dem Kindergarten über ihre Sprösslinge. Fragt die eine: „Wie trinkt Ihr Kleiner denn am liebsten seine Honigmilch?"
„Halb und halb!"
„Das müssen Sie mir aber genauer erklären!"
„Na, ganz einfach: halb in den Mund, halb auf den Pulli!"

Der kleine Maxi bemüht sich verzweifelt, den Klingelknopf zu erreichen. Ein Passant kommt dem kleinen Bub zu Hilfe und hebt ihn ein Stück hoch. Maxi klingelt erst bei Fritsches, dann bei Maiers und Schlüters, und sagt zu dem hilfsbereiten Passanten: „Super, jetzt aber nichts wie weg hier!"

„Warum läufst du denn in der Wohnung hin und her, Omilein?"
„Weil ich meine Brille verloren habe und ich sie erst richtig suchen kann, wenn ich sie auf habe!"

Der kleine Bub kommt weinend in den Kindergarten:
„Auf meinem Wunschzettel zu Weihnachten steht ein kleiner Hund, aber meine Eltern wollen nicht!" Tröstend legt ihm sein Sandkastenfreund den Arm um die Schulter: „Mir ging es letztes Jahr genauso", sagt der, „mach's doch einfach wie ich: Wünsch dir ein Brüderchen und – schwups – bekommst du einen kleinen Hund!"

Die Mutter tröstet ihren Sprössling: „Na, wer wird denn weinen. Was ist denn passiert?"
Schluchzt der Kleine: „Der Papi hat sich mit dem Hammer bös auf den Daumen gehauen."
Wundert sich die Mutter: „Deswegen brauchst du doch nicht zu heulen?" – „Zuerst hab ich ja auch gelacht..."

Sagt der Indianerhäuptling zu seinem Sohn Kleine Feder: „Also, mein Junge! Wie stark muss das Feuer sein, wenn du Rauchsignale geben willst?"
Kleine Feder: „Hängt ganz davon ab, Papi, ob du ein Orts- oder Ferngespräch führen willst!"

„Ich habe heute gleich vier Hufeisen gefunden", erzählt Fridolin stolz daheim, „weißt du, was das heißt, Mutti?" –
„Sicher, mein Junge – irgendwo da draußen läuft jetzt ein Pferd barfuß rum!"

Omi Kaske tadelt ihren Enkel: „Also, mein Junge, wenn ich gähnen muss, dann halte ich mir die Hand vor den Mund."
Sagt der naseweise Bub: „Brauch ich nicht, Omilein, meine Zähne sitzen ja noch!"

3.

„Was versteht man unter einem Lichtjahr?", testet der Vater seinen Sohn. Der antwortet prompt: „Die Stromrechnung für zwölf Monate!"

„Na, Georg, was meinst du wohl, warum ich dich gestern ein kleines Schwein genannt habe?"
Erwiedert Georg treuherzig: „Weil ich noch nicht so groß bin wie Sie, Herr Lehrer."

Draußen vor der Kirche treffen sich zwei Nachbarinnen, eine von ihnen hat ihre kleine Tochter dabei. Beugt sich die andere zu der Kleinen herunter und meint: „Na, warst du in der Kirche auch schön artig?"
Nickt die Kleine mit dem Kopf und sagt: „Als mir dann der Mann ein Körbchen voll Geld angeboten hat, habe ich höflich abgelehnt!"

Jammert Kai am Mittagstisch: „Ich wünschte, ich wäre Omi Elfi!"
Seine Mutter fragt verwundert nach: „Wie kommst du denn auf so was?" Blickt der Bub verlegen auf die Tischdecke: „Na ja, dann würde ich keine Ohrfeige bekommen, wenn ich beim Essen schmatze!"

Mathilde nimmt ihren Jüngsten mit in den Supermarkt. Trifft sie doch prompt eine Bekannte, man tauscht Nettigkeiten aus und plaudert natürlich auch über die Familie. Mathilde zeigt stolz auf ihren Sohn: „Unser Jüngster ist in Mathematik schon ein kleines Ass. Sag, Hansi, was ist vier mal vier?" – „13." – Verlegen lächelt Mathilde und meint zu ihrer Bekannten: „Vielleicht ist er ja ein bisschen aufgeregt, macht nichts – er hat sich ja bloß um einen verrechnet!"

Ein kleiner Bub hat sich in einem großen Einkaufszentrum verlaufen. Unter Tränen fragt er eine Verkäuferin: „Haben Sie vielleicht eine Frau ohne Sohn gesehen, der so aussieht wie ich?“

Zwei Kinder gehen mit ihrer Oma in den Dom. Nachdem die Oma ihnen alles gezeigt hat, treffen sie auf einen Pfarrer, der hinter dem Vorhang eines Beichtstuhls hervorguckt. Die Großmutter unterhält sich kurz mit ihm. Als sie gehen will, verabschiedet sich der Pfarrer: „Auf Wiedersehen, liebe Kinder.“ Die Oma zu den Kindern: „Sagt schön auf Wiedersehen!“ – „Auf Wiedersehen, Kasperle!“

Langfinger Karls Sohn kommt von der Schule nach Hause. Der Vater fragt ihn nach dem Ausgang der Prüfung. Meint der Sprössling: „Super! Gleich drei Typen haben mich stundenlang ins Kreuzverhör genommen, aber sie haben kein Wort aus mir herausbekommen!“

Vater und Sohn betrachten vom Zaun aus, wie in einer Hundeschule Polizeihunde abgerichtet werden. Nach einer Weile zupft der Sohn den Vater am Ärmel und blickt zu ihm hoch: „Sag mal, Papi, kann ein Hund, der einmal eine Wurst geklaut hat, überhaupt noch Polizeihund werden?“

Klein Lieschen war im Kino. Seitdem schwärmt sie von der berühmten Filmdiva Marlene Dietrich. Sie schreibt in ihr Tagebuch: „Die Filmschauspielerin Marlene Dietrich ist vor allem dadurch berühmt geworden, weil sie von Kopf bis Fuß auf Liebe eingestellt war und diese auch ausgiebig zeigte, wobei sie dazu sang!“

Die Mutti sagt zu ihrem kleinen Sohn:
„Aber Heini, man darf doch den Zeigefinger nicht in die Nase stecken.“ „Das darf man nicht?“, fragt Heini. „Ja, welchen Finger soll ich denn dann nehmen?“

Wie verabschiedet sich ein Kind von seinen Freunden, wenn es zu Hause vegetarische Küche gibt?
„Jetzt muss ich aber schnell nach Hause, sonst wird mein Essen welk!“

Bei einem Zoobesuch sagt die Mutter besorgt zu ihrer kleinen Tochter: „Liebes, geh sofort von dem Löwen weg!"
Meint die Kleine treuherzig: „Wieso, Mutti, ich tue ihm doch gar nichts."

3.

Ein Junge starrt in der U-Bahn einen Mann an, der einen Kropf hat. Dieser lässt sich das eine Zeitlang gefallen, dann sagt er: „Wenn du mich noch lange anstarrst, fresse ich dich!" – Darauf der Junge: „Schluck erst mal den anderen runter!"

„Mutti, kannst du mir 50 Pfennig geben für einen alten Mann?"
„Ja, gern, Heini, es freut mich, dass du einem alten Mann helfen willst. Wo ist er denn?" – „Er steht nebenan vor dem Kaufhaus und verkauft Himbeereis."

Der kleine Max zu seiner Mutter: „Mami, Mami, ich hätte gerne ein Fahrrad, bitte, bitte!" – „Das geht leider nicht", die Mutter daraufhin, „Wir haben kein Geld, um dir ein Fahrrad zu kaufen." Max ist den Tränen nahe. Zum Trost sagt die Mutter: „Lass uns etwas spielen. Du darfst dir auch aussuchen, was wir spielen." Max denkt einen Moment nach. „Wir spielen 'Vater und Mutter'. Geh ins Wohnzimmer." Die Mutter wundert sich zwar, spielt aber dennoch mit und geht ins Wohnzimmer. Nach einer Weile kommt ihr Sohn ins Zimmer, bekleidet mit dem langen Mantel des Vaters und dessen Hut. Er sagt: „Steh auf, wir gehen in die Stadt, dem Jungen ein Fahrrad kaufen!"

Der zwölfjährige Christian spricht das Tischgebet. Nach einem kurzen Blick in den Topf betet er: „Komm, Herr Jesus, sei unser Gast! Dann siehst du, was du uns bescheret hast!"

Fragt die Kindergärtnerin den kleinen Bub: „Was hast du denn Feines zum Geburtstag bekommen?"
Karl-Peter: „Das Gleiche wie letztes Jahr: eine Steinschleuder, einen Fußball und einen Bumerang."
„Komische Geschenke", wundert sie sich!
„Nö, überhaupt nicht! Mein Vater ist von Beruf Glaser!"

Im vollbesetzten Bus drängelt sich ein älterer Herr zu Lars: „Na, junger Mann. Würdest du bitte aufstehen!" „Ne", meint Lars. „Den Trick kenn ich nämlich schon. Kaum steh ich auf, setzen Sie sich auf meinen Platz!"

„Ich glaube, wir bekommen Kabelfernsehen", sagt der kleine Moritz. „Woher willst du das wissen?", fragt sein kleines Schwesterchen. „Na, Mutti hat eben zu Vati gesagt: Wenn wir zwei satt bekommen, dann kriegen wir auch drei satt!"

Ruft ein Mann bei der Zeitung an: „Ich bin soeben Vater von Sechslingen geworden!" Der Redakteur glaubt sich verhört zu haben. Um sich zu vergewissern, fragt er: „Könnten Sie das noch mal wiederholen?" „Um Gottes willen", ist die Antwort, „was sollen wir denn mit zwölf Kindern!?"

Bernds Vater ist Nachrichtensprecher. „Hörst du deinem Papa auch immer schön zu, wenn er im Fernsehen spricht?", fragt die Lehrerin. – „Nö", antwortet Bernd, „ich höre ja nicht mal auf ihn, wenn er zu Hause ist."

Ein Schwabe, ein Bayer und ein Schwarzer sind Vater geworden. Dummerweise wurden die Kinder nach der Geburt vertauscht und keiner weiß mehr, welches zu welchem Vater gehört. Der Arzt entschließt sich eine Reihenfolge auszulosen, nach der die Väter sich ein Baby aussuchen dürfen. Der Schwabe gewinnt und kommt als Erster dran. Er entscheidet sich für das schwarze Baby. Das führt nun natürlich zu reichlich Verwirrung. Der Arzt versteht die Wahl überhaupt nicht. Warum hat der Mann sich so entschieden? „Hauptsache, kein Bayer."

Ein kleiner Junge fährt sein Schwesterchen im Kinderwagen spazieren. Eine Frau fragt ihn, ob er es denn auch verkaufen würde. „Nein", schüttelt er den Kopf, „vor acht Monaten hätten Sie's noch kaufen können, aber jetzt haben wir schon zu viel fürs Essen ausgegeben."

Ein kleiner Junge beobachtet schon ein ganze Weile, wie ein Mann auf dem Reiterhof Pferdeäpfel einsammelt. Schließlich packt ihn die Neugier und er zupft den Mann am Ärmel: „Wozu brauchen Sie denn die vielen Pferdeäpfel?"– „Die gebe ich zu den Erdbeeren!" Sagt der Junge: „Aha, mal was anderes als Schlagsahne!"

3.

„Ist dieses Spiel auch nicht zu schwierig für ein kleines Kind", fragt die Mutter im Spielzeugladen. „Keineswegs", versichert die Verkäuferin, „daran wird Ihr Kind viel Freude haben. Es ist auch pädagogisch sinnvoll – damit kommen die Kleinen spielerisch mit dem Ernst des Lebens in Berührung: Wie man es auch zusammensetzt, es ist immer falsch!"

„Karlchen, zieh den Rotz hoch, gleich kommt eine Kurve!"

Ein Geigenbauer geht mit der ganzen Familie ins Violinkonzert. Fragt ihn der kleine Philipp: „Du, Papa, dürfen wir heimgehen, wenn der Mann da vorne seinen Kasten durchgesägt hat?"

Markus starrt begeistert in den Spiegel und ruft seiner Mutter zu: „Stell dir vor, ich bekomme keine Pickel mehr!" – „Warum denn nicht?" – „Kein Platz mehr!"

Hermann besucht mit seiner kleinen Tochter Jule den Zoo. „Schau, mein Kind", sagt Hermann, „das sind die Gänse. Von denen kommt der Gänsebraten!"
Am nächsten Gehege erklärt Hermann weiter: „Hier siehst du die Hirsche. Von denen kommt der Hirschbraten!" Jetzt kann die kleine Jule ihre Ungeduld nicht mehr bremsen und fragt: „Papa, wann kommen wir denn endlich zu dem Käfig, in dem der Schmor sitzt?"

Fragt Klein Sophie ihre Tante: „Sag mal, Tante: Warum hast du und Onkel eigentlich noch keine Kinder?" Antwortet die Tante: „Weißt du, Sophie, der Klapperstorch hat uns noch keine gebracht!" – „Ach so", meint Klein Sophie, „wenn ihr noch an den Klapperstorch glaubt, dann ist mir alles klar..."

Der Millionär entschuldigt sich bei seinem Sprössling: „Heute bräuchte ich den Rolls-Royce und den Chauffeur, kannst du nicht mal wie alle anderen Kinder mit dem Taxi in die Schule fahren?“

„Vater hat mir verkloppt“, schluchzt der kleine Helge aus Berlin.
„Mich“, verbessert die Mutter ihren Sohn.
„Was, dir och?“

Lisa zu ihrem kleinen Bruder: „Du, Alex, wollen wir 'Mutter und Vater' spielen?“
Alex: „Aber Papi hat doch gesagt, wir sollen etwas spielen, was keinen Krach macht!“

Aus einem Kinderaufsatz:
„Mein Vater schimpft immer, weil meine Mutter so viel Geld verbraucht. Er sagt, als er sie geheiratet hat, sei sie nicht so ausgiebig gewesen.“

Die Achtjährige war etwas ungezogen und wird zur Strafe von ihrem Vater in den Hühnerstall gesperrt.
Schluchzend sagt sie: „In den Hühnerstall kannst du mich ja sperren, aber Eier lege ich keine!“

Drei Buben, ein Franzose, ein Deutscher und einer aus der Schweiz, unterhalten sich übers Kinderkriegen.
Der kleine Franzose erklärt: „Das liegt an der Erotik.“
Der deutsche Bub meint: „Bei uns bringt der Storch die Babys.“
Der Schweizer: „Also, bei uns ist das von Kanton zu Kanton verschieden!“

Mutter zu ihrem Sohn: „Iss dein Gemüse, damit du wieder etwas Farbe im Gesicht bekommst.“ – „Ich will aber keine grüne Backen!“

„Papi, Papi“, ruft der zehnjährige Florian, „warum dreht sich die Erde?“
„Junge, du wirst mir doch nicht an meine Bourbonflasche gegangen sein?“, meint der Vater besorgt.

Fernsehabend bei Kaufmanns. Der kleine Daniel schaut sich eine Weile die Sendung an. Plötzlich steht er auf und schaltet den Apparat ab.
„Warum stellst du denn ab“, will seine Mutter von ihm wissen.
Daniel darauf: „Ich muss mal auf die Toilette – da will ich schließlich nichts versäumen!“

In einem Supermarkt steht ein kleiner Bub vor einem Regal mit Dosen. Mit seinen kleinen Fingern reicht er nicht bis zu den geschälten Tomaten im obersten Fach hinauf. Da kommt ihm ein freundlicher älterer Herr zu Hilfe. Als er dem Kleinen die gewünschte Dose gegeben hat, sagt der Herr: „Also das versteh ich nicht, dass dich deine Mutter allein zum Einkaufen wegschickt!“
Darauf der Bub: „Mami hat gesagt, ich werd schon irgendwo einen Blöden finden, der mir hilft!“

„Tante Helga, bist du jetzt beim Ballett?“
„Warum fragst du, Maxi?“
„Na ja, Papi hat vorhin gesagt: Da kommt die Alte schon wieder angetanzt!“

Sohn zu seinem Vater: „Papi, das Faxgerät ist kaputt! Ich wollte meiner Freundin gerade ein Fax schicken, doch der Brief kommt immer wieder raus...!“

Ein kleiner Bub steht weinend vor der Jauchegrube: „Die Mama, die Mama ist da reingefallen!“ Kommt der Bauer angerannt, reißt sich seine Kleider vom Leib und springt beherzt in die Jauchegrube. Nach mehrmaligem Abtauchen kommt er wieder prustend an die Oberfläche: „Mein Junge, es tut mir Leid, aber ich kann deine Mutter nicht finden.“ – „Na dann“, meint der Bub, „da kann ich die Schraube wohl auch hinterherwerfen!“

Die kleine Julia darf ihre Mutter zum Friseur begleiten. Im Laden sieht sie, auf Holzköpfen aufgesteckt, zum ersten Mal in ihrem Leben Perücken. Zu ihrer Mama: „Guck mal, die haben hier Haare ohne Leute!“

Der Vater predigt seinem Sohn zum x-ten Mal:
„...und merk es dir endlich, ich will nie mehr eine Lüge von dir hören! Hast du verstanden?"
„Klar, Papi."
Da klingelt das Telefon.
„Geh bitte hin", sagt der Vater zu seinem Sohn, „und wenn es für mich ist, dann sag, ich sei nicht da!"

„Ich habe meinen Sohn Mittwoch getauft."
„Was für ein blöder Name!"

Aus einem Kinderaufsatz:
„Heute sind Frau und Mann gleichberechtigt. Der Mann darf tun, was er will, und die Frau darf auch tun, was er will."

Ein wackerer Landwirt nimmt seinen Sprössling zum ersten Mal mit auf den Viehmarkt. Dort beobachtet der Junge staunend, wie der Vater einer Kuh über das Fell streichelt und vorsichtig den Euter betastet.
„Warum machst du das, Papa", will er wissen.
„Ich muss doch sehen, ob die Kuh gesund ist, bevor ich sie kaufe."
Die beiden gehen weiter und nach einer Weile bleibt der Junge stehen und legt die Stirn in tiefe Falten.
„Was ist, mein Junge?"
„Was machen wir bloß, wenn Mami nicht mehr da ist?"
„Aber Mami geht doch nicht fort."
„Doch. Ich glaube, Onkel Heiner will sie kaufen."

Nimmt die kleine Sofie ihre Großmutter in die Arme, drückt sie ganz fest und meint: „Ich hab dich ganz doll lieb! Wenn ich mal ein Kind kriege, nenne ich es 'Omi'!"

„Wer streitet bei euch denn da so laut?", fragt der Nachbar den kleinen Ottmar.
„Das sind mein Vater und mein Opa."
„Und warum brüllen die so?"
„Die machen gerade meine Hausaufgaben."

Nachgefragt am Stammtisch: „Hubert ist gestern Vater geworden. Wie wird er den Stammhalter denn nennen?"
Die Antwort: „Hamlet wahrscheinlich. Sein oder nicht sein ist schließlich die Frage."

Das Geschwisterpaar Rudi und Simone liegt sich mal wieder in den Haaren.
Rudi: „Du bist ein blödes Schaf!"
Simone kontert: „Und du ein hirnloser Hornochse!"
Vater platzt der Kragen:
„Ihr habt wohl vergessen, dass ich auch noch im Zimmer bin!"

3.

„Onkel, schmerzt dein Ohr immer noch?"
„Was soll die Frage?"
„Vati hat gesagt, er hätte dich gestern tüchtig übers Ohr gehauen."

„Michael, wie alt ist eigentlich deine Großmutter?"
„Das weiß ich auch nicht, wir haben sie doch schon so lange!"

„Mein Onkel ist Pfarrer, und jedermann sagt Hochwürden zu ihm!", erzählt Jakob.
„Mein Onkel ist Kardinal, und zu ihm sagen alle Eminenz!", sagt Viktor.
„Und mein Onkel wiegt acht Zentner, und auf der Straße sagen alle Allmächtiger!", sagt Bruno.

Tante Trude kommt zu Besuch.
Steffi fragt freudestrahlend: „Du, Tante, ich habe dir extra ein Bonbon aufgehoben, möchtest du es haben?"
„Gern", sagt die Tante und lutscht genüsslich.
„Schmeckt's?", will Steffi wissen. „Ja, sehr."
„Dann verstehe ich nicht, warum Bello es vorhin ausgespuckt hat!"

„Wenn Mutti bei uns wohnt", sagt Kathi zu ihrem Mann, „werden wir in ein größeres Haus ziehen müssen." – „Was soll das bringen? Früher oder später findet sie uns doch!"

„Das ist aber schön, dass du kommst", begrüßt der kleine Sebastian den Onkel an der Tür. „Mama sagte eben erst, du hättest uns gerade noch gefehlt."

„Onkel Heinz, bist du ein Menschenfresser?" – „Natürlich nicht, wieso?" – „Na, der Papa sagt immer, du lebst nur von deinen Verwandten!"

„Omi ist ein Schiff, Omi ist ein Schiff", kichert und gluckst der kleine Manuel.
Die Großmutter hört das und will natürlich von ihrem Enkelkind wissen, wie er eigentlich auf die Idee kommt, sie sei ein Schiff.
„Omilein, du bist ein Schiff, verstehst du? Ich hab schließlich ganz genau gehört, wie der Papa zur Mama gesagt hat: Jetzt ist der alte Dampfer schon wieder da!"

„Du siehst ja völlig fertig aus. Hast du Probleme?"
„Ich habe gestern meinen Erbonkel getroffen."
„Und, hat er dich etwa enterbt?"
„Viel schlimmer, er hat mich angepumpt!"

Entsetzt erzählt Anton seinem Bruder: „Opa hatte ganz Recht, als er mir den Rat gab, nicht in den Nachtklub zu gehen. Dort gibt es Dinge, die ich besser nicht sehen sollte." – „So, was hast du denn gesehen?" – „Opa!"

Mit einer Geldsendung und einer Erbtante kann man erst dann etwas anfangen, wenn sie eingegangen sind.

Nachwuchs hat sich im Hause Meier eingestellt: Zwillinge. Der Jüngste in der Familie, Mario, wird gefragt: „Na, habt ihr denn schon Namen für die beiden?" – „Klar", meint Mario, „Vati ruft immer: Donna und Doria!"

„Na, wie geht's eurem Kleinen?"
„Danke, noch zwei Raten an die Hebamme, dann gehört er uns!"

Biologieunterricht. „Das Rindvieh ist unser nützlichstes Haustier", erklärt der Lehrer. „Man kann alles von ihm verwerten: Fleisch, Knochen, Milch, Fett."
„Und sogar den Namen", ergänzt David.

Der kleine Holger will's genau wissen: „Wie lange bist du eigentlich schon mit Papi verheiratet, Mutti?"
„Zwölf Jahre."
Holger denkt kurz nach: „Aha. Und wie lange musst du noch?"

„Den Eigensinn hat der Junge von dir", wirft die Mutter ihrem Ehemann vor.
„Muss er wohl", brummt dieser zustimmend. „Du hast deinen ja noch."

„Papa, ich will später mal die Oma heiraten."
„Aber Adrian, du kannst doch nicht meine Mutter heiraten."
„Wieso denn? Du hast doch auch meine Mutter geheiratet."

„Begleitest du mich zum Bus?", fragt Tante Gerda den dicken Neffen.
„Geht nicht", antwortet dieser. „Sobald du weg bist, schneidet Mutti den Kuchen an."

Vater geht mit Großvater spazieren. Plötzlich blickt er auf und fragt: „Hoppla, gehe ich etwa zu schnell?"
„Du nicht", keucht der 70-jährige. „Aber ich."

„Mama", fragt das Töchterchen. „Wenn ich groß bin, krieg ich dann auch einen Mann wie Papa?"
Die Mutter lächelt: „Nicht, wenn du gut aufpasst, mein Kind."

„Warum hast du denn so einen dicken Bauch?", will Karin von der Tante wissen.
„Weil da ein Baby drin ist."
Karin überlegt: „Und hast du das Baby gern?"
„Natürlich", bestätigt die Tante.
„Und warum hast du's dann aufgegessen?"

Gerade ist die Trauung vorbei – das Hochzeitspaar schreitet fröhlich durch das Spalier der Gäste auf die Straße. Das sehen auch Uwe und Jens. „Jetzt wollen wir mal für Stimmung sorgen", sagt Uwe zu seinem Bruder, rennt über die Straße auf die Frischvermählten zu und brüllt ganz laut: „Papa, da bist du ja endlich."

Der kleine Sohn will's genau wissen: „Hör mal, Mami. Unser täglich Brot gibt uns der liebe Gott, die Kinder bringt der Storch, also wozu brauchen wir Papi eigentlich?"

Der stolze Vater zur Tochter: „Der Storch hat dir ein Brüderchen gebracht. Willst du's mal sehen?"
„Den Balg nicht, aber den Storch."

Frau Strobel geht mit ihren vier Kindern ins Kaufhaus. „Wo bitte ist denn die Kinderabteilung?", fragt sie eine Verkäuferin.
Da zupft sie ihr Erstgeborener am Ärmel und flüstert: „Mama, kauf dir doch bitte nicht noch eins. Die Wohnung ist schon eng genug."

Jochen und Holger sind mal wieder unmöglich zu Hause. Die Mutter schnappt sich die beiden Streithähne und meint: „Zum Muttertag wünsche ich mir bloß zwei anständige Söhne."
„Super", brüllt Jochen. „Dann sind wir ja schon vier."

Barbara und Siegfried exerzieren die antiautoritäre Erziehung sehr konsequent. Bei der Geburt ihres jüngsten Sprösslings fragt der Standesbeamte zunächst nach: „Junge oder Mädchen?"
Darauf der stolze Vater: „Das soll das Kind später selbst entscheiden."

„Mami, Mami, wann krieg ich denn endlich mein Brüderchen?"
„Ach Florian – darf's denn auch ein Schwesterchen sein?"
„Was geht denn schneller?"

Die neugierige Passantin schaut direkt hinein in den Kinderwagen: „Nein, so ein kleines Kind", flötet sie entzückt.
Die Mutter nickt resigniert: „Es sollte gar keines werden."

Wieder einmal ist die strenge Katholikin von einem Kind entbunden worden – mittlerweile zum siebten Mal. „Herr Doktor", klagt sie ihr Leid. „Ehrlich gesagt, hab ich's mittlerweile satt. Aber die heilige Kirche verbietet uns die Verhütung und ich bin nun mal mit Fruchtbarkeit gesegnet. Was soll ich bloß tun?"
Die Antwort des Mediziners: „Essen Sie einen Apfel."
„Vorher oder nachher?"
„Anstatt!"

3.

Onkel Albert wünschte sich von seinem Neffen zum Geburtstag ein Album mit Porträts der gesamten Familie. Der Neffe bemühte sich, alle Konterfeis in ein hübsches Album zu bekommen, obwohl er sich nicht so recht vorstellen konnte, wozu der Onkel es wohl verwenden würde. Schließlich war er nicht gerade für seinen Familiensinn bekannt. Und tatsächlich: Am Tage nach der Geburtstagsfeier hörte der junge Mann, wie der Onkel seiner Frau das Album mit folgenden Worten überreichte: „Präge dir diese Gesichter gut ein. Wenn eines davon hier auftaucht, bin ich verreist."

Frage an den Arzt nach dem Besuch bei der schwerkranken Erbtante: „Seien Sie ganz offen zu mir, Herr Doktor. Muss ich das Beste hoffen oder darf ich das Schlimmste befürchten?"

Ein Streit unter Liebenden: „Hätte ich bloß auf meine Mutter gehört und dich nie geheiratet."
Er fragt nach: „Deine Mutter hat dir abgeraten?"
„Immer."
„Mein Gott", stammelt er erschüttert. „Wie habe ich dieser Frau Unrecht getan."

Ein wütender Mann stürmt in die Metzgerei und bestürmt den Ladeninhaber: „Auf der Straße draußen hat Ihr Sohn mit einem Stein nach mir geworfen und mich fast getroffen."
Der Metzger lässt sein Hackebeil sinken: „Er hat nicht getroffen?"
„Nur haarscharf daneben."
„Dann war's nicht mein Sohn!"

„Ute, schenkst du mir ein Foto von dir?“
Ute ist ganz gerührt, dass ihr Bruder sie plötzlich so gerne hat. „Du willst wirklich ein Foto von deiner großen Schwester haben?“
„Ja. Wir sollen morgen in die Schule irgendein Bild einer Naturkatastrophe mitbringen.“

Damit Brigittes Zähne endlich begradigt werden, bekommt sie eine Zahnspange verpasst. Der kleine Bruder, ein notorischer Raufbold, ist neidisch und meint: „Nix in den Fäusten, keine Kämpfe, aber muss mit 'ner Stoßstange rumlaufen."

Der kleine Robin ist ganz fassungslos, als Tante Helga endlich mal zu Besuch kommt.
„Also, du bist die Tante Helga. Dich haben wir uns aber ganz anders vorgestellt.“
„Ja, wie denn?“, will Helga wissen. „Alt und hässlich vielleicht?“
„Nöö. Ganz im Gegenteil.“

Familienausflug mit der ganzen Verwandtschaft in den Zoo. Plötzlich ruft die siebenjährige Bettina: „Guck mal Mutti. Der Affe da sieht genauso aus wie Opa."
„Psst", tuschelt die Mutter nervös und wirft einen Blick auf ihren Schwiegervater, der einige Meter entfernt steht: „So etwas sagt man doch nicht so laut."
„Ach keine Sorge Mutti", beruhigt sie Bettina. „Der Affe versteht uns doch nicht."

Mäxchen fährt in der Straßenbahn. Eine junge schwangere Frau steigt an der nächsten Haltestelle zu und findet keinen Sitzplatz mehr. Freundlich überlässt Mäxchen ihr seinen Sitzplatz. Darauf sagt die Frau zu ihm. „Du bist aber ein kleiner Gentleman.“
In der Schule fragt der Lehrer die Kinder, „Wer von euch weiß, was ein Gentleman ist?“.
Mäxchen meldet sich ganz aufgeregt und sagt: „Ein Gentleman ist jemand, der eine schwangere Frau sitzen lässt.“

„Mami, hat uns das kleine Brüderchen der Himmel geschickt?"
„Genau so war's, mein Engel."
„Kann mir schon denken, warum die den Schreihals nicht behalten wollten."

Achim, seit kurzem stolzer Besitzer eines Führerscheines, kommt ins Zimmer und klopft seinem Vater tröstend auf die Schulter:
„Papi, ich kann dich beruhigen!"
„Ich bin doch ganz ruhig!"
„Du sollst es auch bleiben. Ich wollte dir nur sagen, du hast die Autoversicherung nicht umsonst bezahlt!"

3.

„Vielen lieben Dank für dein Geburtstagsgeschenk, Tante Martha."
„Aber das war doch kaum der Rede wert."
„Find ich auch, aber Mami hat gesagt, ich muss mich trotzdem bedanken."

Lisa schiebt den Kinderwagen mit ihrem kleinen Bruder. Kommt ein Fremder vorbei, wirft einen kurzen Blick in den Wagen und fragt:
„Ist das ein Mädchen?"
„Nee", antwortet Lisa.
„Dann ist es wohl ein kleiner Junge."
„Toll, wie Sie das erraten haben."

„Die Geige, die du mir zum Geburtstag geschenkt hast, hat mir schon viel Geld eingebracht", erzählt Thomas voller Stolz der Oma.
„Was, du gibst schon Konzerte?", fragt die Großmutter erstaunt.
„Nöö, das nicht. Aber Papa gibt mir jedes Mal eine Mark, wenn ich aufhöre zu üben."

„Na, wie kommst du denn mit deinem neuen Papa zurecht", fragt die frisch verheiratete Mutter ihren sechsjährigen Sohn.
„Es geht so."
„Aber ihr spielt doch immer so schön Pferd und Reiter."
„Ja schon, aber immer sein Gejammere, wenn ich ihn neu beschlagen will."

„Britta, Britta – ich habe das ideale Geburtstagsgeschenk für dich gefunden“, kräht der kleine Bruder voller Begeisterung.
„Ach ja?“, fragt Britta nach. „Und was willst du mir schenken?“
„Eine nagelneue Füllung für deine Luftmatratze.“

„Mama, hast du nicht immer gesagt, unser neues Baby hat Papas Nase und deine Augen.“
„Ja allerdings, das habe ich gesagt.“
„Super. Jetzt hat es auch noch Opas Zähne.“

Mutter und Tochter blättern in alten Fotoalben der Familie. „Mutti, wer ist denn der dünne Mann mit der Brille?“
„Das ist dein Vater.“
„Ach ja, und wer ist dann der Dicke, der bei uns wohnt?“

Onkel Dieter will es ganz genau wissen: „Sag mal, darf das wahr sein? Dein kleiner Bruder raucht schon?“
„Halb so wild“, wiegelt Ingrid ab. „Nur, wenn er betrunken ist.“

Papa versucht einen alten, verbogenen Nagel aus der Wand zu ziehen. Das gestaltet sich schwieriger als erwartet und folgerichtig trägt er seinem Sohn auf, doch mal die alte Beißzange zu holen. Sekunden später hört er aus der Küche entsetzt den folgenden Satz: „Oma, komm doch mal rüber. Papa will was von dir.“

Ellen und Tina sind große Kaninchenfreunde und haben in den Ställen auch jede Menge Nachwuchs. Eines Tages kommt Tante Jutta zu Besuch und muss natürlich auch die Kaninchen besichtigen. Aber Ellen hat auch noch eine andere Frage: „Sag mal, Tante. Hast du eigentlich Kinder?“
Die Tante verneint.
„Und kriegst du auch keine mehr?“
Wieder schüttelt die Tante den Kopf.
Da beugt sich Ellen zu Tina und flüstert: „Du, ich glaube, die ist ein Männchen.“

Nach einem lautstarkem Streit zwischen seinen Eltern nimmt Klein Peter seinen Vater tröstend zur Seite und meint:
„Wir beide könnten das schönste Leben haben, wenn du deine Frau nie kennen gelernt hättest!"

3.

In der großen Pause prahlen zwei Schulfreunde, wie toll doch ihre Väter wären.
Sagt der eine: „Mein Vater hat das Loch für den Bodensee gegraben!"
„Und meiner", gibt der andere an, „hat das Tote Meer erschlagen!"

„Hast du auch Zahnbürste und Zahnpasta eingepackt?", will die Mutter von ihrem Sohn wissen, der heute für zwei Wochen ins Zeltlager fährt.
„Zahnbürste und Zahnpasta?", fragt der Bub entsetzt, „ich denke, ich fahre in die Ferien?!"

Fragt die Tochter ihren Vater: „Papi, bist du eigentlich durchsichtig?"
„Aber Kind, was ist das denn für eine Frage?", wundert sich der Vater.
„Komisch", meint die Kleine, „gestern habe ich gehört, wie Mami sagte, sie habe dich durchschaut!"

Der kleine Steffen flucht wie ein Rohrspatz. Das kommt seiner Tante zu Ohren, die gerade auf Besuch ist. Mit ernster Miene sagt sie zu ihrem Neffen: „Also, Steffen, solche Ausdrücke gehören sich nicht. Wenn du mir versprichst, niemals wieder dieses Wort in den Mund nimmst, dann bekommst du von mir eine Mark!"
Steffen denkt kurz nach, sagt schließlich: „Alles klar, Tante, aber da kenn ich noch einen Ausdruck, der ist gut und gerne fünf Mark wert!"

Aus einem Schulaufsatz:
„Der Sonntagnachmittag war interessant. Wir gingen in den Zoo nach Hellabrunn und besuchten meine Patentante!"

Johannes zu seinen Eltern:
„Wenn ihr Birgit eine Flöte kauft, dann will ich aber Rollschuhe!"
„Warum das denn?", fragen ihn seine Eltern erstaunt.
„Na, damit ich wegfahren kann", meint Johannes, „wenn sie übt!"

Max und Ferdinand haben sich auf dem Spielplatz verbummelt. Es dämmert bereits und beide sollten eigentlich schon vor zwei Stunden zu Hause sein. Meint Ferdinand: „Oje, das gibt wieder Ärger, jetzt muss ich aber schnell heim!“ Er will schon losspurten, da hält ihn Max zurück. „Du ersparst dir eine Menge Ärger, warte noch eine Weile, bis es richtig dunkel wird. Dann bekommen es deine Eltern mit der Angst zu tun und sie sind froh, wenn sie dich wieder haben!“

Was er später einmal werden wolle, fragt der Onkel seinen Neffen.
„Tierarzt“, meint Jan selbstbewusst.
„Na, dann hast du dir ja viel vorgenommen“, meint der Onkel.
„Nö, Onkel“, erwidert der Junge, „ich nehme nämlich nur die kleinen Tiere!“

Die Mutter ruft mehrmals vergeblich durch das Haus nach ihrer Tochter.
„Hörst du schlecht?“, weist die Mutter ihre Tochter wütend zurecht.
„Aber Mutti“, entschuldigt sich die Tochter, „erst als du zum vierten Mal gerufen hast, habe ich dich zum ersten Mal gehört!“

Großmutter Krawuttke hat sich in einem Hutgeschäft in ein besonders schickes Modell verguckt. „Der macht Sie gleich um 20 Jahre jünger!“, schmeichelt der Verkäufer. Sagt der Enkel zur Großmutter: „Dann kauf ihn bloß nicht, sonst verlierst du noch deine Rente, Omi!“

Die Mutter schickt ihren Jüngsten ins Bad: „Schau doch mal bitte nach, ob noch Zahnpasta da ist!“ Nach einer Weile hört man die Bubenstimme aus dem Bad: „Mami, die reicht noch vom Badezimmer bis in den Flur!“

Unterhalten sich zwei Zwölfjährige auf dem Spielplatz:
„Mit dem Kinderkriegen kenne ich mich aus. Das ist nämlich wie mit den Blumen: Es gibt männliche und weibliche Samen, und der Wind bläst sie von Blüte zu Blüte!“
Erwidert sein Sandkastenfreund: „Komisch, verstehe ich nicht. Wo kriegen meine Eltern so viel Wind im Schlafzimmer her?“

3.

Aus einem Schulaufsatz:
„Von mir zu Hause, von meinen Eltern und Geschwistern, gibt es nichts zu erzählen. Bei uns geht es immer ziemlich gewöhnlich zu!“

Elke und ihr Bruder machen mit Omi und Opi einen Ausflug in den Zoo. Nachdem sie nahezu alle Gehege gesehen, alle Tierschauen besucht und schon Richtung Ausgang gehen, weist Omi noch auf das Aquarium: „Kommt, lasst uns zu sehen, wie die Fische gefüttert werden!" Meint das Geschwisterpaar: „Möchtet ihr nicht lieber zusehen, wie wir Kinder Eis essen?"

Omi ist wieder mal zu Besuch. Zu ihrem Enkel sagt sie:
„Wenn ich dir jetzt zehn Mark gebe, wirst du es doch in dein Sparschwein stecken, nicht, Klausi?“
„Klar“, freut sich Klausi.
„Und du wirst später auch nicht versuchen, den Zehnmarkschein mit einer Sicherheitsnadel wieder herauszuangeln?“, meint die Omi schmunzelnd.
„Bestimmt nicht, Omi“, versichert Klausi nochmals und setzt sich zu seiner Omi an den Kaffeetisch. Nach einer Weile sagt er:
„Aber das mit der Sicherheitsnadel ist wirklich eine tolle Idee, Omi!“

Ulrike wird von ihrem großen Bruder wieder einmal furchtbar gehänselt. Beschwert sie sich bei der Mutter: „Du, Mutti, musst du denn auch alles nehmen, was der Storch dir bringt?"

Thomas kommt heulend nach Hause:
„Mami, ich glaub, ich habe einen Holzsplitter im Finger. Das tut wirklich weh!“
Meint seine große Schwester hämisch: „Hast dich wohl am Kopf gekratzt, hmm?“

„Mama, in der Zeitung steht, das Theater sucht Statisten. Was sind denn Statisten?"
„Statisten sind Leute, die nur rumstehen und nichts zu sagen haben."
„Wär das nix für Papa?"

„Opa, ich glaub, ich kriege jetzt bald ein Brüderchen", sagt Erwin. „Wie kommst du denn darauf?", fragt der Großvater erstaunt. „Neulich haben mir alle erzählt, dass Mama krank sei und dann habe ich ein Schwesterchen bekommen. Und jetzt ist Papa krank."

„Stell dir vor, Christian", sagt der Vater zum Sohne. „Du hast heute Nacht ein Schwesterchen bekommen."
„Super", freut sich der Sprössling. „Weiß es Mama schon?"

Inge fragt die Mama: „Sag mal, wo bist du denn geboren?"
„In Hamburg, mein Kind."
„Und wo ist Papa geboren?"
„In Kassel."
„Und wo bin ich geboren?"
„In Stuttgart."
Inge überlegt eine Weile und sagt dann: „Ist ja ein doller Zufall, dass wir drei uns getroffen haben."

Die Tochter der berühmten Filmdiva auf die Frage, ob ihr der neue Papa denn gefalle:
„Wir hatten schon bessere."

„Sag mal, Papa. Wo komme ich eigentlich her?"
Der peinlich berührte Vater, auf diese Frage offensichtlich nicht gut vorbereitet, hält einen langen Vortrag über Bienen, Blüten und Schmetterlinge und fragt schließlich erschöpft: „Und warum wolltest du das wissen?"
Der Sohn blickt ihn verständnislos an und sagt: „Wir haben einen Neuen in der Klasse und der kommt aus Berlin."

Hannahs Großmutter ist gestorben. Die Mutter will es ihr schonend beibringen:
„Du, Hannah, unsere Omi ist auf die letzte Reise gegangen."
„Wo ist sie denn hingefahren?"
„Dorthin, wo wir alle einmal hinfahren müssen, mein Kind."
„Ach ja, ich weiß schon – nach Mallorca."

Die Oma führt ihre beiden Enkel durch den Zoo. „Und das da drüben sind Störche. Das sind die Tiere, die euch zu euren Eltern gebracht haben."
Der eine der beiden stupst den anderen an: „Was meinst du? Sollen wir's ihr sagen oder soll sie doof sterben?"

Am Sonntagvormittag :
Tante Frieda ist zu Besuch. Bei Tisch sitzt die kleine Jutta eine Zeitlang ruhig da und starrt die Tante an. Dann steht sie auf, geht zur Tante und leckt mit der Zunge an ihrem Kleid. Ungehalten springt Tante Frieda auf.
Jutta aber sagt ganz ruhig:
„Mama hat Recht. Das Kleid ist vollkommen geschmacklos!"

Der zehnjährige Jörg ist beim Nachbarjungen zum Geburtstag eingeladen.
Die Mutter gibt ihm das Geschenk in die Hand und sagt:
„Sei schön artig, mein Schatz. Und vergiss nicht, dich beim Abschied bei den Leuten für dein Benehmen zu entschuldigen!"

„Papi, sag Mami bitte nicht, dass ich ihr Schokolade zum Geburtstag gekauft habe!"
„Kein Wort, willst du sie überraschen?"
Sagt Tom: „Nein, ich habe sie aufgegessen!"

Fragt der Kollege: „Führt deine Freundin öfters Selbstgespräche?"
– „Ja, aber sie weiß nichts davon. Sie denkt, ich höre zu!"

Die Familie sitzt um den Tisch. Der Papa ist stark erkältet.
Fragt die kleine Susi: „Papa, sollen wir dir einen Promilletee kochen?"

Der große Tag von Hubert Schulze: Er feiert im Kreis seiner Familie und Verwandten seinen 100. Geburtstag. Fragt der Bürgermeister, der die Glückwünsche der Stadt überbringt:
„Na, Herr Schulze, worauf führen Sie Ihr hohes Alter zurück?"
„Nun, in erster Linie darauf, dass ich 1888 geboren bin!"

Fragt die Nachbarin die andere:
„Wem sieht der neue Sprössling von Miekes denn ähnlich?"
„Er schlägt nach der Mutter, sagt man."
„Ach, ganz der Vater also!", meint die Nachbarin.

Drei Knaben treffen im Wald auf eine Fee:
„Jeder von euch hat einen Wunsch frei, was wünscht ihr euch?"
Der erste: „Ich möchte gerne 10-mal intelligenter werden."
Pling – und er war es. Der zweite: „Na, wenn das einfach so machbar ist, dann möchte ich gerne 100-mal intelligenter werden."
Pling – schon war er es.
Der dritte: „Potztausend, wenn das so ist, dann möchte ich gerne 1.000-mal intelligenter werden."
Die Fee: „Wähle mit Bedacht. Willst du dies ganz sicher?"
„Ja, ja, das will ich!"
Pling – und schon war er ein Mädchen.

Kalle ist mit seinem Bruder Schorsch in der Sporthalle und wie immer der Erste beim Duschen. Da Kalle ein ziemlich fauler Strick ist, schreibt er einen Zettel: „Lieber Schorsch. Nimm du bitte meine Tasche mit nach Hause. Ich hab sie vergessen."
Schorsch schreibt darunter: „Nimm doch lieber du sie mit. Ich hab den Zettel nicht gesehen."

„Warum hat der liebe Gott die Vitamine nur in Gemüse und Salat gesteckt und nicht in Schokolade und Kuchen!", jammert Molly.

„Na, Ilschen, was hat dir dein großer Bruder denn zum Geburtstag geschenkt?"
„Ein leeres Sparschwein!"
„Das sieht ihm mal wieder ähnlich!"
Sagt Ilschen artig: „Nein, eigentlich kein bisschen!"

Fragt die kleine Christina: „Papi, warum hast du Mutti eigentlich geheiratet?"
„Siehst du, Hannelore, nicht einmal ein Kind versteht das!"

In der überfüllten Straßenbahn bietet Jakob einer Dame seinen Sitzplatz an. Die Dame bedankt sich gerührt. Sagt Jakob: „Nichts zu danken, es ist die Pflicht jedes höflichen Mannes, einer Dame seinen Platz anzubieten. Die meisten Männer stehen zwar nur bei schönen Frauen auf, aber ich mache da keinen Unterschied!"

3.

Klein Helmut geht mit seiner Oma in die Stadt. Er findet einen Fünfmarkschein. Als er ihn aufheben will, sagt die Oma: „Was auf dem Boden liegt, darf man nicht aufheben!" Sie gehen weiter. Helmut findet einen Zehnmarkschein. Die Oma sagt wieder: „Was auf dem Boden liegt, darf man nicht aufheben!" Auf dem Rückweg fällt die Oma hin. Sie bittet Helmut um Hilfe. Sagt dieser: „Was auf dem Boden liegt, darf man nicht aufheben!"

Ein leidgeprüfter Familienvater reist mit seiner Frau und drei Töchtern nach Paris. An der Rezeption eines feinen Hotels fragt der Empfangschef: „Wo ist Ihre Bagage?" „Bereits auf dem Zimmer. Sie machen sich nur noch frisch!"

Tante Gertrud zu ihrem Neffen:
„Sieh mal, Oskar, ein Töff-Töff!"
„So ein Blödsinn, Tantchen", erwidert der Kleine, „das ist doch eine Sechszylinder-Limousine mit Sonderausstattung!"

Onkel Friedrich schickt seinen Neffen zum Brötchenholen um die Ecke. „Hier hast du vier Mark. Kauf davon bitte zwei Laugensemmeln. Eine bringst du dann mir und die andere darfst du essen."
Fünf Minuten später kommt sein Neffe fröhlich mampfend zurück und gibt seinem Onkel zwei Mark. „Die hatten leider nur noch eine Laugensemmel."

Tante Elfriede ist zu Besuch. Karl, der vor kurzem in die erste Klasse gekommen ist, fragt sie interessiert: „Na, kannst du denn schon das ABC?" Meint Karl selbstsicher: „Aber klar, Tante, sogar schon bis 100!"

Kapitel

4.

Penne, Pauker und Pennäler

„Ich kann schneller rechnen als mein Lehrer!“
„Dann sag, was gibt fünf mal fünf?“
„77.“
„Aber das ist doch total falsch!“
„Schon, aber auch total schnell!“

Ein neues Schuljahr hat begonnen. Im Vorbeigehen hört der Rektor großen Lärm aus einem Klassenzimmer dringen. Er reißt die Tür auf, packt den ersten, einen langen Burschen, der am lautesten schreit und stellt ihn vor die Tür. Dann hält er der Klasse einen Vortrag über richtiges Benehmen. – „Gibt's noch Fragen?", fragt er zum Schluss. – „Ja, Herr Rektor", sagt ein Schüler ganz schüchtern, „könnten wir unseren Lehrer wieder haben?"

Der Physiklehrer: „Also, merkt euch: Hitze dehnt aus, Kälte zieht zusammen. Wer kann mir ein Beispiel geben?“
Simone meldet sich: „Die Ferien im Sommer dauern sechs Wochen, die im Winter nur zwei!“

Der Unterricht ist zu Ende. Da meldet sich ein Schüler aus der letzten Reihe: „Herr Lehrer, ich würde gern wissen, was wir heute gelernt haben."
„Was für eine komische Frage! Wie kommst überhaupt darauf?"
„Weil sie mich zu Hause jedes Mal danach fragen!"

Karlchen kommt mal wieder zu spät zur Schule. Fragt ihn sein Lehrer: „Welche Ausrede hast du denn heute?“
„Keine.“
Darauf der erzürnte Lehrer: „Und das soll ich dir glauben?“

Der kleine Sebastian kommt heulend zum Vater.
„Was weinst du denn, Sebastian?"
„Der Lehrer hat sich auf den Daumen gehauen!"
„Wenn der Lehrer sich auf den Daumen haut, brauchst du doch nicht zu weinen!"
„Ich habe ja auch zuerst gelacht!"

Fragt der Lehrer Valentin: „Sag mal, war dein Vater früher in der Schule auch so schlecht wie du?" – „Kann ich Ihnen leider nicht sagen, als ich anfing zu lesen, hat Papi seine Zeugnisse verbrannt!"

Geschichtslehrer in der Elternsprechstunde: „Hm, Ihr Sohn hat eine 6, eine 3 und eine 5 geschrieben. – War die 3 ein Ausrutscher?"

Lehrer: „Die eins kommt immer vor der eins!"

4.

In der Schule wurde eine neue Garderobe angebracht. Auf einem Schild darüber ist vermerkt: „Nur für Lehrer."
Am nächsten Tag klebt ein Zettel unter dem Schild: „Man kann aber auch Jacken aufhängen!"

„Warum kommst du erst jetzt!", schnauzt der Lehrer den Schüler an. „Weil Sie gestern gesagt haben, ich soll meine Schularbeiten gefälligst zu Hause machen."

„Du bist eine geschlagene Stunde zu spät", ermahnt der Lehrer den Viertklässler.
„Warum? War irgendwas Besonderes los?"

Sagt der Lateinlehrer zum Schüler: „Bestimmt kommst du wieder einmal völlig unvorbereitet zur Schulaufgabe!" – „Ganz im Gegenteil, Herr Lehrer! Ich bin auf das Schlimmste vorbereitet!"

„Wussten Sie, dass wir nur ein Drittel unseres Gehirns benutzen?"
„Und welche Funktion hat das andere Drittel?"

Der Lehrer zum Schüler: „Du bist der größte Dummkopf, den ich kenne!"
Warnt der Schüler: „Vorsicht, Sie vergessen sich!"

„Moritz, du hast die gleichen sechs Fehler im Diktat wie dein Tischnachbar. Wie erklärt sich das wohl?"
Moritz: „Ganz einfach. Wir haben denselben Lehrer!"

Zwei Physikstudenten nach der Vorlesung.
„Unglaublich, dass das Licht 300.000 Kilometer pro Sekunde zurücklegt!", sagt der eine.
„Mensch, und dass es bei diesem Tempo nicht verlöscht!", fügt der andere hinzu.
„Und was für enorme Entfernungen es zurücklegt!"
„Und dass es trotzdem immer pünktlich kommt!"

„Kennen wir uns nicht?", begrüßt der Professor den nervösen Examenskandidaten.
„Ja, vom letzten Jahr. Ich bin damals leider durchgefallen."
„Keine Sorge, dann wird's dieses Mal bestimmt klappen", sagt der Professor und klopft dem Prüfling aufmunternd auf die Schultern.
„Erinnern Sie sich noch an meine erste Frage damals?", fragt der Professor.
Schmunzelt der Student: „Kennen wir uns nicht...?"

Aus einem Schüleraufsatz über den 'Zoo': „Die Wärter müssen die Tiere lieben wie ihre Frauen, aber keine Angst davor haben!"

Elke Haller bei der Elternsprechstunde.
„Heimatkunde ist eben nicht die stärkste Seite Ihres Sohnes", sagt der Lehrer.
„Das ist nicht weiter schlimm", meint Elke Haller, „wir fliegen eh jedes Jahr in den Ferien nach Mallorca!"

Der Mathematiklehrer ist verzweifelt: Till will oder kann die einfachsten Rechenaufgaben nicht lösen. Kopfschüttelnd zu Peter: „Einer von uns beiden ist ein Idiot!" Am nächsten Tag übergibt Till dem Lehrer vor Unterrichtsbeginn einen gelben Umschlag. „Was ist denn das?", will der Lehrer wissen. – „Ein Attest vom Schularzt, dass ich normal bin!"

Der Lehrer überrascht seine Mathematikklasse: „Heute werden wir mit Computer rechnen." – „Prima", freuen sich die Schüler. – „Also, wie viel sind 67 Computer minus 27 Computer?"

Die Mutter fragt den kleinen Boris: „Wie viele Aufgaben hast du denn bei deiner Matheprüfung gehabt?“
„Zwölf.“
„Und wie viel waren davon falsch?“
„Nur eine!“, murmelt Boris vor sich hin.
„Das ist ja toll, ich gratuliere dir! Und die anderen?“
„Zu denen bin ich leider nicht mehr gekommen.“

Im Biologieunterricht wird Stefanie abgefragt. Ihr Lehrer will von ihr wissen: „Ist diese Pflanze künstlich?“ – „Natürlich“, meint sie. – „Natürlich?“ – „Nein, künstlich.“ – „Ja, was denn nun: Künstlich oder natürlich?“ – Stephanie: „Natürlich künstlich!“

Ein Student steht mitten im Examen. Der Professor deutet auf einen halb bedeckten Käfig, in dem nur die Beine eines Vogels zu sehen sind. „Was für ein Vogel ist das?“ – „Keine Ahnung.“ – „Ihr Name bitte?“ Da zieht der Student seine Hosenbeine hoch und sagt: „Raten Sie mal!“

„Mutti, wo ist mein Hemd von gestern?“, fragt Theo.
„In der Wäsche!“
„Ich bin verloren! – auf dem Ärmel standen alle römischen Kaiser und morgen schreiben wir die Klausur!“

Im Biologieunterricht fragt der Lehrer ein Mädchen, was sich beim Menschen im Zustand der Erregung um das Sechsfache vergrößern kann.
Die Röte schießt dem Mädchen ins Gesicht und sie bringt keinen Mucks heraus.
„Gut“, sagt der Lehrer, „es ist die Pupille. Und Ihnen, mein liebes Fräulein, darf ich den guten Rat geben: Gehen Sie nicht mit zu großen Erwartungen in die Ehe…!“

„Ich möchte eine Bescheinigung, dass mein Sohn morgen nicht zur Schule gehen kann…!“

Kurz vor Beginn der ersten Schulstunde wird der Lehrer ins Sekretariat ans Telefon gerufen. „Steffi ist krank“, meldet sich eine Stimme, „und kann heute nicht zum Unterricht erscheinen!“
Der Lehrer fragt: „Wer spricht denn da, bitte?“ – „Meine Mutter!“

„Was heißt SHALOM?“, will der Lehrer von seinen Schülern wissen. Wie aus der Pistole geschossen antwortet Margot: „Friede, Herr Lehrer!“
„Gut! Und was heißt EL SHALOM, Margot?“
„ELFRIEDE!“

Im Biologieunterricht will der Lehrer Hugendamm wissen: „Warum enthält die Milch auch Fett?“
Sebastian meldet sich: „Na, weil sonst beim Melken das Euter quietschen würde!“

„Wer kennt eine Bauernregel?“, will der Lehrer von seinen Schülern wissen.
Meldet sich die kleine Katharina: „Sind die Hühner platt wie Teller, war der Traktor wieder schneller!“

Der Oberstufenschüler kommt zu spät zum Unterricht.
Auf dem Weg in seine Klasse läuft er dem Lehrer über den Weg.
„Eine Viertelstunde zu spät!“, meint der Lehrer streng.
„Ich auch!“, erwidert der Schüler.

Tobias kommt aus der Schule heim und wird von seinem Vater mit einem strengen Gesicht begrüßt. „Deine Lehrerin hat mir geschrieben, dass es ihr unmöglich wäre, dir etwas beizubringen!“
„Siehst du“, antwortet Tobias, „ich habe dir ja gleich gesagt, dass sie nichts kann!“

Helme muss bis 10 zählen:
„1, 2, 3, 4, 5, 7, 8, 9, 10.“
Lehrer: „Wo ist denn die 6?“
„Auf meinem Zeugnis!“

„Wenn man einem Lehrer begegnet, dann nimmt man seine Mütze ab", ermahnt der Lehrer.
„Ich habe aber meine Mütze nicht bei mir, Herr Lehrer", antwortet Edwin.
„Die hast du doch auf dem Kopf!"
„Die gehört meinem Bruder!"

Melanie kommt von der Schularbeit nach Hause:
„War es schwer?", fragt ihre Mutter.
„Nein, gar nicht. Das hättest sogar du gekonnt!"

„Na, wie hat dir mein Kuchen geschmeckt?", fragt Oma ihren kleinen Enkel Martin. „Den habe ich der Lehrerin geschenkt", antwortet er. Ob sie denn auch den Kuchen gelobt hätte, will Oma von Martin wissen. „Weiß ich nicht. Seitdem fehlt sie."

Lehrer: „Wenn ich dein Vater wäre, dann würde ich dir jetzt den Hintern versohlen!"
Schüler: „Dass ich nicht lache, in der Küche würden Sie stehen und Geschirr abwaschen!"

„Was ist Dampf?", wird Karlchen vom Lehrer gefragt.
„Dampf ist Wasser, das sich in der Hitze aus dem Staub gemacht hat!"

Alle Kinder sind pünktlich, nur Peter kommt später.

Elternsprechstunde. Noch bevor die Lehrerin mit Frau Mangold über deren Sprössling sprechen kann, sagt die: „Bitte, Fräulein, geben Sie meinem Max keine Rechenaufgaben mehr auf, in denen eine Flasche Bier nur 50 Pfennig kostet. Mein Mann konnte vor Aufregung die ganze Nacht nicht schlafen."

Das Thema des Hausaufsatzes lautet: „Fußballspiel".
Klein Daniel kaut an seinem Kugelschreiber, überlegt hin und her. Das Ergebnis nach einer Stunde – ein einziger Satz: „Der Platz war unbespielbar."

Der Deutschlehrer Hillmaier möchte von der kleinen Lotte wissen: „Welcher Fall ist es, wenn du sagst: Das Lernen macht mir Freude?" „Ein seltener, Herr Hillmaier!"

Die Mutter packt ihrer Tochter noch das Pausenbrot in den Schulranzen.
„Bevor du in die Schule gehst, solltest du dir vielleicht noch die Hände waschen, mein Kleines!"
Die Tochter: „Wozu das denn? Ich melde mich sowieso nicht!"

Lehrer: „Wie kommt es, dass in letzter Zeit alle deine Aufsätze ohne Schreibfehler sind?"
Schüler: „Mein Vater ist verreist!"

Auf die Frage eines bestürzten Vaters, ob es denn nicht noch eine letzte Möglichkeit gäbe, den Sohn zu versetzen, meint der Lehrer: „Mit dem, was Ihr Sohn nicht weiß, könnten noch drei andere Schüler sitzen bleiben."

„Wer hat dir eben vorgesagt?", fragt der Erdkundelehrer mit strengem Ton.
„Ich petze nie, Herr Lehrer!", erwidert Tobias, „und meinen Freund Ludwig würde ich sowieso nie verpfeifen!"

Auf die Frage seines Vaters, wie er denn in der Schule stehe, entgegnet der Dreikäsehoch: „Prima! Im Fußball bin ich Stürmer, im Lernen bei der Abwehr!"

Über Lappland schreibt die kleine Evi: Dort wohnen zwei Sorten Menschen. Die reichen Lappen fahren im Rentiergespann. Die armen Lappen gehen zu Fuß. Daher kommt der Name „Fußlappen". Auch wohnen dort die Menschen sehr dicht beieinander. Daher die Redewendung: „Es läppert sich zusammen."

„Drei ganze und fünf halbe Liter Bier – was gibt das zusammen?"
„Einen Rausch!"

Die letzten Minuten einer Mathematikstunde sind wesentlich länger als die ersten.

Ein Schüler berichtigt im Biologieunterricht seinem Lehrer: „Störche fliegen im Winter gar nicht in den Süden, denn ich bin am 25. November geboren und meine Schwestern am 3. Januar!"

In Erdkunde prüft die Lehrerin ihre Schulklasse auf Herz und Nieren: „Was ist näher: Der Mond oder China?" Christoph in der ersten Bank meint: „Ich glaub, der Mond ist näher. Denn den sehe manchmal, China nie..."

Im Geschichtsunterricht testet Lehrer Rosshaupt die Kenntnisse seiner neuen Klasse. „Peter, kannst du mir sagen, wann Rom erbaut wurde?"
„Ja, nachts", kommt es wie aus der Pistole geschossen. „Wie kommst du denn darauf?", wundert sich der Lehrer.
Peter erklärt: „Mein Vater sagt immer, Rom wurde nicht an einem Tag erbaut!"

Abgehetzt stürmt David in die Klasse. „Warum kommst du denn schon wieder zu spät?", will die Lehrerin wissen. „Ich habe verschlafen." – „Was, zu Hause schläfst du auch?"

„Was versteht man unter den inneren Werten eines Menschen?", fragt der Lehrer.
Maxis Finger streckt sich in die Höhe: „Goldzähne, Herr Lehrer", kommt es wie aus der Pistole geschossen.

Tante Helga zu ihrem Neffen: „So, jetzt soll dir dein Vater einmal erzählen, wie gut er in der Schule war." – „Toll, Märchen hör ich besonders gern!"

„Frieder", fragt die Lehrerin, „warum nennt man unsere Sprache auch Muttersprache?"
„Weil Papi nie zu Wort kommt!"

Alle Kinder gehen zur Schule, nur nicht Frank – der macht krank.

Die ernüchternde Erkenntnis eines 'Leidgeprüften': „Die Lehrerausbildung bereitet uns Lehrer auf alles vor, nur nicht auf die Wirklichkeit."

Unglaublich, aber wahr: Lehrer gehen ebenso ungern in die Schule wie Schüler.

Der Lehrer hat seiner Klasse ausführlich die Begriffe 'Vergangenheit', 'Gegenwart' und 'Zukunft' erklärt. Zum Schluss testet er Peter: „Wenn ich nun sage, ich bin krank, welche Zeit ist das?"
„Eine sehr schöne Zeit, Herr Lehrer!"

Die Lehrerin: „Wenn ich sage, ich bin schön gewesen, dann spreche ich in der Vergangenheitsform. Wenn ich nun aber sage, ich bin schön, was ist das?"
„Eine glatte Lüge", platzt Felix heraus.

Der kleine Jörg zu seiner Lehrerin: „Ich will Ihnen ja keine Angst machen, Fräulein, aber mein Vater hat gesagt, wenn ich diesmal kein besseres Zeugnis nach Hause bringe, dann kann sich jemand auf etwas gefasst machen."

„Mal zuhören. Es gibt direkte und indirekte Steuern", erklärt der Lehrer seiner Klasse. „Die Einkommenssteuer ist eine direkte Steuer. Nennt mir jetzt eine indirekte Steuer." – „Die Hundesteuer", tönt es aus der vorletzten Bank. „Wieso das denn?" – „Sie wird nicht direkt vom Hund bezahlt!"

In der Elternsprechstunde bekommt Frau Quast einiges über ihren Sohn zu hören. Lehrer Hartung: „Frau Quast, Ihr Sohn ist ganz schön vorlaut und frech." – „Ganz der Vater!" – „Er raucht und flucht." – „Ganz der Vater!" – „Und er stellt den Mädchen nach." – „Ganz der Vater. Ein Glück, dass ich den Kerl nicht geheiratet habe!"

Der Sohn eines berühmten Schauspielers fällt durch die Reifeprüfung. Er schickt seinem Vater ein Telefax: „Kritiker begeistert – verlangen Wiederholung!"

Möglicherweise könnten auf dem Mond auch Menschen wohnen, erzählt Lehrer Schmehling seinen Schülern. Max in der letzten Reihe lacht auf. „Was gibt's da zu lachen, Max?", weist ihn der Lehrer zurecht. „Herr Schmehling, ich stelle mir gerade das Gedränge vor bei Halbmond."

4.

Manni, Sprössling von Richter Hatimmerrecht, kommt ganze Stunden zu spät von der Schule nach Hause. „Warum hat dich die Lehrerin diesmal sitzen lassen?", will die Mutter wissen. – „In Sachen Grammatik Manni contra Duden!"

Im Biologieunterricht: „Angenommen", sagt der Biolehrer, „ich springe jetzt hier über die Bank, welche Muskeln treten dann in Aktion?" – „Die Lachmuskeln", antwortet die Klasse.

**Auch wenn die Schüler gar nicht wissen, wie es geht –
an die Wand schmieren können sie es.**

Wieder einmal ist eine Rauferei im Pausenhof. Auf der Suche nach dem Übeltäter, der die Keilerei angezettelt hat, knüpft sich der Lehrer – nicht ohne Grund – den rotschopfigen Jens vor.
„Also, es begann damit", erklärt Jens, „dass der Hinrichsen zurückgeschlagen hat..."

Warum steht die Freiheitsstatue in New York?
Naseweise Erkenntnis aus dem Kindergarten: „Weil sie sich nicht hinsetzen kann!"

Fragt der Lehrer den verschlafenen Christoph: „Nenne mir einige berühmte Leute!" – „Mick Jagger, Michael Jackson..." – „Und wie wäre es mit Albert Einstein oder Thomas Mann?" – „Tut mir Leid, die Schlagzeuger merke ich mir nie!"

Im Religionsunterricht versucht der Pfarrer seinen Schülern möglichst simpel und bildhaft zu erklären, was ein Wunder ist.
„Wie nennt man eine Handlung, bei der Wasser in Wein verwandelt wird?", fragt er in die Klasse.
„Eine Weinhandlung", bekommt er zur Antwort.

„Herr Lehrer, wollten Sie uns heute nicht etwas über das menschliche Gehirn erzählen?"
„Heute nicht, ich habe ganz andere Dinge im Kopf!"

Marianne aus der ersten Reihe fragt: „Herr Lehrer, ist der Stille Ozean eigentlich den ganzen Tag still?"
Lehrer: „Frag doch bitte mal etwas Vernünftiges!"
Marianne: „Woran ist eigentlich das Tote Meer gestorben?"

Stilgerechtes aus Kinderaufsätzen:

… Neben Prunksälen hatten die Ritter auch heizbare Frauenzimmer.

… Die Macht des Wassers ist so gewaltig, dass selbst der stärkste Mann es nicht halten kann.

… Wir gingen in den Zoo. Da war ein großer Affe im Käfig. Mein Onkel war auch dabei.

… Der Landwirtschaftsminister ließ die Bauern zusammenkommen, denn die Schweine fraßen zu viel.

… Ein Reflex ist, wenn mir der Tobias gegen das Schienbein tritt, und ich haue ihm auf die Nase.

… Die Sirenen waren ein Frauenchor, der sang, um damit vorüberziehende Männer umzubringen.

…Der Schwarzwald ist so groß, dass man darin so lange herumlaufen kann, bis man schwarz wird. Daher hat er auch seinen Namen.

... Im Zeitalter der Aufklärung lernten die Leute endlich, dass man sich nicht mehr durch Biene und Blüte fortpflanzt oder sich die Kinder vom Klapperstorch bringen lässt, sondern wie man sie selber macht.

... Den Kopf schon in Italien, jagen die deutschen Autofahrer über die Autobahn.

... Venedig ist von vielen kleinen Flüssen und Bächen durchzogen. Das größte Stück Festland liegt auf dem Markusplatz, den die Italiener Pizza nennen.

4.

... Wir können uns das teure Menü im Restaurant nicht leisten, weil die Preise inzwischen gastronomische Ausmaße angenommen haben.

...Schnecken sind besonders ängstliche Tiere. Wenn man bei ihrem Haus angeklopft, ziehen sie sich sofort in dasselbe zurück, schlagen die Türe zu und verriegeln von innen.

... Der Tod von Napoleon war der endgültige Wendepunkt in seinem Leben.

... Wenn ich mit unserer Nachbarin rede, muss ich immer meine Nase von ihr wegdrehen, weil sie so einen üblen Leumund hat und aus dem Hals riecht.

... Die Wirbelsäule ist ein aus vielen kleinen Knochen zusammengesetzter Knochenschlauch, der den ganzen Rücken herunterläuft. Auf dem oberen Ende sitzt der Kopf, auf dem unteren Ende sitzen wir selber.

... Das Kamel benützt man in der Wüste als Fortbewegungsmittel. Deshalb heißt es auch Wüstenschiff. Seinen Tank hat es oben auf dem Rücken. Zu seinem Antrieb reicht Wasser völlig aus. Es geht damit auch sehr sparsam um.

„Ich will nicht in die Schule!"
„Aber du musst in die Schule!"
„Die Schüler mögen mich nicht, die Lehrer hassen mich, der Hausmeister kann mich nicht leiden, und der Busfahrer kann mich nicht ausstehen."
„Jetzt reiß dich bitte zusammen: Du bist jetzt 45 Jahre alt und der Direktor – du musst in die Schule!"

Piep…Piep…Piiiep. Beim letzten Ton des Zeitzeichens war es zwölf Uhr. Guten Tag, verehrte Zuhörer. Guten Morgen, liebe Studenten.

Die Schüler in der Meisterklasse
bewarfen sich mit Kleistermasse.
Und aus dem ganzen Massenkleister
erhob sich dann der Klassenmeister.

Lehrer sind Leute, die einem bei Problemen helfen,
die man ohne sie nie gehabt hätte.

Fragt der Professor den Medizinstudenten bei der mündlichen Prüfung:
„Sehen Sie den Baum vor dem Fenster?"
„Ja, und?"
„Wenn der wieder Blätter trägt, kommen Sie noch mal."

Ein Biologiestudent bei der mündlichen Prüfung. Sagt sein Professor am Ende: „Zeichnen Sie mal einen Zug."
Student: „Wie bitte?"
Der Professor wiederholt seine Aufgabe und der brave Student zeichnet einen Zug.
Sagt der Professor zum Studenten: „Und ein solcher ist gerade für Sie abgefahren! Sie haben die Prüfung nicht bestanden!"

Ein Schüler geht unvorbereitet in die Klassenarbeit. Vor Abgabe des Aufsatzes kritzelt er noch einen Satz auf das leere Blatt: „Gott weiß alles, ich weiß nichts."
Auf seiner korrigierten Arbeit steht: „Gott 1, Sie 5."

Professor: „Zeichnen Sie einen waagerechten Strich an die Tafel, verlängern Sie diesen nun über die Wand bis zur Tür und schließen Sie diese leise von außen!“

Deutschlehrer zu Stefanie:
„Was weißt du über Goethes Werk?“
„Keine Ahnung. Ist das ein großer Betrieb?“

Biologiestunde:
„Warum haben Fische Schuppen, Marius?“
„Wo sollten sie sonst ihre Fahrräder abstellen?“

Peter liebt Fremdwörter. In einem Aufsatz über den Hühnerhof schreibt er: „Die Legalität der Hühner ist gut, nur mit der Brutalität hapert es noch ein bisschen.“

„Ich bin in letzter Zeit wahnsinnig nervös“, vertraut sich Sarah ihrem Lehrer an. „Versuch's doch mal mit Baldrian.“ – „Gute Idee. In welche Klasse geht der denn?“

Was heißt „Wir sind per du“ auf französisch?
„Nous sommes perdus.“

Der Mathematiklehrer im Fotogeschäft: „Einen Farbfilm, bitte.“
„24 mal 36?“
„864, wieso?“

Mathematikunterricht. Hannes zu seinem Lehrer:
„Könnten wir nicht Algebra auf dem Mond lernen?“
„Wieso denn das?“
„Da soll alles viel leichter sein!“

Als Klein Daniel vom ersten Schultag nach Hause kommt, fragt ihn die Mutter, wie es in der Schule war. Daniel: „Das ist glatter Betrug. Wir gehen in ein Zimmer, wo auf der Tür steht: 1. Klasse und was ist da drin? Lauter Holzbänke!“

**„Wie zeichne ich eine quadratische Funktion?"
Schüler: „Irgendwie viereckig?"**

*Frau Streusel: „Ihr kennt doch diese Kästen, in die man diese Schecks reinsteckt…"
Schüler: „Auch bekannt unter dem Namen Geldautomat?"*

„Meine Eltern sind echt komisch", beschwert sich Marlies bei ihrer Klassenkameradin. „Erst haben sie mir mit viel Mühe das Reden beigebracht, und jetzt, wo ich es endlich kann, sagen sie dauernd, ich soll den Mund halten."

„Was ist Faulheit?", will der Lehrer von seinen Schülern wissen. Meldet sich der Klassenpfiffikus: „Faulheit ist, wenn ein Barmixer mit dem Shaker in der Hand auf das nächste Erdbeben wartet!"

**Je eingebildeter die Ausbildung,
desto ausgebildeter die Einbildung.**

Ein Lehrer ist ein Mensch, der immer anderer Meinung ist.

**In der Geschichtsstunde.
Lehrer zu dem Klassenfaulsten: „Was kannst du mir über Karl den Vierten erzählen?" – „Er starb und nach ihm kam Karl der Fünfte?"**

„Wie heißt der Ehemann der Schlagersängerin Caterina Valente?", wird eine Schülerin aus München bei einem Quiz gefragt. Kommt es wie aus der Pistole geschossen: „Karl Valentin!"

Fragt der Lehrer: „Na, kann mir einer von euch sagen, was Staub ist?" Meldet sich Klausi eifrig und sagt: „Herr Lehrer, das ist Dreck, aus dem der Saft ausgequetscht ist!"

*„In deinem Alter, mein Sohn, war Helmut Kohl der Beste seiner Klasse."
„Und in deinem Alter, Papa, war er Bundeskanzler."*

In der Schulprüfung ist manche Frage gar nicht schwer, nur die Antwort.

„Was halten Sie als Lehrer davon, dass immer jüngere Schülerinnen sich schminken?“
„Das ist schon in Ordnung, die heulen wenigstens nicht, wenn man schlechte Noten verteilt.“

Deutschlehrerin Schwingenschlögel will ein bisschen Abwechslung in ihre Unterrichtsstunde bringen und veranstaltet mit den Schülern ein Quiz. „Also, Kinder, ihr kennt alle die Monatsnamen, und sicherlich wisst ihr auch, dass man die Monate mit bestimmten Eigenschaften verbinden kann. Zum Beispiel: der kalte Januar, der neblige Oktober, der heiße Juli... Kann mir nun einer von euch einen Monat mit dem dazu passenden Eigenschaftswort nennen?" – Meldet sich der kleine Elmar: „Der dumme August!"

Was ergibt Sieben und Sieben?
Feiner Sand!

Warum stehen Studenten schon um sechs Uhr auf?
Weil um halb sieben der Supermarkt zumacht.

Im Biologieunterricht wird Nicki vom Lehrer gefragt:
„Wie nennt man ein Lebewesen, das fähig ist, sowohl auf dem Wasser als auch und auf dem Land zu leben?“ –
Nicki schreit vorlaut: „Matrose!“

Benny und Lars unterhalten sich: „Was nehmt ihr denn gerade in der Schule durch?"
Lars: „Das Kapital von Karl May." – „Aber das ist doch nicht von Karl May, sondern von Karl Marx!", korrigiert ihn Benny. – „Ach so, deshalb! Wir sind schon auf Seite 200, und immer noch keine Indianer!"

Lehrer: „Kennst du den Ärmelkanal?“
Karli: „Nein, wir sind leider noch nicht verkabelt!“

Aufregung in der Dorfschule: Der Herr Schulrat wird erwartet und der Lehrer nimmt seine Schutzbefohlenen noch einmal ins Gebet. Ganz wichtig sei es vor allem, den Herrn Schulrat auf keinen Fall zu duzen, sondern stets mit „Sie" anzusprechen, bläut er den Schülern ein. Der Schulrat kommt, setzt sich ins Klassenzimmer und verfolgt wohlwollend den Unterricht. Schließlich möchte er den Kindern auch noch einige Frage stellen und pickt sich den neunjährigen Alexander heraus: „Na, mein Kleiner. Nenne mir doch bitte das achte Gebot."
„Sie sollen nicht stehlen, Herr Schulrat!"

Der Lehrer nervt seine Schüler mit einer endlosen Litanei an Fragen, für deren richtige oder falsche Beantwortung er mit guten oder schlechten Noten nur so um sich wirft. Schließlich ist die Reihe an Jürgen, der ihm ein bekanntes Sprichwort nennen soll.
Jürgen denkt kurz nach und antwortet schließlich: „Ein Narr fragt mehr, als zehn Weise beantworten können."

Der Vater stellt seinen Sohn zur Rede: „Soeben haben ich von deinem Lehrer erfahren, dass du der Schwächste in deiner Klasse bist."
„Musst nicht alles glauben, Papa", antwortet der Sprössling. „Immerhin bin ich der Einzige, der den Globus tragen kann."

Der freche Sebastian hat sich im Unterricht wieder einmal schrecklich danebenbenommen und die junge Lehrerin fordert den Elfjährigen auf, nach dem Unterricht noch eine Stunde länger zu bleiben. Mault der Kleine: „Mir soll's egal sein, was die Leute von uns denken."

Erste Stunde, Mathematikunterricht:
„Herr Striebel, kann man eigentlich für etwas bestraft werden, was man gar nicht gemacht hat?"
„Natürlich nicht!"
„Gut. Ich hab nämlich meine Hausaufgaben nicht gemacht."

Der leicht gestresste Lehrer ruft Anita auf.
Eine Schülerin ruft nach vorne: „Anita ist heute nicht da!"
„Ruhe!", ruft der Lehrer zurück. „Anita soll selber antworten."

„Gute Nachrichten, Mami. Du hast mir doch zehn Mark versprochen, wenn ich doch noch 'nen Vierer in Mathe kriege."
„Ja, und?"
„Schon wieder Geld gespart!"

„Wo geht's denn hier zum Parkplatz?", will der neue Religionslehrer von Kathrin wissen.
„Sag ich Ihnen nicht."
„Du bist aber gar kein liebes Mädchen. Auf diese Art kommst du nicht in den Himmel."
„Und Sie nicht zum Parkplatz!"

4.

Christian hat sein Zeugnis bekommen und der Lehrer konnte nicht umhin, einen Vermerk über das keinesfalls tadellose Verhalten des Kleinen im Unterricht hineinzuschreiben. Die Mutter ist ernstlich böse: „Schämst du dich nicht? Gerade habe ich einen Brief von deinem Vater bekommen. An dem solltest du dir mal ein Beispiel nehmen. Wegen guter Führung wird ihm ein Jahr erlassen."

„Ich war heute der Einzige, der eine Frage des Lehrers korrekt beantworten konnte", prahlt der Sohn zu Hause.
„Na, das hätte ich sicher auch gekonnt", meint der Vater. „Was hat er denn gefragt?"
„Wer die Scheibe eingeworfen hat."

Brief des Lehrers an die Eltern: „Ihr Sohn schwätzt im Unterricht zu viel. Bitte mit Unterschrift zurück."
Antwort des Vaters: „Sie sollten erst mal seine Mutter hören. Gezeichnet: Huber."

Ein Geschichtsprofessor ärgert sich über die Unreife und mangelnde Aufmerksamkeit seiner Studenten und donnert ins Auditorium: „Als Alexander der Große so alt war wie Sie, hatte er bereits die halbe Welt erobert."
Zwischenruf aus der letzten Reihe: „Den hat auch Aristoteles unterrichtet."

Der Prüfungsleiter beobachtet den jungen, angehenden Frauenarzt mit steigendem Unwillen und ruft schließlich aus: „Machen Sie bitte alle Lichter aus. Im Hellen findet er es nicht."

Thomas, Soziologiestudent, hat eine wichtige Prüfung hinter sich. Fragt ihn sein Kommilitone: „Na, wie war's?"
„Am Anfang lief's eigentlich ganz gut. Seine ersten Fragen konnte ich beantworten. Danach war's aus bei mir."
„Was hat er dich denn am Anfang gefragt?"
„Name, Geburtstag, Geburtsort, Name der Eltern."

Der Lehrer tadelt einen Schüler: „Wenn du eine Mücke verschluckst, dann hast du mehr Hirn im Bauch als im Kopf!"

Der angehende Mediziner hat vor der Prüfungskommission soeben an einer entsprechend präparierten Gummipuppe eine Entbindung vorgenommen. „Und, wie war ich?", verlangt er vom Professor zu wissen. „Wie soll ich sagen?", antwortet dieser. „Ich glaube, Sie sind noch nicht ganz fertig. Aber wenn Sie jetzt einfach die Entbindungszange nehmen und dem Vater kräftig über den Schädel hauen, haben Sie die gesamte Familie beseitigt."

Der Vater tobt, die Mutter weint, das Töchterchen schweigt verstockt: „Das darf doch wohl nicht wahr sein", wettert der Vater. „Jetzt hast du die Prüfung schon wieder nicht bestanden!"
„Was kann ich denn dafür", zuckt die Tochter die Achseln, „wenn diese Idioten genau dieselben Fragen stellen wie letztes Jahr."

Die Tür zum Klassenzimmer öffnet sich zwei Stunden nach Unterrichtsbeginn noch einmal und herein kommt Günther. Sein Arm steckt in einem Gipsverband und der Kopf ist bandagiert.
„Wieso kommst du schon wieder zu spät", will der Lehrer wissen.
„Ich bin von unserem Balkon auf die Straße gefallen", rechtfertigt sich Günther.
„Hältst du das für eine Entschuldigung? Das wird doch wohl keine zwei Stunden gedauert haben!"

50-mal muss der Jochen den Satz „Ich soll meine Lehrerin nicht duzen" zu Papier bringen. Doch als er sein Heft abliefert, hat er den Satz sogar 100-mal geschrieben.
„Wieso hast du das denn doppelt so oft geschrieben?", will die Lehrerin wissen.
„Ach – weil du's bist", antwortet Jochen strahlend.

Der neue Religionslehrer scheint ein echter Fanatiker zu sein. Wie sonst wäre es zu erklären, dass er wochenlang in jeder Stunde erzählt, wie Gott die ersten beiden Menschen erschaffen hat. Johannes hat eine Mutmaßung und flüstert seinem Nachbarn zu: „Ich glaube, der traut sich bloß nicht zu erzählen, wie der Dritte erschaffen wurde."

„Wer kann mir einen berühmten griechischen Dichter der Antike nennen?", fragt der Lehrer in die Klasse.
Thomas meldet sich: „Achilles, würde ich sagen."
„Aber Achilles war doch kein Dichter", korrigiert ihn der Lehrer.
„Ja, wieso denn? Er ist doch durch seine Ferse berühmt geworden."

Lehrer: „Was stellt ihr euch unter einer Brücke vor?"
Der pfiffige Hayo: „Einen Haufen Wasser!"

Als Hausaufgabe sollen die Schüler einen kurzen Aufsatz über die Gewalt und Kraft des Wassers schreiben. Fritzchen schreibt: „Die Kraft des Wassers ist so gewaltig, dass auch der kräftigste Mensch auf der Welt es nicht zurückhalten kann."

Vater Müller wartet vor der Schule auf seine Tochter. Eine Lehrerin kommt vorbei und fragt: „Erwarten Sie ein Kind?"
„Nein", brummt Müller zurück. „Ich bin immer so dick."

Der Rechenlehrer in der ersten Klasse: „Also, nehmen wir einmal an, ich lege hier drei Eier hin, nehme zwei wieder weg und lege dann wieder vier auf den Tisch. Wie viele Eier haben wir dann?"
Silke ist sichtlich beeindruckt: „Sie können wirklich Eier legen?"

Klein Hanna kommt von der Schule nach Hause: „Mutti, wie bin ich eigentlich auf die Welt gekommen?"
„Dich hat der Storch gebracht."
„Und du?"
„Mich hat auch der Storch gebracht."
„Und wie war's bei Oma?"
„Die hat auch der Storch gebracht."
„Junge, Junge!", jubelt Anna. „Das wird meinem Biolehrer aber zu denken geben. Drei Generationen und keine einzige normale Geburt."

Mit einem unglaublich schlechten Zeugnis kommt Stefan von der Schule nach Hause. Die Eltern schimpfen furchtbar, doch eine Atempause nutzt der Teenager zur entscheidenden Frage: „Woran kann es bei mir nur liegen? Mal ganz ehrlich – sind es Umwelteinflüsse oder Erbfaktoren?"

Der kulturbeflissene Lehrer: „Venedig sinkt und sinkt. Die Einwohner machen sich Sorgen um diese wunderschöne Stadt."
„Tja", kommt die Antwort aus der letzten Reihe. „Die sollten sich mal ein Beispiel an Mainz nehmen. Mainz singt und lacht."

Elke kommt nach dem ersten Schultag nach Hause. „Nun", will die Mutter wissen, „ist alles gut gegangen?"
„Anscheinend nicht", meint das Töchterchen. „Ich muss wohl morgen noch mal hin."

Bei Monika verzweifelt der Mathematiklehrer allmählich. „Sag mal, du verstehst ja wohl überhaupt nichts", fährt er das Mädchen an. „Nun machen Sie mal keinen Aufstand", rechtfertigt sich die Göre. „Sie wissen doch selbst nicht, was Sie wollen. Gestern haben sie noch erklärt, fünf plus fünf ergibt zehn und heute erzählen Sie uns dasselbe mit sechs und vier."

„Na, Hildegard, wie ist denn diesmal dein Zeugnis ausgefallen?"
„Ist doch egal, Oma. Hauptsache, wir sind alle gesund."

Morgen für Morgen kommen einige Schüler zu spät zur ersten Unterrichtsstunde. Der Lehrer ist von der verständnisvollen Sorte und möchte nicht zu streng an die Sache herangehen. Also fragt er: „Was können wir tun, damit beim Klingelzeichen alle an ihren Plätzen sitzen?“
Langes Nachdenken in der Klasse – dann der Lösungsvorschlag: „Sie müssen halt den klingeln lassen, der als Letzter kommt.“

4.

Ein Beispiel für zwingende Logik lieferte unlängst Matthias. Seine Geschichtslehrerin wollte wissen, ob er wisse, was 1749 geschah. „Da wurde Goethe geboren."
„Sehr richtig, Matthias. Und was geschah 1759?"
„Da hatte Goethe seinen 10. Geburtstag."

Frage an den neuen Schüler: „Und wie heißt du?“
„Peter, ohne ‘k’.“
Der Lehrer wundert sich: „Aber Peter schreibt man doch immer ohne ‘k’!“
„Sag ich doch!“

„Ich kann einfach nicht glauben, dass meine Tochter im Rechnen wirklich eine Sechs verdient hat", beschwert sich die Mutter beim Lehrer. „Ich auch nicht", antwortet dieser. „Aber es ist nun mal die schlechteste Note, die ich vergeben kann."

Klassenausflug ins Planetarium. Die Schüler dürfen alle einen Blick durch das riesige Teleskop werfen, während der Lehrer erklärt, dass das Licht der Sterne unter Umständen Jahrmillionen braucht, um zu uns zu gelangen.
„Schon erstaunlich“, flüstert Daniel dem Peter zu, „wenn man bedenkt, dass es jeden Abend wieder pünktlich zurück ist.“

„Stimmt es eigentlich, dass Lehrer bezahlt werden?", fragt Daniel beim Vater nach.
„Natürlich werden sie bezahlt", bestätigt dieser.
„Und wieso machen wir dann die ganze Arbeit?"

„Ich verstehe einfach nicht, warum ich unbedingt Englisch lernen muss“, jammert Simone bei den Hausaufgaben.
„Aber Kind – die halbe Welt spricht doch Englisch“, erklärt die Mutter geduldig.
„Na und? Reicht das etwa noch nicht?“

Karl-Heinz ist entsetzt: „Stell dir vor, Mami, unser Lehrer weiß nicht einmal, was ein Schaf ist.“
„Wie kommst du denn auf so eine Idee?“
„Na ja – ich habe heute im Kunstunterricht ein Schaf gemalt und er hat gefragt, was das ist.“

Erste Stunde, Physikunterricht:
Der Junglehrer will das Thema ‘Elekrizität’ besonders anschaulich behandeln: „Also, wenn ihr eine Katze gegen den Strich streichelt, dann können ganz winzige Funken entstehen und ihr spürt so ein Kribbeln. Das nennt man Elektrizität.“
Roland meldet sich: „Und wo kriegt das Elektrizitätswerk die ganzen Katzen her?“

„Sag mal, Susi, warum hast du eigentlich gestern schon wieder gefehlt?“
„Weiß nicht. Hab vergessen, meine Entschuldigung zu lesen.“

„Du kannst schon wieder nicht am Sportunterricht teilnehmen?“, brüllt der Lehrer Peter an. „Und welche Entschuldigung hast du denn diesmal?“
„Ich hab meine Periode!“
„Sag mal, etwas Blöderes ist dir wohl nicht eingefallen?“
„Doch, aber das würden Sie mir womöglich nicht glauben.“

„28 Fehler, Karl-Heinz. Kannst du mir erklären, wie auf eine einzige Seite deiner Hausaufgaben 28 Fehler kommen konnten?“
„Das kann ich mir auch nicht erklären. Der Schulranzen war jedenfalls die ganze Nacht über verschlossen in meinem Zimmer.“

„Die klapperschlange lauert auf ihre Beute“, schreibt Jürgen in seinem Aufsatz.
Die Lehrerin seufzt: „Hab ich dir nicht schon 100-mal erklärt, dass man alles groß schreibt, was man anfassen kann?“
„Na dann versuchen Sie doch bitte schön mal, eine Klapperschlange anzufassen“, rechtfertigt sich Jürgen.

„Schlangen sind Reptilien“, erklärt der Biologielehrer. „Und unter Reptilien versteht man Tiere, die nicht gehen und stehen können, sondern sich über den Boden winden.“
Sven beugt sich zu seinem Banknachbarn und flüstert: „Wer hätte das gedacht. Mein kleiner Bruder ist 'ne Schlange.“

Die Familie beim Mittagstisch. Der kleine Matthias fragt: „Sag mal Papi, stimmt es, dass Anal etwas mit dem Popo zu tun hat?“
„Das stimmt allerdings, mein Sohn.“
„Dann wäre ich an deiner Stelle aber ziemlich sauer auf meinen Deutschlehrer.“
„Wieso denn das?“
„Er hat den Aufsatz, den du mir geschrieben hast, laut vorgelesen und hat gesagt, diesen Mist müsse ein Analphabet verzapft haben.“

Wenn Mark das Klassenziel doch noch erreicht, hat ihm die Familie ein Fahrrad zur Belohnung versprochen. Doch offensichtlich war diese Motivationsspritze nicht genug, denn Marks Zeugnis belegt, dass er mit Pauken und Trompeten durchgefallen ist. „Sag mal, das gibt's doch gar nicht“, jammert die Mutter. „Was hast du denn in den letzten Monaten nur gemacht?“
„Fahrradfahren gelernt“, antwortet der Sprössling in aller Ruhe.

Der Lehrer hat in der Schule erklärt, dass der menschliche Körper nach dem Tod zu Staub wird. Zu Hause fragt Elvira nach, ob da was dran sei. Mutter bestätigt dies.
Eine halbe Stunde später kommt Elvira wieder ins Wohnzimmer und stellt die entscheidende Frage: „Sag mal, Mutti, wer ist eigentlich auf meinem Kleiderschrank gestorben?“

Der Deutschlehrer trägt vor: „Ich gehe, du gehst, er geht, wir gehen, ihr geht, sie gehen. Uwe, kannst du mir sagen, was das bedeutet?"
„Tja, ich würde sagen, nun sind alle weg."

Vor nicht allzu langer Zeit waren Quarzuhren mit digitaler Zeitanzeige der ganz große Renner bei der Jugend. Auch Patrick hat eine solche geschenkt bekommen und präsentiert sie nun voller Stolz seiner Lieblingslehrerin. Die will ihm eine kleine Freunde machen und meint: „Wenn du jetzt schon so eine tolle Uhr hast, kannst du mir sicher auch die ganz genaue Zeit sagen."
Lange blickt Patrick auf seine neue Uhr, schaut schließlich wieder hoch und antwortet zögernd: „9 geteilt durch 18 – aber ausrechnen müssen Sie's selber."

„Sag mal Papa, kannst du deinen eigenen Namen ganz schnell schreiben?"
„Aber sicher, mein Sohn."
„Und kannst du das auch mit geschlossenen Augen?"
„Natürlich."
„Gut. Dann mach jetzt fest die Augen zu und unterschreib ganz schnell mein Zeugnis."

In einem kleinen bayerischen Dorf unweit der Alpen nimmt der dynamische, junge Biologielehrer gerade die Berggämsen durch: „Wenn den Tieren Gefahr droht, dann warnen sie sich gegenseitig durch einen schrillen Pfiff, etwa so..." Er steckt zwei Finger in den Mund und pfeift durchdringend.
Dreht sich der Franz zum Kalle um und meint zweifelnd: „Also, ich hab ja schon viele Gämsen gesehen, aber den Huf hat sich noch keine ins Maul gesteckt."

Das Aufsatzthema lautet „Was tue ich, wenn ich reich werde?".
Anne gibt ein leeres Blatt ab.
Der Lehrer fragt: „Anne – da steht nichts drauf. Was soll denn das?"
„Na – wenn ich mal reich werde, schreibe ich garantiert keine Aufsätze mehr."

In der ersten Klasse sollen die Schüler zunächst mal das ABC auswendig lernen. Am nächsten Tag will die Lehrerin nachprüfen, ob's geklappt hat und bittet zunächst mal Julia vor die Klasse. „Also, Julia, nun sag uns mal das ABC auf."
Julia läuft rot an, windet sich, schweigt.
„Julia, hast du womöglich vergessen, das ABC zu lernen?", will die Lehrerin wissen.
„Nein, nein, ich habe ganz doll gelernt", beteuert Julia. „Mir fällt nur gerade der Anfang nicht mehr ein."

Der kleine Josch zum ersten Mal alleine auf dem Weg von der Schule nach Hause. Er steht am Straßenrand und weint bitterlich. Ein Passant kommt vorbei, sieht die Tränen des Kleinen und fragt mitfühlend: „Warum weinst du denn so fürchterlich?"
„Weil einfach kein Auto kommt."
„Aber das ist doch prima. Dann kannst du doch einfach über die Straße gehen."
„Nee – gerade nicht", jammert Josch. „Mama hat gesagt, ich darf erst über die Straße, wenn das Auto vorbeigefahren ist."

Der Religionslehrer ist heute etwas indiskret. „Ist deine Mutter verheiratet?", will er von Else wissen.
„Ja, mit einem Mann", lautet die prompte Antwort.
„Natürlich mit einem Mann", ereifert sich der Religionslehrer. „Das ist doch wohl klar."
„So klar ist das auch wieder nicht", meint Else. „Mein Bruder ist zum Beispiel mit einer Frau verheiratet."

Die Mutter ist entsetzt, hat sie doch von ihrem Sprössling auf der Straße gerade einen besonders unschönen Satz gehört.
„So etwas sagst du mir aber nie wieder", stellt sie ihren Erstgeborenen zur Rede.
„Aber Mami", rechtfertigt sich der schlaue Knabe. „Das ist doch ein Zitat von Schiller."
„Dann wirst du ab sofort mit diesem Schiller nicht mehr spielen", entscheidet Mami rigoros.

„Ich weiß, dass ihr eure Haustiere alle lieb habt", doziert die Grundschullehrerin. „Aber man darf sie nicht küssen, wegen der schweren Krankheiten, die übertragen werden können."
Tobias nickt bestätigend: „Stimmt genau! Meine Oma hat die Katze geküsst und zwei Wochen später war die Katze tot."

Der neue Pfarrer stellt sich der Klasse vor. „Ich leite ab sofort eure Gemeinde – ihr seid nun alle meine Schafe."
Zwischenruf aus der letzten Reihe: „Und Sie sind also unser Leithammel!"

Der Mathelehrer ist stocksauer: „Die Klasse ist so schlecht, dass ich eigentlich 60 Prozent von euch durchfallen lassen müsste."
Eine Stimme von hinten: „Dass ich nicht lache – 60 Prozent: So viele sind wir doch gar nicht."

„Nenne mir die vier Elemente", verlangt der Lehrer von Annemarie.
Das Mädchen zählt auf: „Erde, Wasser, Feuer und Bier."
„Bier? Wieso denn Bier?", will der Lehrer wissen.
„Immer wenn mein Vater ein Bier trinkt, sagt meine Mami: Jetzt ist er wieder in seinem Element."

„Sag mal, Papa, hast du von deinem Vater etwa auch Haue bekommen, wenn dein Zeugnis schlecht war?", will Volker wissen.
„Jawohl, mein Sohn, Großpapa hat mich auch vertrimmt."
„Und Großpapa? Hat der von seinem Vater auch Haue bekommen?"
„Natürlich, mein Sohn. Auch Urgroßvater hat Ohrfeigen ausgeteilt."
Seufzt der Sohn: „Drei Generationen und keine hat dazugelernt."

Im Hörsaal hatte man eine neue Lautsprecheranlage installiert. Der Professor sprach zur Probe ins Mikrofon: „Können Sie mich auch auf den hinteren Sitzreihen hören?"
Ein Student aus der vorletzten Reihe blickte kurz aus einer lebhaften Unterhaltung auf und rief: „Jawohl, Herr Professor, aber es stört uns nicht im Geringsten!"

In der Straßenbahn kommt Sabine mit einem Lehrer ins Gespräch. „Ich heiße Sabine, bin acht Jahre alt und gehe noch zur Schule."
Der Unbekannte lächelt: „Ich bin jetzt 52 und gehe auch noch zur Schule."
Sabine runzelt die Stirn: „Da sind Sie aber oft sitzen geblieben."

„Hast du in der Schule heute etwa wieder so viel angestellt?", will der Vater wissen.
„Angestellt? Was soll ich denn anstellen, wenn ich beinahe den ganzen Morgen in der Ecke stehe", rechtfertigt sich der Sohn.

4.

Aufgabe für die Oberstufe eines Jungengymnasiums im Fach Biologie: „Beschreiben Sie die Vorteile der Kinderernährung durch Muttermilch." Die gemeinsam erarbeitete Antwort: „Muttermilch ist bekömmlich, billig, brennt nicht an, kocht nicht über, die Katze kommt nicht ran und die Verpackung ist äußerst geschmackvoll."

„Wer hat den Schwamm ganz oben auf die Tafel gelegt?", will der Lehrer wissen.
„Ich war's", meldet sich Heiko.
„Dann hol ihn jetzt auch wieder runter."
Gesagt, getan – der Lehrer beobachtet entsetzt, wie Heiko mit seinen schmutzigen Stiefeln aufs Pult klettert und nach dem Schwamm greift.
„Menschenskind, Heiko. Leg doch wenigstens eine Zeitung unter deine Schuhe."
„Ist schon o. k.", Herr Schmidt, „ich komm auch so ran."

Der Professor fragt nach einem anzuwendenen mathematischen Verfahren – keiner meldet sich. Da kommt eine Stimme aus der hinteren Reihe: „Ich kaufe ein 'E'..."

Ein Prüfling ist gerade durchgefallen und verlässt das Gebäude, als der Prüfer ihm hinterherruft: „Sie haben doch bestanden, der hier ist noch viel schlechter!"

Ein Professor und ein Student stehen zufällig nebeneinander auf der Toilette. Sagt der Student:
„Es ist aber schön, dass wir hier mal nicht als Professor und Student, sondern als zwei Männer stehen."
Antwortet der Professor:
„Ja, aber wie ich sehe, haben Sie auch diesmal wieder den Kürzeren gezogen."

Ein Physiker und ein Mathematiker stehen vor dem Problem, einen Eimer Wasser über dem Feuer warm zu machen.
Der Physiker nimmt den Eimer und hängt ihn über das Feuer.
Der Mathematiker nimmt den Eimer und hängt ihn über das Feuer.
Schwierigkeitsstufe zwei: Der Wassereimer wird an eine andere Stelle gestellt.
Der Physiker nimmt den Eimer und hängt ihn über das Feuer.
Der Mathematiker nimmt den Eimer und stellt ihn an die alte Stelle zurück. Nun hat er das Problem auf ein bekanntes zurückgeführt.

Ein Techniker, ein Physiker und ein Mathematiker bekommen die Aufgabe, eine Herde Schafe auf der Wiese mit möglichst wenig Zaun einzuzäunen:
Der Techniker macht einen großen Zaun um alle Schafe, der Physiker macht einen kleinen Zaun um jedes Schaf, und der Mathematiker macht einen kleinen Zaun um sich selbst und definiert: „Ich bin draußen!"

Manni hat sich für die Biologieschulaufgabe besonders intensiv auf das Thema Regenwürmer vorbereitet. In der Prüfung muss er zu seinem Entsetzen die Aufgabenstellung lesen: „Was wissen Sie über Elefanten?" – Manni beginnt: „Also, Elefanten haben einen Rüssel. Dieser sieht aus wie ein großer Regenwurm. Regenwürmer gehören zu den …"

„Dein Zeugnis gefällt mir aber gar nicht", sagt die Mutter.
„Mir auch nicht", antwortet die Tochter, „aber du musst das positiv sehen - wenigstens haben wir den gleichen Geschmack."

Sprüche aus Kinder- und Studentenmund:

Man lernt nie. Aus!

Ich denke, also bin ich.

Es ist streng verboten, den Affen an der Tafel zu füttern.

Lieber zwei Stunden Vorlesung als gar keinen Schlaf!

4.

Denke, und du wirst sehen, es lohnt sich nicht.

Mancher fasst sich an den Kopf – und greift ins Leere.

Der Lehrer schreibt 2 : 2 an die Tafel und fragt: „Was bedeutet das?" „Unentschieden!", ruft die Klasse.

Abendgebet eines Achtjährigen: „Lieber Gott, lass Paris die Hauptstadt von England sein, sonst ist mein Aufsatz falsch."

Marius heult am Morgen los: „Ich gehe nicht in die Schule! Immer wenn die Lehrer nicht mehr weiter wissen, fragen sie mich!"

Fragt Frau Schillig: „Kann mir jemand von euch eine Flüssigkeit nennen, die nicht gefriert?" – Meint Rosi: „Heißes Wasser, Frau Schillig!"

Lehrer: „Aus welchem Land kommst du?"
Schüler: „Czechoslovakia."
Lehrer: „Buchstabiere das mal für uns."
Schüler: „Ich glaube, eigentlich bin ich in Ungarn geboren."

Michi kommt mit seinem Zeugnis aus der Schule. In allen Fächern hat er eine Sechs.
„Na, was für eine Ausrede hast du diesmal?", seufzt seine Mutter.
„Na ja, ich weiß noch nicht. Entweder Vererbung oder Familienverhältnisse!"

„Jörg", fragt der Deutschlehrer, „was meint man mit der inneren Stimme des Menschen?" „Das Magenknurren."

„Als ich noch so klein war wie du, habe ich nie gelogen", sagt der Vater. – „Klasse, Papi, und wann hast du damit angefangen?"

„Du, Papi", so der Sohn nachmittags zu Hause, „ich war im Biologieunterricht der Einzige, der sich gemeldet hatte!".
Darauf der Vater: „Na prima, mein Junge, was wollte der Lehrer denn wissen?"
Franz: „Wer von uns ein paar Läuse in die Schule mitbringen kann!"

Was ist die größte Leistung der Römer?
Dass sie Latein verstanden haben!

Conni kommt stöhnend nach Hause. Er schleppt einen Berg Bücher und Hefte ins Wohnzimmer. Zu seiner Mutter: „Alle Welt beklagt sich über Lehrermangel, nur bei uns fehlt nie einer!"

„Was ist das denn für ein Lärm in der letzten Reihe?", fragt Lehrer Semmelbrösel in die Klasse. Meldet sich ein Schüler aus der ersten Reihe und meint: „Ach, das ist nur der Elmar! Der schlägt sich wohl gerade den freien Nachmittag aus dem Kopf!"

Interessiert erkundigt sich der Vater: „Na, Bub, wie war's heute im Chemieunterricht?"
„Gar nicht langweilig", erzählt der Junge, „in Chemie haben wir heute gelernt, wie man Sprengstoff herstellt!"
„Und was habt ihr morgen in der Schule?"
„Welche Schule?"

Der Deutschlehrer gibt seiner Klasse das Thema für den nächsten Aufsatz: „Ehrlich währt am längsten."
Klein Manfred hat einen Geistesblitz. Sein erster Satz lautet: „Ehrlich gesagt, wenn ich meinen Aufsatz selber schreibe, brauche ich am längsten!"

Die Eltern von Markus wollen ihrem Jüngsten das Lernen einmal besonders schmackhaft machen. Sagt der Vater zu seinem Sohn: „Also, wenn du brav deine Hausaufgaben gemacht hast, dann nehme ich dich mit zum Basketballspiel."
„Echt super, Papi", meckert der Kleine, „wenn meine Lieblingsmannschaft verliert, habe ich den Mist umsonst gemacht!"

Aus dem Wohnzimmer ruft der Vater: „Holger, komm mal!"
Holger blickt von seinem Spiel auf und meint genervt zu seinem Freund: „Wahrscheinlich kommt er wieder mit meinen Hausaufgaben nicht klar!"

4.

Vor dem Zubettgehen schickt der Mark noch ein Stoßgebet gen Himmel: „Lieber Gott, mach, dass ich morgen beim Diktat nicht so viele Rechtschreibfehler drin habe! – und übrigens: Ich habe dich schon einige Male darum gebeten!"

Warum fliegen die Zugvögel im Herbst nach Süden?
Weil sie nicht gehen können. Das würde viel zu lange dauern.

„Gestern war der Gerichtsvollzieher bei uns", erzählt Ute ihrem Lehrer, „der hat sich aufgeführt wie ein kleines Kind!"
Der Lehrer fragt erstaunt, wie sie das gemeint hätte.
„Na ja", sagt Ute, „alles, was er gesehen hat, wollte er haben!"

„Seid endlich leise!", brüllt der Lehrer in die wild gewordene Klasse, „ich kann ja mein eigenes Wort nicht mehr verstehen!"
„Macht nichts!", tönt eine Stimme aus der letzten Reihe.

Das Thema der Hausaufgabe lautet: „Was wir auf dem Schulweg alles sehen und erleben."
In der nächsten Stunde gibt Jonas als Einziger ein leeres Blatt ab.
Fragt ihn sein Lehrer besorgt: „Was ist los, Jonas? So schwer war die Aufgabe doch nicht. Siehst du, alle anderen haben seitenweise ihre Erlebnisse zu Papier gebracht!"
Erwidert Jonas: „Mein Vater ist Hausmeister hier!"

Im Religionsunterricht lässt die Lehrerin die Schüler einen Engel malen.
Erstaunt blickt sie über Klein Ernas Schultern:
„Aber Erna, dein Engel hat ja drei Beine!"
„Frau Lehrerin, haben Sie etwa schon einen Engel mit zwei Beinen gesehen?"

„Es gibt keine größere und keine kleinere Hälfte! Ich wiederhole das schon zum x-ten Mal, weil die größere Hälfte von euch wieder einmal nicht aufpasst!"

Schreibt Heike in ihrem Aufsatz über 'Fortbewegungsmittel':
„Die Bauern haben es viel besser als die Großstädter. Sie können ihr Geschäft meistens in der Natur verrichten. Wir in der Stadt müssen dazu die U-Bahn, die Straßenbahn und den Bus benutzen!"

„Sag mal", schimpft die Lehrerin, „was hast du bloß für dreckige Hände!"
„Das ist doch noch gar nichts", meint Oskar, „Sie müssten mal meine Füße sehen!"

Der Sohn schreibt seinen Eltern aus dem Schullandheim: „Liebe Mutti, lieber Vati, hier gefällt es mir sehr gut. Das Wetter ist spitze, mir geht es gut, macht euch bitte keine Sorgen. Was ist eigentlich eine Epidemie? Tschüss – euer geliebter Sohn!"

Die Kinder sollen einen Aufsatz schreiben mit dem Thema: „Was ich mir wünsche."
Schreibt die kleine Erika: „Ich wünsche mir ein Haus, drei Kinder und später einen ganz tollen Mann!" Nach Rückgabe der korrigierten Arbeiten, liest Erika die von ihrer Lehrerin mit roter Tinte hinzugefügte Bemerkung: „Unbedingt Reihenfolge beachten!"

„Leider konnte ich die Rechenaufgabe nicht machen, weil mir der Wind das Rechenbuch vom Balkon geweht hat. Dabei sind sämtliche Zahlen herausgefallen."

Im Unterricht wird das Thema 'Steuern' durchgenommen.
Fragt der Lehrer: „Was ist das? Es kostet eine Menge Geld und bringt die Eltern stets aus dem Häuschen?" – Meldet sich Hannes: „Das ist, wenn Mutti vergessen hat, die Pille zu nehmen."

Lehrer: „Verrate mir ehrlich, Horst, wer deinen Aufsatz zu Hause geschrieben hat!"
Horst: „Mein Vater!"
Lehrer: „Ganz allein?"
Horst: „Nein, hin und wieder habe ich ihm geholfen!"

4.

Schülerausreden:

„Der Uhrzeiger war abgebrochen. Da wusste ich nicht mehr, wie spät es war."

Warum ich nicht abschreiben soll? Das tun wir doch sonst auch bei den geistigen Größen.

„Leider war das Gedichtblatt in der Hose, die meine Mutter gewaschen hat, und solange es feucht war, konnte ich es nicht lernen, weil ich mich doch so leicht erkälte."

„Leider konnte ich gestern keine Aufgaben machen, weil mir den ganzen Abend keine Ausrede einfiel."

Der Lehrer möchte wissen: „Welche vier Worte werden in der Schule am häufigsten gebraucht?"
Frank: „Das weiß ich nicht."
„Richtig."

Jede Schulminute hat 60 Schrecksekunden.

Eine Fünf in Mathematik ist besser
als gar keine persönliche Note.

Fritz schießt mit einem Ball die Scheiben im Lehrerzimmer ein. Der Rektor schaut aus dem Fenster raus und brüllt: „Weißt du, was du jetzt verdient hast?“ Fritz antwortet: „Ja, aber für Sie mach ich es umsonst.“

Herr Kaske zu seiner Klasse: „Wie nennt man einen Menschen, der redet und redet, ohne dass ihm jemand zuhört?“ – „Lehrer, Herr Lehrer!“, antworten die Pennäler.

Ulrike musste mit Masern zwei Wochen lang das Bett hüten. Heute ist sie zum ersten mal wieder im Unterricht und wird von der Geschichtslehrerin gefragt: „Na, Ulrike, seit wann hast du gefehlt?“ „Seit der Schlacht von Waterloo“, meint die aufmerksame Schülerin.

In der Elternsprechstunde bei Lehrer Meisel. Sagt Lehrer Meisel zu Udo's Vater: „Ihr Sohn macht immer so einen verschlafenen Eindruck!“ Erwidert dieser schlagfertig: „Das ist eben das Talent, das in ihm schlummert!“

„Maxi, was gibt's denn dauernd so zu lachen?“, fragt der Erdkundelehrer. „Nicht über Sie, Herr Lehrer“, beschwichtigt Maxi den Lehrer. Darauf der Lehrer: „Was in der Welt wäre hier denn sonst noch ein Grund zum Lachen?“

Der Geschichtslehrer hat für die heutige Unterrichtsstunde ein bedeutendes Kapitel der Geschichte für die Schulklasse vorbereitet: „Karl der Große war ein imposanter Mann, der aber nicht nur gute, sondern auch schlechte Eigenschaften hatte“, erklärt er seinen Schülern. „Wer von euch kennt eine solche schlechte?“ Schnellt Heikes Hand in die Höhe: „Ich weiß es, ich weiß es, Herr Lehrer. Karl der Große baute Schulen!“

„Franzi, weißt du, was ein Kilowatt ist?“, will der Physiklehrer wissen. „Klar“, lautet die prompte Antwort, „das sind zwei Pfund Elektrizität!“

Auf einer Hauswand steht, in großen Lettern geschrieben: „Gibt es intelligente Wesen auf der Erde?"
Nur wenige Tage später steht in einer anderen Handschrift darunter gekritzelt: „Ja…, aber ich bin nur zu Besuch hier!"

Frage-und-Antwort-Spiel in der zweiten Stunde.
Lehrer: „Wer von euch kennt eine bekannte Sage?"
Ilse: „Die Nibelungensage!"
Lehrer: „Gut. Na, kommt schon, einer weiß doch bestimmt noch eine Sage!"
Michi: „Die Argonautensage!"
Lehrer: „Respekt. Und vielleicht noch eine?"
Meldet sich Lilo: „Die Wettervorhersage!"

Freudig begrüßt die Klassenlehrerin die Schülerinnen nach den großen Sommerferien.
„Na, habt ihr auch alle schöne Ferien verbracht?", fragt sie in die Bänke.
Meint einer ihrer Schützlinge: „Super. Aber viel zu kurz für einen Aufsatz!"

Zwei Freunde unterhalten sich auf dem Spielplatz über den heutigen Schultag.
Patrick zu seinem Freund: „Was habt ihr heute im Unterricht durchgenommen?"
Timo: „Die Entfernung der Sonne!"
Patrick verwundert: „Und wie entfernt man nun die Sonne?"

Pascal kommt fest entschlossen von der Schule zurück: Er stemmt seine Arme in die Hüfte, baut sich vor seinem Vater auf und meint trotzig: „Ich gehe nie wieder in die Schule!"
„Mein Sohn, jeder muss in die Schule", sagt sein Vater.
„Hör zu: Ich kann nicht addieren, in Latein bin ich Klassenschlechtester, in Geschichte bin auch eine Niete – also, was soll das Ganze noch!"

„Wie heißt das Land, in dem lange Zeit die Kalifen regierten?"
Schüler: „Kalifornien!"

Die Mutter nimmt ihren Sohn Uli streng ins Gebet:
„Noch vor kurzem hast du mir erzählt, du würdest im Zeugnis fünf Einser haben. Und jetzt stehen da aber nur Fünfer!"
Seufzt Uli: „Hätte ich denn wissen können, dass der doofe Lehrer die Einser zusammengezählt hat?"

Robert kommt freudestrahlend von der Schule nach Hause. Stolz berichtet er seiner Mutter von der ersten Englischstunde: „Du, Mutti, ich kann schon GUTEN TAG und AUF WIEDERSEHEN auf Englisch sagen!" – „Freut mich für dich, mein Schatz", meint die Mutter, „auf Deutsch konntest du es bisher ja nicht!"

Basti sitzt vor seinen Hausaufgaben. Plötzlich hebt er den Kopf und fragt seinen Vater: „Du, Papi, was ist das für ein Satz : Es ist kein Bier im Haus?"
Vater darauf entsetzt: „Das ist kein Satz – das ist eine Katastrophe!"

„Hans-Peter, deine Aufsätze sind das reinste Chaos", schimpft der Lehrer, „hast du denn keinen großen Bruder, der dir helfen kann?"
Hans-Peter schlagfertig: „Jetzt noch nicht, aber bald krieg ich einen!"

Zu Schulbeginn wird am Zebrastreifen ein Schild für Autofahrer angebracht: „Achten Sie auf die Schüler!"
Am nächsten Tag steht ein weiterer, offensichtlich von Kinderhand geschriebener Satz darunter: „Das gilt selbstverständlich nicht für Lehrer!"

Treffen sich zwei alte Studienkameraden nach langer Zeit wieder. Groß ist das Interesse auf beiden Seiten, was aus dem einstigen Schüler geworden ist.
Sagt der eine stolz: „Ich bin Professor an der Humboldt-Universität. Und du?"
Darauf der andere: „Ich bin am Lessing-Gymnasium!"
„Was, dich hat es als Gymnasiallehrer zurück an die Schule gezogen?"
„Nee, ich bin der Schulbusfahrer!"

Was ist der Unterschied zwischen einem Lehrer und einem Komponisten?
Der Komponist schreibt Noten, über die sich jeder freut!

Auf dem Schulball fordert der kleine Peter seine Deutschlehrerin zum Tanz auf: „Ich tanze doch nicht mit einem Kind", meint diese unfreundlich.
Peter bleibt ihr die Antwort nicht schuldig: „Pardon, Frau Lehrerin, ich wusste natürlich nicht, dass Sie in anderen Umständen sind!"

4.

Die kleine Meike kommt von der Schule nach Hause.
„Gibt's was Neues?", fragt die Mutter interessiert.
„In der Schulaufgabe eine Fünf und im Aufsatz eine Sechs", berichtet Meike mit hängendem Kopf.
„Ich habe dich gefragt, ob es etwas Neues gibt!"

Michael und Kurt schwatzen während des Unterrichts. Murmelt Michael Kurt ins Ohr: „Du, meine Füße sind mir eingeschlafen!"– Kurt rollt mit den Augen und flüstert zurück: „Das geht ja noch. So, wie die riechen, könnte man meinen, sie seien schon längst tot!"

Klassentreffen nach 25 Jahren. Ein großes Hallo und Umarmen. Unterhalten sich Sascha und Alexander, zwei alte Schulkameraden, die seit der vierten Klasse unzertrennlich waren, sich aber nach der Schule aus den Augen verloren haben. Sascha: „Was ist eigentlich aus der niedlichen Brünetten geworden, wegen der damals fast die halbe Klasse sitzen geblieben ist?" –
„Ooch, die, ...auf der bin ich sitzen geblieben!"

Florian steht an der Tafel und muss dem Physiklehrer folgende Frage beantworten: „Nenne den Unterschied zwischen Gleichstrom, Wechselstrom und Drehstrom!"
Florian erklärt den Unterschied folgendermaßen: „Gleichstrom muss Vati immer gleich bezahlen. Wechselstrom bezahlt Vati mit einem Wechsel, und bei Drehstrom dreht sich beim Mittagessen alles darum, wer bezahlt..."

Im Religionsunterricht:
Mäxchen hat besonders gut zugehört und fragt seinen Lehrer: „Also, dann gilt das zehnte Gebot nur für Lehrer?"
„Wieso das denn?", fragt der Lehrer erstaunt.
Mäxchen superschlau: „Es heißt doch: Du sollst kein falsches Zeugnis geben!"

Im Chemieunterricht fragt der Lehrer: „Was passiert, wenn man reines Silber an der Luft liegen lässt?"
Schüler: „Es wird vermutlich gestohlen!"

„Herr Lehrer, können Sie mir erklären, was ein 'Kreistier' ist?", fragt Michael.
„Ein Kreistier? Das Wort gibt es doch gar nicht?"
„Gibt es doch. Es heißt doch schließlich 'Kreistierarzt'."

Die Mutter kommt von der Elternsprechstunde zurück und nimmt ihren Sprössling ins Gebet: „Manuel, der Lehrer hat ja schöne Dinge über dich zu berichten. Vor allem deine Rechtschreibung lässt sehr zu wünschen übrig! Mein Vorschlag: Von jetzt an nimmst du immer einen Duden, und wenn du Zweifel hast, kannst du darin nachschlagen!"
Meint der kleine Manuel mit bedauernswerter Miene: „Aber wenn ich doch nie Zweifel habe?!"

In der Physikstunde fragt der Lehrer: „Wer von euch kann mir einen durchsichtigen Körper nennen?"
Meldet sich Streber Paul: „Glas."
„Sehr richtig, Paul. Noch einen?"
Meldet sich der vorlaute Thomas:
„Das Schlüsselloch!"

„Heute hatten wir in der Schule vier Stunden Französisch", erzählt Gundula beim Mittagessen.
„Tröste dich", sagt ihre Schwester, „das haben die Franzosen den ganzen Tag."

Der Boss einer Diebesbande zu seinem Sohn: „Wenn du in der Schule in Betragen eine Sechs kriegst, darfst du dir endlich das Fahrrad klauen, das du dir schon so lange wünschst!"

Der zehnjährige Peter hat mal wieder verpennt und hetzt in die Schule. „Lieber Gott, lass mich bitte, bitte nicht zu spät kommen!", schickt er ein Stoßgebet zum Himmel. Plötzlich fällt er der Länge nach hin. Wütend rappelt er sich wieder hoch und schimpft: „Von Schubsen habe ich aber nicht gesprochen!"

4.

„Na, Kläuschen, wie gefällt's dir in der Schule?", erkundigt sich die rührige Tante Mechthild.
„Prima, nur die vielen Stunden zwischen den Pausen langweilen mich furchtbar!"

Vor der alles entscheidenden Semesterprüfung flattern Sonja die Nerven. Professor Haberkorn von der Prüfungskommission zu ihr: „Na, Fräulein Sonja, Sie werden doch keine Angst vor meine Fragen haben?" – „Davor nicht", meint Sonja, „wohl aber vor meinen Antworten!"

Weisheit aus dem Schulblock:
„Für manche ist die Schule ja wohl wirklich ein Vergnügen – aber wir sind schließlich nicht nur zu unserem Vergnügen auf der Welt."

Ein Student kommt in eine Buchhandlung und fragt nach einem Sachbuch. „Nehmen Sie das da", empfiehlt ihm der Buchhändler, „damit sparen Sie sich mindestens die Hälfte der Arbeit."
Strahlt der Student: „Okay, dann geben Sie mir bitte zwei davon!"

Der Vater nimmt seinen Sohn ins Gebet: „Deine schulischen Leistungen lassen ganz schön nach, mein Sohn. Weißt du eigentlich, was aus Burschen wie dir wird, wenn sie, statt die Schulbank zu drücken, nur auf dem Bolzplatz rumtollen?"
Der Sohn nickt eifrig mit dem Kopf: „Klar, Papi, berühmte Fußballspieler und mehrfache Millionäre!"

Unmutig schüttelt der Vater über seinen stinkfaulen Sohn den Kopf: „Sag mal, kannst du denn überhaupt irgendwas richtig machen?“ „Klar, Papi! In der Schule bin ich für die anderen ein gutes abschreckendes Beispiel!“

In der Universitätsbibliothek fragt ein Biologiestudent einen Philosophiestudenten: „Was liest du denn?"
„Weiß ich nicht."
„Aber du sprichst doch ganz laut vor dich hin!"
„Das schon, aber ich höre mir nicht zu!"

Peter sitzt gelangweilt vor seinem Schulaufsatz über das Thema „Wenn ich Chef wäre“. Alle anderen Kinder schreiben und schreiben, nur er starrt aus dem Fenster. Plötzlich tippt ihm die Lehrerin auf die Schulter: „Was ist mit dir, Peter?“ – „Ich warte auf meine Sekretärin!“

Im Religionsunterricht:
„Warum durften Adam und Eva nicht die Äpfel von Baum der Erkenntnis probieren?"
„Weil sie vielleicht gespritzt waren, Herr Lehrer!"

„Silke, hör endlich auf mit deiner ewigen Fragerei! Der Lehrer ärgert sich doch nur über deine dämlichen Fragen!“, flüstert Meike ihrer Freundin im Unterricht zu. Sagt die: „Quatsch, er ärgert sich nicht über meine Fragen, sondern darüber, dass ihm keine Antworten einfallen!“

„Karsten", stellt der Lehrer den notorischen Schulschwänzer zur Rede, „wo warst du schon wieder die letzte Stunde?"
„Ich hab ein kleines Nickerchen gemacht!"
„Wie bitte?", fragt der Lehrer verblüfft, „während des Unterrichts?"
„Aber klar! Schließlich hat mich das Lernen ermüdet!"

Ob er schon die Bibel gelesen habe, wird Timo im Kommunionunterricht gefragt.
„Nee, Herr Pfarrer, ich warte, bis der Film ins Kino kommt!“

Nach zehn Fahrstunden fragt Patrick seinen Lehrer: „Und, wie viele brauche ich noch, bis ich endlich fahren kann?"
Meint der Fahrlehrer mit resigniertem Blick: „Noch ungefähr drei."
Patrick kann es gar nicht fassen: „Was, nur noch drei Stunden?"
Klopft ihm der Lehrer auf die Schulter: „Mein Junge – drei Autos!"

Mit einem Stapel Bücher unterm Arm kommt Fridolin ins Wohnzimmer. „Papi, hilfst du mir bei den Hausaufgaben?", fragt er seinen Vater. „Ich muss einen Aufsatz über einen komischen Kerl namens Hamlet schreiben, und ich weiß nicht einmal, wer er war und was er gemacht hat."
Erwidert der Vater: „Natürlich könnte dir sagen, wer Hamlet war. Besser wäre es jedoch, du würdest es selbst erarbeiten. Also, hol dir die Bibel aus dem Regal und sieh nach!"

4.

Die Mutter wickelt ihrem Sohnemann fürsorglich einen Schal um den Hals, packt sein Pausenbrot in den Schulranzen und streicht ihm dann zum Abschied über den Kopf: „Sei vorsichtig auf dem Schulweg, mein Junge! Und mach vor allem keinen Unsinn!"
Sagt der Bub: „Keine Sorge, Mami, erst in der Schule!"

Treffen sich zwei Schulkameradinnen nach 20 Jahren auf dem Klassentreffen wieder. Die eine mustert die andere von oben bis unten und meint: „Mensch, Hilde, hast du dich aber verändert. Beinahe hätte ich dich nicht wiedererkannt!"
Sagt Hilde: „Ohne dieses Kleid, das du wohl schon vor 20 Jahren hattest, wär's mir beinahe so wie dir gegangen!"

„Graham Bell und Samuel Morse waren wahrhaft große Männer", berichtet Lehrer Schröder. „Nicht nur, dass sie das Telefon und den Morseapparat erfunden haben – nein, beide haben sich auch nicht gescheut, taubstumme Frauen zu heiraten. Weist das nicht auf große, tolerante und fürsorgliche Geister hin?"
Meldet sich Peter zu Wort: „Ich würde sagen, es beweist eher, dass Männer wirklich Großartiges leiten können, wenn sie zu Hause ihre Ruhe haben."

Harald kommt mit einem langen Gesicht aus der Schule nach Hause, feuert seinen Schulranzen in die Ecke und meckert los: „Diese Insulaner! Ganze vier Stunden lang haben wir heute Englisch pauken müssen!"
Meint seine Mutter: „Jammere nicht, im Gegensatz zu dir haben die Engländer das den ganzen Tag!"

Lehrer Malzahn ist voll des Lobes über Marions Leistungen:
„In letzter Zeit hast du dich wirklich angestrengt und fleißig geübt, was? Deine Hausaufgaben in Physik sind ja immer richtig."
„Nee, mein Vater ist bloß auf Geschäftsreise!"

Die Schulklasse von Lehrer Hempel macht einen Ausflug ins Museum. „Also, Kinder, in dieser Vitrine seht ihr eine Mumie. Kann mir einer von euch erklären, was das ist?" Kichern geht durch die Reihen. Meldet sich Fritz: „Ein König in der Konserve!"

Im Mathematikunterricht.
„Wie viel ist ein Drittel von vier Sechszehntel?", will der Lehrer wissen. Der helle Schüler: „Über so etwas zerbreche ich mir doch nicht den Kopf. Viel kann das ja eh nicht sein, oder?"

Klassentreffen. Erinnerungen werden ausgetauscht, man erzählt, was sich in den letzten Jahren alles so ereignet hat. Auffällig ist, dass Hubert Konrad fehlt.
„Der Konrad kann nicht kommen, seine Frau bekommt heute noch ein Kind und Konrad muss daheim die zehn Kinder hüten", heißt es. „Typisch Konrad", meint einer, „der hat schon in der Schule nie aufgepasst..."

Michael steht in der Mensa vor einem Automaten, wirft ein paar Münzen hinein und zieht ein Sandwich nach dem anderen heraus. Thorsten kommt hinzu und kann es nicht fassen: „Hör doch endlich auf damit, die kannst du doch gar nicht alle essen!" – „Stör mich bloß nicht", raunzt ihn Michael an. „Wo ich doch gerade so eine Glückssträhne habe!"

Endlich stellt Lehrer Schröder mal eine interessante Frage: „Was ist das Gegenteil von Polygamie?“
Langes Nachdenken in der Klasse – schließlich die Antwort vom kleinen Günther: „Monotonie, oder?“

Frage des Religionslehrers: „Wer hat die Institution Ehe eingesetzt? Hubert!"
Hubert: „Gott war das, Herr Lehrer."
Lehrer: „Richtig. Und warum nennt man die Ehe den heiligen Stand?"
Hubert nach kurzem Nachdenken: „Weil's darin von Märtyrern wimmelt?"

Heidrun stocksauer zu ihrem Mathelehrer: „Ich bin mit Ihnen auch nicht zufrieden, aber bin ich deshalb schon einmal zu Ihren Eltern gerannt?“

Der Lehrer ermahnt seine Klasse zum x-ten Mal: „Ihr sollt euch nicht zum Fenster hinauslehnen. Sonst fällt mir noch einer raus, und nachher will's wieder keiner gewesen sein!"

Auf die Frage des Religionslehrers, wie lange Adam und Eva im Paradies waren, antwortet ein Schüler: „Bis zum Herbst.“ Das will sich der Lehrer doch noch genauer erklären lassen und fragt nach. Der Schüler erklärt: „Na, weil da die Äpfel reif sind!“

Der Lehrer ermahnt die kleine Daniela: „Hör mal Daniela! Mädchen haben normalerweise eine schöne Handschrift, aber deine ist ja wirklich unleserlich. Ab heute strengst du dich besser an und schreibst deutlich, verstanden?"
Murmelt Daniela vor sich hin: „Jaja, und hab dann den ganzen Ärger mit den Rechtschreibfehlern!"

Die Klasse macht einen Ausflug in den Zoo. An den Gitterstäben des Zebrakäfigs hängt ein Schild mit der Aufschrift: Vorsicht, frisch gestrichen. „Und ich habe immer gedacht, die Streifen wären echt!“, wundert sich Anneliese.

Kapitel

5.

Gut gewiehert, Amtsschimmel!

Was ist ein 08/15-Beamter?
Null Ahnung, acht Stunden am Tag im Büro, und wird nach A15 bezahlt...

Am Montagmorgen im Einwohnermeldeamt. Die beiden Bürodamen gähnen um die Wette. Da stößt die eine die andere an:
„Wie spät ist es eigentlich?"
„Viertel nach zehn."
„Ist das wieder eine Woche! Die nimmt und nimmt kein Ende!"

„Au weh", entfährt es dem Beamten, „jetzt ist es schon zwölf und ich hätte fast noch ein Formular in die Hand genommen!"

„Dieser Vordruck ist ein Nachdruck des amtlichen Vordrucks..." – Zitat aus einem bundesweit benutzten Formular, das das Finanzamt an ein Unternehmen in Oberschwaben schickte.

Im Polizeirevier knallt ein Mann das Foto seiner Frau auf den Tisch des Wachhabenden. „Herr Inspektor – sie ist fort. Seit drei Tagen schon. Sie müssen jetzt anfangen zu suchen." Lange Zeit betrachtet der Wachtmeister das Bild, schaut dann auf und fragt: „Warum?"

Fräulein Keck, die neue und äußerst attraktive Sekretärin des Direktors, stolpert mit zerzausten Haare, verrutschter Bluse und verschobenem Rock aus dem Chefzimmer.
„Der Chef hat mal wieder seine Aktenordner verlegt", erklärt sie der grauen Büromaus, Frau Knochig. Mit einem bitteren Lächeln um die faltigen Mundwinkel, meint diese: „Ja, ja, und dann sucht er sie an den unmöglichsten Stellen!"

Was haben Robinson Crusoe und die Kollegen vom Amt gemeinsam?
Das Warten auf Freitag!

Demnächst sollen auch die ersten Landesmeisterschaften im Beamtendreikampf ausgerichtet werden:
Knicken, Lochen, Abheften.

Der Beamte auf dem Einwohnermeldeamt gibt dem Antragsteller das Formular zurück: „Sie haben da einen i-Punkt vergessen!“ – „Ergänzen Sie ihn doch, bitte!“ – „Nein“, erwidert der Beamte, „es muss dieselbe Handschrift sein!“

Der Chef der obersten Finanzdirektion zu seiner neuen Sekretärin: „Nun, Fräulein Erma, lesen Sie mir mal vor, was ich Ihnen eben diktiert habe. Ich bin sehr gespannt auf Ihre Version!"

Die Pflichterfüllung eines Beamten ist mit seiner Anwesenheit erschöpft.

5.

Personalchef: „Gestern sind Sie schon zu spät gekommen, weil Ihr Auto gestreikt hat. Vorgestern sind Sie im Stau stecken geblieben. Ich bin wirklich gespannt, was für eine Ausrede Sie heute haben."
Angestellter: „Also, heute bin ich ausnahmsweise einmal zu Fuß gegangen und hatte prompt starken Gegenwind!"

Frau Schnöde ist eine zuverlässige Sachbearbeiterin – mit einem einzigen Fehler: Sie arbeitet furchtbar langsam. Und damit treibt sie ihre Kollegen beim Amt manchmal zur Verzweiflung. Gerade jetzt stempelt sie überaus gemächlich Anträge. Der Chef kann nicht mehr zusehen. „Mal los, Frau Schnöde, Sie können das doch schneller! Wer Ihnen zuschaut, der schläft ja dabei ein.“
„Ja, das denken Sie. Es gibt bei mir nichts mehr zu beschleunigen. Ich schaffe ja sowieso schon wie verrückt.“ Der Chef geht mit gutem Beispiel voran, nimmt das Gerät zur Hand und stempelt mühelos die dreifache Zahl.
Frau Schnöde schaut eine Weile zu, bis sie mit einer wegwerfenden Handbewegung sagt: „So ist das natürlich keine Kunst – wenn man beide Hände dazu nimmt!“

Zwei Zecken treffen sich auf der Trauerweide vor dem Finanzamt. Die eine will sich gerade auf den vorbeieilenden Beamten von der Einkommenssteuerabteilung fallen lassen, doch die andere hält sie zurück. „Lass mal, das ist zwecklos – die saugen selbst!"

Der Kronzeuge vor Gericht: „Fragen, nichts als offene Fragen, Herr Richter. Wäre es nicht besser gewesen, Sie hätten sich vorher über den Fall informiert?“

Vorstellungsgespräche zur Einstellung eines Beamten:
„An welche Position hätten Sie denn gedacht?“
„Beamteter Staatssekretär!“
„Sind Sie meschugge?“
„Nein, ist das denn Bedingung?“

Ein Beamter zu einem Bauern, der die ansteckende Krankheit seines Viehs melden will: „Bedaure, ich habe nur die Maulsperre. Dummkoller und Klauenseuche hat der Herr auf Zimmer 217.“

Zwei Beamte sitzen zusammen im Zimmer.
Fragt der eine: „Was hältst du davon, wenn wir uns ein Aquarium kaufen?“
„Meinst du nicht, das bringt zu viel Hektik ins Büro?“

Im Bundeshaus wird ein Baby gefunden. Da wird schnell klar, dass dieses nicht von einem Beamten sein kann. Ein solcher bringt in der kurzen Frist von neun Monaten nie und nimmer etwas zustande, was Hände und Füße hat.

Ein Beamter erklärt seine Lebensphilosophie: „Die Menschen sind heutzutage viel zu hektisch. Ich mache alles mit der Ruhe. Das ist besser. Ich esse langsam, ich spreche langsam, ich gehe langsam, ich zahle langsam…“
Sein Nachbar: „Donnerwetter, das ist aber arg langweilig! Gibt es denn gar nichts, was bei dir schnell geht?“
„Doch – ich werde schnell müde!“

„Weißt du, wo ich meinen Bleistift verlegt habe?“, fragt der Finanzbeamte seinen Kollegen.
„Klar, Dussel, hinter deinem Ohr!“
„Mensch, mach die Sache nicht so kompliziert! Hinter welchem?“

Was ist der unbestechlichste Beamte?
Der nicht einmal Vernunft annimmt...

Am Schwarzen Brett im Finanzamt hängt ein Zettel mit der Frage: „Wie können wir es erreichen, dass alle Mitarbeiter pünktlich mit dem Glockenzeichen an ihren Arbeitsplätzen sind?“
Am nächsten Tag hängt ein Zettel daneben, auf dem steht: „Lassen Sie den klingeln, der als Letzter kommt!“

Drei in einem Büro und einer arbeitet?
Zwei Beamte und ein Ventilator!

5.

In einem amtlichen Schreiben heißt es, die Ortschaft sei langsam, mit Rücksicht auf möglicherweise die Fahrbahn kreuzende Hühner, Gänse oder Schweine zu durchfahren. „Erstens haben diese keinen Verstand und können sich nicht verteidigen“, heißt es, „und zweitens bitten wir, ihnen gegenüber Nächstenliebe zu üben.“

„Du, im Einwohnermeldeamt, da hat gestern eine Intelligenzbestie von der Hochschule angefangen. Der macht glatt die Arbeit von dreien." – „Und das nennst du intelligent?"

Was haben Beamte und Frösche gemeinsam?
Sie sitzen den ganzen Tag rum, quaken dummes Zeug und warten auf die Mücken.

Oberinspektor Meisel sucht seinen Hausarzt auf. „Herr Doktor, ich weiß mir nicht mehr zu helfen. Ich rede andauernd im Schlaf." – „Ist es so schlimm, dass sich Ihre Frau gestört fühlt?", will der Arzt wissen. „Nein, das nicht gerade", erklärt Meisel. „Aber die ganze Behörde lacht schon über mich!"

Der Vorgesetzte tobt: „Während der Arbeitszeit wird gefälligst nicht geraucht!“
„Ich arbeite ja gar nicht“, antwortet Sachbearbeiter Schmidhuber gekränkt.

Aus einem Gesuch an das Einwohnermeldeamt: „Ich bitte herzlichst, mir zu bestätigen, dass ich agrarischer Herkunft bin."

Warum können Beamte nicht tanzen?
Weil es keine Band gibt, die so langsam spielen könnte!

Der Bürgermeister ist spektakulär die Treppe hinuntergestürzt und wird nun auf dem schnellsten Weg ins Krankenhaus gebracht. Eine Rathausbedienstete, die das Unglück mit eigenen Augen gesehen hat, sagt besorgt zu ihrer Kollegin: „Hoffentlich hat er sich nicht das Rückgrat gebrochen." – „Unmöglich", antwortet die, „der hat ja noch nie eines besessen!"

Warum ist auf den Beamtentoiletten immer dreilagiges Klopapier?
Weil sie von jedem Scheiß zwei Durchschläge brauchen.

„Schon gehört? Im neuen Finanzamt gibt es weder Treppen noch Fahrstühle" – „???" – „Die Besucher gehen alle die Wände hoch!"

Ein Arbeitsloser auf dem Arbeitsamt.
„Ich suche einen Job."
„Das wär doch was für Sie", meint der Berater, „leichte Arbeit, 15 Stunden die Woche, beste Bezahlung und vier Monate Jahresurlaub!"
„Sie wollen mich wohl veräppeln?", empört sich der Arbeitslose.
„Na, wer hat denn damit angefangen?"

Briefträger Hein ist ziemlich sauer, weil er wegen einer einzigen Ansichtskarte zum Leuchtturm hinausrudern muss. „Post für dich, Lütte", raunzt Hein miesepetrig. „Halt deine Laune im Zaum", mault der Leuchtturmwärter zurück, „sonst abonniere ich ab sofort die Tageszeitung!"

Treffen sich zwei Beamte morgens um elf Uhr auf dem Behördenflur.
Fragt der eine den anderen: „Kannst du auch nicht schlafen?"

Ein Amerikaner, ein Engländer und ein deutscher Beamter:
Der Amerikaner ist blind, der Engländer sitzt im Rollstuhl und der deutsche Beamte hat einen gebrochenen Arm. Plötzlich steht Jesus vor ihnen und fragt, was er für sie tun kann.
Der Amerikaner sagt, dass er wieder sehen möchte. Jesus streicht ihm über die Augen und der Amerikaner kann wieder sehen.
Dann streicht Jesus dem Engländer über die Beine und der Engländer kann wieder gehen.
Sagt der deutsche Beamte: „Bevor du jetzt irgendetwas unternimmst, denk daran, ich bin noch vier Wochen krankgeschrieben."

Welcher für Beamte wichtige Stichtag ist am 31. März?
Ende Winterschlaf – Anfang Frühjahrsmüdigkeit.

Was ist ein Beamten-Expander?
Zwei Büroklammern und ein Gummiring dazwischen…

Ein ältere Dame kommt auf das Einwohnermeldeamt und will einen Pass beantragen.
„Alter?", will der Beamte wissen.
„28 und ein paar Monate", sagt die Dame.
Skeptisch fragt der Beamte nach: „Und wie viele Monate?"
Die Antwort kommt etwas zögerlich: „444!"

Was ist der Unterschied zwischen einem Arbeitslosen und einem Beamten?
Arbeitslose haben schon einmal gearbeitet…

Was ist der Unterschied zwischen dem Finanzamt und einer Jeans?
Bei der Jeans sind die Nieten außen.

Ein Schild vor dem Finanzamt : „Geöffnet – wir bitten um Verständnis!"

Was tut ein Beamter zuerst, nachdem er hingefallen ist?
Er nimmt die Hände aus der Hosentasche!

Was macht man eigentlich mit toten Beamten?
Man schickt sie zu Bayer und macht Schlaftabletten daraus...

Warum haben Beamte eine Brille? Damit sie sich beim Einschlafen nicht mit dem Bleistift ins Auge stechen.

Fragt ein Beamter einen Passanten auf der Straße:
„Können Sie mir bitte 50 Pfennig leihen, ich will einen Freund anrufen." Antwortet der Passant: „Ich gebe Ihnen sogar eine Mark, dann können Sie alle ihre Freunde anrufen."

Die Qualität eines Beamten wird nicht danach bemessen, wie viele Akten er abschließt, sondern wie viele er anlegt.

Ein Beamter zeigt seiner Frau ein Bild mit seinen Kollegen und seinem Amtszimmer. „Hier sieh mal, eine Stunde belichtet und keiner verwackelt!"

Beamte unterscheiden sich von gewöhnlichen Bürgern darin, dass sie ihre Fehler noch nach Jahrzehnten mittels Akten belegen können.

Hein und Siggi haben einen Traumjob bei der Post ergattert: Telegrafenmasten aufstellen. Es ist Ende der Woche und die beiden kommen zurück. „Na, seid Ihr fertig geworden?", fragt der Chef. „Leider nicht ganz", antwortet Siggi, „aber fast. Nur noch drei von den Stangen schauen noch zur Hälfte aus der Erde heraus!"

Zwischen den städtischen Bauämtern von Düsseldorf und San Francisco läuft die Wette, welches Amt schneller den Plan eines zehnstöckigen Hochhauses anfertigt. Binnen weniger Tage erhalten die Düsseldorfer ein Fax aus San Francisco: „Noch zwölf Tage und wir sind fertig." Düsseldorf antwortet postwendend: „Noch zwölf Formulare und wir fangen an."

Was tut ein nasebohrender Beamter? –
Er holt das Letzte aus sich heraus.

Heiko Tugut will am Wochenende zur Abwechslung einmal seiner Holden beim Frühjahrsputz zur Hand gehen. Sie, etwas verdutzt über seine plötzliche Hilfsbereitschaft, bittet ihn, sämtliche Teppiche aus der Wohnung hinaus ins Freie zuschaffen. Heiko Tutgut hat gerade einmal einen Teppich mühsam zusammengerollt. Seine Frau findet ihn schweißüberströmt und der Verzweiflung nahe. Besorgt fragt sie, ob ihm etwas fehle. „Nein, nein, meine Liebe", meint ihr Mann erschöpft, „nur immer diese spontanen Entscheidungen!"

Der Beamte im Patentamt wird langsam ungehalten und raunzt seinen Kollegen an: „Hör endlich mit diesem ewigen 'Dass ich darauf nicht selbst gekommen bin' auf!"

Die beste Nachricht in dieser Woche. „Ede, hast du schon gehört? In fünf Jahren brauchen wir nur noch donnerstags zu arbeiten!" – „Was? Den ganzen Tag?"

Bei welcher Krankheit ist das Ansteckungsrisiko für Beamte gleich Null?
Bei der Managerkrankheit.

Ein Bankier, ein Bäcker und ein Beamter wollen um die Wette Schnecken suchen. Wer zuerst sein Eimerchen gefüllt hat, hat gewonnen.
Nach einer halben Stunde kommt der Bankier zurück. Geschafft. Der Eimer ist randvoll mit Schnecken.
Nach anderthalb Stunden kommt der Bäcker wieder. Geschafft. Auch sein Eimerchen ist voll mit Schnecken.
Beide warten nun auf den Beamten. Dunkel wird's, die Nacht bricht herein. Vom Beamten ist weit und breit nichts zu sehen.
Erst am nächsten Morgen kommt endlich der Beamte zurück. Sein Eimer ist leer.
„Ist was passiert?", fragen die beiden anderen.
Der Beamte erzählt: „... ich habe gesucht und gesucht. Dann habe ich endlich eine Schnecke gesehen. Ich wollte schon nach ihr greifen, aber da war sie – husch husch – verschwunden!"

Herr Schneck und Frau Ziege wollen heute ins Rathaus. Als Frau Ziege ankommt, kommt ihr Herr Schneck schon wieder auf dem Weg in Richtung Ausgang entgegen. Ziege kann's nicht fassen: „Was, Sie waren schon dran?" Herr Schneck lakonisch: „Kriechen muss man eben können, nicht meckern!"

Aus einem Beschwerdebrief an das Bauamt: „Ich habe Rheumatismus und ein Kind, was auf die Feuchtigkeit zurückzuführen ist."

„Womit habe ich das nur verdient", lamentiert der Beamte, als er das Kuvert mit seiner Gehaltsabrechnung öffnet.

„Hilde, mach heute bitte den Frühstückskaffee nicht wieder so stark. Gestern habe ich den ganzen Tag im Büro kein Auge zugetan."

Dienststellenleiter Dietram quälen seit Wochen stechende Kopfschmerzen. Schließlich hält er es nicht mehr aus und sucht einen Arzt auf. Den Kollegen berichtet er am nächsten Tag: „Von oben bis unten haben die mich untersucht und sogar meinen Kopf geröntgt. Gefunden haben sie da aber nichts."
Dietrams Mitarbeiter: „Haben Sie etwas anderes erwartet?"

Der Vorgesetzte zum Sachbearbeiter: „Aus Holz sind Sie jedenfalls nicht, Herr Schmiedel – Holz arbeitet nämlich!"

Ein Großteil der öffentlichen Ämter verfügt über zwei Eingänge, damit die Beamten, die zu spät kommen, nicht diejenigen behindern, die zu früh nach Hause gehen.

Es ist doch eigentlich ganz simpel: Wer arbeitet, macht Fehler. Wer wenig arbeitet, macht wenig Fehler. Wer nicht arbeitet, macht keine Fehler. Wer keine Fehler macht, wird befördert.

„Ich möchte sofort den geschäftsführenden Beamten sprechen!" – „Bedaure, der ist nicht da." – „Aber ich habe ihn eben noch am Fenster stehen sehen!" – „Er Sie auch!"

„Du wirst es kaum glauben", erzählt nach einem stundenlangen Behördengang Harry Merz seinem Freund. „Im Amt, da sitzen jetzt männliche und weibliche Beamte nicht mehr zusammen. Sie haben getrennte Schlafzimmer durchgesetzt!"

Der Vorgesetzte zu seinem Mitarbeiter: „Sie hätten kein Kriminaler, sondern besser Krimineller werden sollen, Inspektor Habisreitner." –
„Wie kommen Sie denn darauf?" –
„Ihre Arbeit hinterlässt keine Spuren!"

Zwei Zollbeamte unter sich. „Heribert, kontrollier die Reisenden heute bitte besonders gründlich. Unsere Zigaretten sind alle!"

Sachbearbeiter Drösel bei seiner Lieblingsbeschäftigung, dem Kreuzworträtsellösen. Nachdenklich kratzt er sich am Kopf, dann fragt er Kollege Matthies: „Du, was ist eigentlich ein Vakuum? Fünf Buchstaben." Matthies schaut irritiert drein: „Warte, ich hab's im Kopf – aber ich komme momentan echt nicht drauf!"

„Haben Sie Devisen?", fragt der Zollbeamte.
„Nur eine: Lass dich bloß nie erwischen!"

Was unterscheidet Beamte von Terroristen? –
Terroristen haben Sympathisanten!

Aus einem Polizeiprotokoll:
„... dann durchfuhr ich mit hohem Tempo die Kurve, geriet über die Fahrbahn hinaus, durchbrach einen Gartenzaun, raste durch mehrere Blumenbeete, überschlug mich viermal – und dann verlor ich die Gewalt über meinen Wagen."

Auf Besichtigungstour durch die Stadt fährt der mit Touristen vollgepackte Bus auch an der Obersten Finanzbehörde vorbei. Einer der Fahrgäste erkundigt sich, was das denn für ein Gebäude sei. „Gebäude?", spöttelt der Fahrer. „Dies ist der größte Friedhof weit und breit. Hier ruhen die meisten Beamten in der Stadt!"

Für eine Fernsehreportage wird ein Filmteam ausgesandt, um den Tagesablauf eines Beamten auf Film zu bannen. Die Ausbeute des Tages: kein Film, dafür ein fotografiertes Standbild. Der Produzent ist verärgert: „Seid ihr taub? Ich habe doch ausdrücklich einen Film verlangt!" – „Ein Ding der Unmöglichkeit", bekommt er zur Antwort. „Der Mann hat sich während des ganzen Tages nicht ein einziges Mal bewegt!"

Was ist ein Steuerzahler? – Das einzige Lebewesen, dem man das Fell mehrmals über die Ohren ziehen kann.

Ein Bauer wird zu 50 Tagen Gefängnis verurteilt. Seine Frau schreibt ihm wütend einen Brief: „Jetzt, wo du einsitzt, erwartest du wohl von mir, dass ich das Feld umackere und Kartoffeln pflanze? Vergiss es!"
Sie bekommt als Antwort: „Trau dich ja nicht, das Feld anzurühren, dort habe ich das Geld und die Gewehre versteckt!"
Eine Woche später schreibt sie ihm erneut einen Brief: „Jemand im Gefängnis muss wohl deinen Brief gelesen haben. Die Polizei war hier und hat das ganze Feld umgegraben, ohne etwas zu finden."
Die Antwort ihres Mannes: „So, jetzt kannst du die Kartoffeln pflanzen!"

Hopfauer leidet an einer unheilbaren Krankheit. Er macht sein Testament. „Wenn ich gestorben bin, soll mein Leichnam verbrannt werden", instruiert er den Notar. „Und die Asche?", fragt der Notar. Hopfauer grimmig: „Die schicken Sie ans Finanzamt mit folgendem Begleitschreiben: Nun habt ihr alles!"

Unternehmerweisheit: „Ein Geschäft ist erst dann ein Geschäft, wenn man dem Finanzamt nachweist, dass es keines war!"

„Ist Ihr Vorgesetzter schon einmal ausfällig geworden?" – „Und ob. Gestern kam er ins Zimmer gestürmt und sagte: Nun mal ran an die Arbeit, Frau Hintermaier!"

Hermann E. kommt ins Finanzamt und bittet um einen Gesprächstermin beim obersten Finanzinspektor. Nach längerem Warten wird er eingelassen. „Herr Oberinspektor", will er wissen, „ich würde gerne Urlaub nehmen." – „Wieso Urlaub? Sie sind doch gar nicht bei uns angestellt!" – Hermann E.: „Das nicht", bestätigt er, „aber ich arbeite doch in erster Linie für Sie!"

Stoßseufzer eines Vorgesetzten:
Kommt man morgens zu spät, ist man ein schlechtes Vorbild;
kommt man pünktlich, ist man ein Aufpasser.
Ist man zu seinen Mitarbeitern freundlich, will man sich anbiedern;
ist man zurückhaltend, gilt man als hochnäsig.
Kümmert man sich um die Arbeit seiner Leute, ist man ein Schnüffler;
tut man es nicht, hat man von der Sache überhaupt keine Ahnung.
Geht man oft zum Chef, ist man ein Radfahrer;
geht man selten, traut man sich nicht.
Hält man Konferenzen ab, ist man ein Schwätzer;
hält man keine ab, ist man ein „Mann der einsamen Beschlüsse".
Ist man schon etwas älter, gilt man als verkalkt;
ist man noch jung, fehlt die Erfahrung des Alters.
Bleibt man abends länger, markiert man den Überbeschäftigten;
geht man pünktlich, fehlt das Firmeninteresse.
Stimmt man sich mit seinen Kollegen ab, ist man ein Rückversicherer;
tut man es nicht, ist man ein Eigenbrötler.
Trifft man schnelle Entscheidungen, ist man oberflächlich;
lässt man sich Zeit, mangelt es an Entschlusskraft.
Nimmt man Urlaub, nutzt man seine Stellung aus;
nimmt man keinen, fürchtet man um seine Stellung.
Ist man sehr genau, gilt man als pingelig;
ist man es nicht, lässt man die Zügel schleifen.
Hat man neue Ideen, ist man ein Fantast;
bleibt man beim Alten, ist man rückständig.
Delegiert man viel, spielt man den Generaldirektor;
delegiert man nichts, spielt man den Unersetzlichen.

Warum trinken Beamte morgens einen Magenbitter?
Damit wenigstens der Magen arbeitet.

Heribert bekommt die Formularvordrucke für seine Einkommenssteuererklärung zugeschickt und schickt den ganzen Papierkram wieder an das Finanzamt mit beiliegendem Brief: „Sehr geehrte Damen und Herren! Anbei übersende ich Ihnen Ihre Prospekte zurück. Ich habe nicht die Absicht, einem Verein beizutreten mit derart komplizierten Aufnahmebedingungen."

Winnetou, Old Shatterhand und ein Beamter sitzen nachts in der Prärie am Lagerfeuer. Plötzlich raschelt es im Gebüsch. Winnetou steht auf, nimmt sein Gewehr und geht ins Gebüsch. Ein Knall. Winnetou kommt zurück und setzt sich wieder ans Lagerfeuer.
Ein paar Minuten später wieder ein Rascheln im Gebüsch. Old Shatterhand steht auf, nimmt sein Gewehr und geht ins Gebüsch. Ein Knall. Old Shatterhand kommt zurück und setzt sich wieder ans Lagerfeuer.
Einige Minuten danach wieder ein Rascheln im Gebüsch. Der Beamte steht auf, nimmt sein Gewehr und geht ins Gebüsch. Ein Knall. Noch ein Knall.
Da sagt Old Shatterhand zu Winnetou: „Siehst du, das hab ich mir gedacht. Der Beamte tritt zweimal auf die Harke."

Drei kleine Buben streiten sich darum, wessen Vater am schnellsten ist. Meint der erste: „Mein Vater fährt einen Porsche!" Sagt der zweite: „Das ist noch gar nichts. Mein Vater ist Pilot bei der Lufthansa und fliegt eine Boeing!" Sagt schließlich der dritte: „Damit wollt ihr mich beeindrucken? Mein Vater ist Beamter. Um fünf Uhr abends hat er Dienstschluss und um halb vier ist er zu Hause!"

Wann müssen Beamte am schwersten arbeiten?
Montags. Da müssen sie drei Kalenderblättchen abreißen.

Was ist der Unterschied zwischen einem Kamel und einem Beamten?
Das Kamel kann sieben Tage arbeiten, ohne zu saufen...

Warum müssen Polizisten immer zu dritt auf Streife gehen?
Einer kann lesen, einer kann schreiben, und der dritte muss auf die zwei Intellektuellen aufpassen!

Personalchef: „Warum soll der Angestellte nicht mit brennender Zigarette über den Flur gehen?"
Angestellter: „Jawohl, Chef, warum eigentlich nicht!"

„Fräulein Meike, schreiben Sie bitte 'Wichtig – unbedingt lesen!' ganz groß an das Schwarze Brett", ordnet der Dienststellenleiter an, „ich möchte, dass alle im Betrieb informiert sind."
„Herr Direktor, dann wäre es sicher besser, wenn man schreiben würde 'Geheimsache, streng vertraulich!'"

5.

„Welchen Antrag bearbeitest du gerade?", fragt ein Sachbearbeiter seinen Kollegen.
„Keinen."
„In Ordnung. Wenn du damit fertig bist, machen wir Feierabend."

Hubert ist beim Wildern erwischt worden und muss sich nun vor dem Richter verantworten. Die Strafe ist saftig: ein halbes Jahr Gefängis. Der Richter fragt, ob er die Strafe gleich absitzen wolle. Darauf Hubert: „Also, wenn ich's mir aussuchen kann, würde ich lieber nach der Schonzeit wiederkommen."

Der Bundeskanzler geht mit dem Arbeitsminister durch die Fußgängerzone. Sie bleiben vor einem Schaufenster stehen. Der Bundeskanzler: „Also ich weiß nicht, was die Leute haben, das sind doch ganz normale Preise: Anzug 600 Mark, Krawatte 80 Mark, Hemd 50 Mark. Darauf der Arbeitsminister : „Verzeihung, Herr Bundeskanzler, aber das ist eine chemische Reinigung."

Ein Postbeamter stempelt den ganzen Tag Briefe.
Jemand fragt ihn, ob das nicht langweilig sei. „Nein", antwortet der Postbeamte, „kann ich nicht sagen. Ist doch jeden Tag ein anderes Datum!"

Was ist der Unterschied zwischen dem Bundeskanzleramt und einer Jeans?
Bei der Jeans sind die Nieten außen.

Zwei Beamte treffen sich im Dickdarm des Vorgesetzten.
Sagt der eine überrascht: „Was, du bist auch da?!"
Erwidert der andere: „Ja, aber mich hat er gefressen!"

Sagt der Chef zu seiner Sekretärin:
„Liebes Fräulein Elke, mit Ihrer Arbeit sind Sie drei Wochen zurück – mit Ihren Kaffeepausen um drei Wochen voraus!"

Ich habe nichts gegen Beamte – sie tun ja nichts!

Ein Beamter sitzt im Büro. Da kommt eine gute Fee und sagt ihm, dass er drei Wünsche frei hat. Da wünscht sich der Beamte, auf einer Insel mit Palmen und Sonnenschein zu liegen. ...pling, da liegt der Beamte am schönsten Strand der Welt mit Palmen und Sonnenschein. Als er seinen zweiten Wunsch äußert, von schönen Mädchen am Strand verwöhnt zu werden, ...pling, geht auch dieser Wunsch in Erfüllung. Als Letztes wünscht er sich, nie wieder arbeiten zu müssen, keinen Stress mehr zu haben, nur noch erholsame Ruhe und ...pling, schon sitzt er wieder im Büro!

Was ist die kostbarste Flüssigkeit der Welt?
Beamtenschweiß.

Warum dürfen Beamte nicht streiken ?
Ja warum eigentlich nicht, würde doch eh keiner merken...

Wenn der dümmste Beamte des Hauptamtes in die Personalabteilung versetzt wird, steigt in beiden Abteilungen der durchschnittliche Intelligenzquotient.

Was haben ein Beamter und eine Jungfrau gemeinsam?
Beide warten auf den Ersten.

Ein leitender Beamter verbringt seinen Urlaub auf einem Bauernhof. Nach drei Tagen Entspannung fängt er an sich zu langweilen. Er fragt den Bauern, ob dieser nicht Arbeit für ihn hätte. Der Bauer überlegt kurz und sagt dann: „Der Stall könnte mal ausgemistet werden." Der Bauer fährt anschließend zum Markt, um seine frischen Erdbeeren zu verkaufen. Als er nach drei Stunden nach Hause kommt, ist der Stall bereits vollständig gemistet. Er denkt, unsere Staatsdiener scheinen ja wirklich belastbar zu sein. Am nächsten Tag fragt der Gast erneut nach Arbeit. Der Bauer antwortet, er habe seine letzte Kartoffelernte noch im Keller. Der Gast möge diese doch mal sortieren. Die großen in die Verkaufskisten und die kleinen in die Tierfutterkiste... Am späten Abend kehrt der Bauer nach einer ausgiebigen Sauftour heim. Er denkt sich: Nun will ich doch mal schauen, ob dieser Gast schon mit seiner Arbeit fertig ist... Er geht in den Keller, nichts ist bisher gemacht. Dafür sieht er in der Ecke eine jämmerliche Gestalt mit einer Kartoffel in der Hand, die schluchzt: „Ich bin seit 25 Jahren im Staatsdienst, habe immer treu gedient... und jetzt soll ich plötzlich eine Entscheidung treffen!"

Der kürzeste Beamtenwitz: Geht ein Beamter zur Arbeit...

Warum haben Beamte häufig Krawatten um?
Die können sie in die Schublade des Schreibtisches einklemmen und fallen so beim Schlafen nicht nach hinten.

Viele Fliegen haben Sie hier! Ja – genau 477!

Wieso müssen auch Beamte eine zweijährige Ausbildung als eine Art Azubi machen?
Auf irgendjemanden muss man ja die Arbeit abwälzen.

Was gehört zu den Ausbildungsinhalten des Beamten-Azubi?
1. Kaffeekochen
2. Der Umgang mit dem Kopiergerät
3. Folgenden Satz auswendig zu lernen: „Dafür bin ich nicht zuständig. Bitte wenden Sie sich an meinen Kollegen."

5.

Sie haben aber eine interessante Strichmustertapete!
Ja, das sind alle Tage bis zu meiner Pensionierung in 40 Jahren!

Beamte sind wie Viren: Sie wirken nicht, indem sie handeln, sondern indem sie sich vermehren.

Morgens, sieben Uhr. Die Frau stellt dem Beamten das Frühstück vor die Nase, inklusive Zeitung. Sie frühstücken, er liest die Zeitung, keiner sagt etwas. Drei Stunden später sitzt er immer noch am Tisch, liest die Zeitung, nickt ab und zu ein und schaut manchmal aus dem Fenster.
Da sagt die Frau: „Sag mal, Schatz, musst du heute gar nicht ins Büro?" Er springt total erschrocken auf: „Mist, ich dachte, da wäre ich längst…"

Die Beamten sind die Träger der Nation.
Einer träger als der andere…

Der Richter nach dem Plädoyer des Verteidigers:
„Also, wenn ich Sie richtig verstanden habe, soll ich den Angeklagten jetzt wohl heilig sprechen?"

Im Büro kurz vor 16.00 Uhr: Eine Beamtin nimmt Personalien auf. Da springt der große Zeiger auf die 12: „So, Herr Meier, und Ihren Vornamen können Sie mir morgen sagen."

Jeder verstorbene Beamte hinterlässt im Büro eine Lücke, die ihn voll ersetzt…

Ein Beamter geht über eine Brücke. Plötzlich stürzt die Brücke ein. Warum?
Der Klügere gibt nach!

Ein Hypnotiseur erzählt: „Am leichtesten sind Beamte zu hypnotisieren. Man braucht sie nur an ihre Arbeit zu erinnern, schon schlafen sie ein!"

Dann war da noch … der Beamte, dem schwindelig wurde, weil er das Rundschreiben zu schnell gelesen hatte.

Wie bringt man einen Beamten zum Schwitzen?
Indem man ihm den Bleistift aufs Fensterbrett legt.

Amtsgehilfe – weiß alles.
Sekretär – weiß alles besser.
Obersekretär – will alles besser wissen.
Hauptsekretär – kann lesen.
Inspektor – kann schreiben.
Oberinspektor – kann lesen und schreiben.
Amtmann – weiß, wer lesen und schreiben kann und kann Ortsgespräche führen.
Oberamtmann – weiß, wo alles steht.
Regierungsrat – glaubt, alles zu wissen.
Oberregierungsrat – ist der, der es eigentlich wissen müsste.
Regierungsdirektor – unterschreibt nur, was er lesen kann.
Ministerialrat – hofft, dass alles richtig ist, was er unterschreibt.
Leitender Ministerialrat – weiß nicht alles, was er unterschreibt.
Ministerialdirigent – fragt, wo er unterschreiben muss.
Staatssekretär – trägt die Aktentasche des Ministers.
Minister – hofft, dass in der Aktentasche alles drin ist, was er wissen muss.

Aufnahmeprüfung für den höheren Verwaltungsdienst:
Ohne Flei… kein Prei…! Ersetzen Sie die fehlenden Buchstaben.

Großer Umzug im Finanzamt! Jeder Beamte trägt jeweils zwei Ordner in die neuen Amtsstuben. Nur der Müller trägt immer nur einen Ordner. Als dies der Vorsteher des Finanzamtes sieht, stellt er Müller zur Rede. Ohne langes Überlegen antwortet Müller: „Was kann ich dafür, wenn die anderen zu faul sind, zweimal zu laufen!“

Vor dem Herrgott und dem Finanzamt sind die Menschen ja doch alle arme Sünder!

Zwei Kandidaten für den gehobenen Dienst sitzen vor dem Zimmer der Prüfungskommission und sind mächtig aufgeregt. Der erste wird hereingerufen. Der Vorsitzende erklärt ihm den Ablauf: „Wir stellen Ihnen eine Frage, Sie haben das Recht auf eine Gegenfrage, diese wird von uns beantwortet und dann erwarten wir Ihre Antwort. Haben Sie das verstanden?"
Kandidat 1: „Ja."
Vorsitzender: „Die Frage lautet: Es ist aus Leder und wird an den Füßen getragen. Was ist das?"
Kandidat 1: „Hat es Schnürsenkel?"
Vorsitzender: „Ja."
Kandidat 1: „Dann müssen es ein Paar Schuhe sein."
Vorsitzender: „Richtig, Sie haben bestanden."
Der Kandidat geht hinaus. Der zweite Anwärter stürzt sich nervös auf ihn. „Wie ist es gelaufen?" Der erste antwortet: „Die stellen dir eine Frage, du stellst eine Gegenfrage, bekommst eine Antwort und dann musst du die Frage beantworten."
Kandidat 2 fragt: „Und was haben die gefragt?"
„Es ist aus Leder und wird an den Füßen getragen."
Kandidat 2 fragt weiter: „Und, was hast du gefragt?"
„Hat es Schnürsenkel?"
Kandidat 2 fragt weiter: „Und was haben die geantwortet?"
„Ja."
Kandidat 2 fragt schließlich: „Und, was hast du geantwortet?"
„Dann sind es ein Paar Schuhe. Damit habe ich bestanden."
Der zweite Anwärter wird hereingerufen. Der Vorsitzende erklärt auch ihm noch einmal den Ablauf und stellt die Prüfungsfrage: „Es hängt an der Wand und macht Tick-tack. Was ist das?"
Kandidat 2: „Hat es Schnürsenkel?"
Vorsitzender: „Nein."
Kandidat 2: „Dann müssen es ein Paar Sandalen sein!"

Lüdke bei der Polizei: „Ich bekomme dauernd Drohbriefe. Kann man was dagegen machen?" Beamter: „Natürlich, wenn Sie uns helfen, den Absender zu ermitteln."
Lüdke: „Klar, den kenn ich. Es ist das Finanzamt..."

Kalkofe kommt pfeifend ins Büro. Er küsst überschwänglich die Sekretärin, geht ohne Anklopfen ins Chefzimmer, wischt die Akten vom Tisch und will gerade den Chef beschimpfen, als er die Stimme seines Kollegen rufen hört: „Mensch, Kalkofe, hör auf mit dem Unsinn. Ich hab vergessen, deinen Lottoschein abzugeben!"

Chef zum Angestellten: „Ich habe eine gute und eine schlechte Nachricht für Sie. Zuerst die gute: Sie sind sehr beliebt bei den Kollegen, nur ein Einziger kann Sie überhaupt nicht ausstehen!"
Der Angestellte strahlt: „Das ist ja toll, Chef! Und was ist die schlechte Nachricht?" – „Dieser eine, der Sie nicht ausstehen kann, bin ich!"

5.

Der frisch gebackene Abteilungsleiter sitzt in seinem neuen Büro. Als ein junger Mann eintritt, greift er nach dem Telefonhörer: „Aber ja, Herr Direktor... Wirklich reizender Abend, gestern bei Ihnen... Aber ja, bis dann..." Er legt auf und wendet sich an den Besucher: „Was kann ich für Sie tun?" – Der junge Mann lächelnd: „Nichts! Ich will nur das Telefon anschließen!"

Zwei Chefs unterhalten sich: „Wie kommt es eigentlich, dass Ihre Angestellten immer so pünktlich am Arbeitsplatz sind?" – „Ganz einfach, wir haben 30 Angestellte, aber nur 20 Parkplätze."

„Wie heißen Sie", fragt der Dienststellenleiter die neue Sekretärin.
„Schulze, Herr Direktor", flötet die Neue, „so wie Schnulze, jedoch ohne 'n'!"

Was ist der Unterschied zwischen einem Buchautor und einer Sekretärin beim Vorstellungsgespräch? – Beim Buchautor ist Stoffmangel ein Nachteil, der Sekretärin gereicht es zum Vorteil!

Zwei Kollegen am Montag im Büro:
„Ich war am Wochenende mit meinem Sohn im Stadtpark, wir haben einen Drachen steigen lassen", erzählt der eine.
„Was für ein Zufall", meint der andere, „das Gleiche habe ich auch gemacht, ich war mit meiner Schwiegermutter auf einer Bergtour!"

Fragt Klein Hannes seinen Vater: „Du, Papi, wie kommt es eigentlich, dass der liebe Gott die Welt in sieben Tagen erschaffen hat?“
„Nun, mein Sohn, er war eben nicht auf Handwerker und Beamte angewiesen!“

Ein Beamter wird gefragt, warum er einen verfaulten Apfel isst.
Der Beamte antwortet: „Als ich reingebissen habe, war er noch gut!“

Der Richter: „Die nächste Person, die die Verhandlung unterbricht, wird nach Hause geschickt!“ –
Der Angeklagte: „Hurra!“

Der reumütige Angeklagte: „Herr Richter, ich bin eben ein Pechvogel. Monatelang habe ich gewissenhaft die Unterschrift meines Chefs gefälscht und jetzt, da ich es endlich perfekt kann, ist die Firma pleite!“

Was ist der Unterschied zwischen einem Juristen und Gott?
Gott denkt nicht, er sei ein Jurist.

Axel Schmidthuber betritt ein Büro im Finanzamt. Der Finanzbeamte gibt sich beschäftigt und sieht kaum von seinen Akten hoch. Nach einer 15-minütigen Wartezeit deutet Axel Schmidthuber zum Fenster und meint: „Soll ungesund sein!“ – „Was?“ – „Blumen im Schlafzimmer!“

Herr Hübel schickt einer Behörde einen Brief mit der Bitte um Auskunft. Unter anderem schreibt er darin: „1,10 Mark für das Rückporto liegen bei.“
Die Antwort der Behörde kommt prompt: „1,10 Mark für Rückporto lagen Ihrem Schreiben leider nicht bei.“
Herr Hübel ist peinlich berührt, entdeckt, dass er tatsächlich vergessen hat, die Marken beizulegen, entschuldigt sich schriftlich und legt die Marken diesmal ins Kuvert.
Wieder kommt die Antwort prompt: „Unsere Auskünfte erfolgen gebührenfrei. Rückporto ist nicht nötig.“

„Sagen Sie mal, Frau Rohleder: Wo ist eigentlich Ihr Gatte beschäftigt?"
„Och – beschäftigt würde ich nicht sagen. Er ist Beamter."

Welchen Unterschied gibt es zwischen einem Polizisten und einem Regenbogen?
Antwort: Keinen. Beide erscheinen, wenn sich das Unwetter verzogen hat.

Der uniformierte Polizist hält einen Radfahrer an: „Mmm – das wird teuer. Scheinwerfer geht nicht – 20 Mark. Das Rücklicht fehlt – 30 Mark. Keine Klingel – 10 Mark..."
Der Radfahrer dreht sich um, wendet sich wieder dem Beamten zu und grinst: „Mensch – jetzt haben Sie aber Glück. Da kommt das Geschäft Ihres Lebens."
„Wie meinen Sie das?"
„Da kommt einer ohne Rad."

Frage an Radio Eriwan: Sind eine Beamtin und ein Beamter in der Lage, ein Kind zu zeugen?
Antwort: Im Prinzip nein. In keiner uns bekannten Behörde gibt es Mitarbeiter, die mit Lust und Liebe bei der Sache sind, es entsteht nichts, was Hand und Fuß hat und alles, was dann doch entsteht, dauert länger als neun Monate.

Student Peters vor dem Prüfungsausschuss der juristischen Fakultät: „Also Peters, wir fangen mal ganz einfach an. Definieren Sie mir mal den Begriff des Rechtsanwalts."
Peters denkt sorgfältig nach: „Ein Rechtsanwalt ist eine Person, die das Vermögen eines anderen vor Feinden schützt, um es selbst zu erlangen."

Der Richter zur Zeugin. „Wie heißen Sie?"
„Gerda Müller."
„Und Ihr Alter?"
„Hannes Müller."

5.

Der Anwalt zum Mandanten: „Schildern Sie mir jetzt bitte Ihren Fall präzise, klar und chronologisch. Vor Gericht bringe ich ihn dann selbst durcheinander."

Nach dem Plädoyer seines Anwalts hat der Angeklagte das Recht aufs letzte Wort. Der junge Mann steht zögernd auf, blickt voller Bewunderung auf seinen Rechtsbeistand und ruft dem Gericht entgegen: „Wissen Sie was. Ich widerrufe mein Geständnis. Mein Verteidiger hat Recht. Eigentlich bin ich unschuldig."

„Angeklagter, hören Sie doch endlich auf zu leugnen. Hier stehen vier Zeugen, die gesehen haben, dass sie der alten Frau die Handtasche entrissen haben."
„Aber Herr Richter – ich kann Ihnen 100 Zeugen bringen, die es nicht gesehen haben."

Aus einem brillanten Plädoyer: „Hohes Gericht. Der Staatsanwalt sah in der Tatsache, dass mein Mandant den Einbruch zu nachtschlafender Zeit beging, einen Beweis für seine besondere Verschlagenheit. Wäre der Einbruch bei Tage begangen worden, hätte er ihm unglaubliche Frechheit unterstellt. Ich frage Sie nun ernsthaft: Wann hätte der Einbruch denn bitte schön dann stattfinden sollen?"

Der Richter zum Angeklagten: „Wir überprüfen zunächst Ihre Personalien. Ihr Geburtstag, bitte."
„Der 10. Oktober, Herr Richter."
„Und welches Jahr, bitte?"
„In jedem Jahr, Herr Richter."

„Donnerwetter", entfuhr es dem Inspektor, als er den schlafenden Kollegen sah, „der hat sich aber schnell bei uns eingearbeitet."

Petrus erscheint einem alten Beamten: „Ich habe eine gute und eine schlechte Nachricht. Die gute: Du bist in die himmlische Rechnungsprüfung aufgenommen. Die schlechte: Bürobeginn ist morgen 7.30 Uhr!"

In Amerika kann man sich jetzt gegen Außerirdische versichern lassen: Der Beamte hat nun alle 11 Hände voll zu tun.

Das einzige Problem beim Nichtstun ist, dass man nicht weiß, wann man fertig ist!

Dem Arbeitsstress entgeht man, indem man vermeidet, morgens aufzustehen!

Die kleine Tochter nimmt das Telefon ab und sagt nach genauem Lauschen: „Aha, Sie sind der Chef von meinem Papi. Welcher sind Sie denn? Der Esel, der Dummkopf oder das kleine Schweinchen?"

5.

Wie wird das „Sparpaket" im Finanzamt umgesetzt?
Die Beleuchtung im Büro bekommt einen Bewegungsmelder.

Was tut man, wenn ein Beamter vor der Tür steht?
Man gibt ihm Geld und nimmt die Pizza entgegen!

Der Sachbearbeiter, ein starker Raucher, klagt seit geraumer Zeit über Kopfschmerzen. Er sucht den Arzt auf und der stellt eine klare Diagnose: „Ihr Gehirn ist total verrußt, das muss gereinigt werden. Lassen Sie mal das Gehirn hier, ich reinige es, und in drei Wochen können Sie es wieder abholen."
Der Sachbearbeiter ist einverstanden. Die drei Wochen sind um, der Sachbearbeiter hat sich immer noch nicht blicken lassen. Nach zwei Monaten trifft der Arzt den Sachbearbeiter: „Wollen Sie Ihr Gehirn nicht wieder abholen?" „Nein, das brauch ich jetzt nicht mehr, ich bin Dienststellenleiter geworden!"

„Ist das mein Zug?", fragt der verspätete Fahrgast den Schaffner.
„Nein, der gehört der Deutschen Bundesbahn!"
„Veräppeln kann ich mich auch selber", meckert der Mann, „ich meine natürlich, ob ich diesen Zug nehmen kann."
„Auf keinen Fall, mein Herr. Der Zug bleibt, wo er ist – auf den Schienen!"

Zwei Männer stehen interessiert vor dem Finanzamt.
„Sie, Herr Nachbar, was sind denn das da oben für Statuen auf dem Balkon?“
„Was für Statuen?“
„Na, die da oben auf dem Balkon!“
Der Nachbar antwortet: „Das sind doch keine Statuen, das sind Beamte!“
„Beamte? Das gibt's doch nicht; ich steh doch jetzt schon bald eine Dreiviertelstunde hier, und die haben sich noch nicht einmal bewegt!“
„Ja“, meint der Nachbar, „da müssen Sie bis um fünf Uhr warten, dann bewegen sie sich.“

Sachbearbeiter Balduin meint mit einem tiefer Seufzer zu seinem Arbeitskollegen: „Mensch, Harald, heute haben wir wieder einen Haufen Binnenpost!" – „Was meinst du denn damit?" – „Na, die Briefe fangen alle mit dem Satz an: 'Wenn Sie nicht binnen einer Woche...'!"

Hans im Glück wird in der U-Bahn vom Kartenkontrolleur erwischt: „Bürschchen, jetzt habe ich Sie ja endlich erwischt. Warum haben Sie keinen Fahrausweis?“
„In der heutigen Zeit“, meint Hans im Glück schlagfertig, „muss jeder sparen, wo er kann!“

Bei der Fahrkartenkontrolle: „Mein Herr, Sie haben da ein Ticket bis zum Bahnhof, diese Straßenbahn fährt aber zum Zoo!" Kopfschüttelnd meint der Fahrgast: „So was, verfährt sich Ihr Fahrer denn öfters?"

Auf dem Einwohnermeldeamt.
„Wollen Sie Ihren Ausweis verlängern lassen?“
„Och, eigentlich nicht. Ich finde das Format ganz praktisch.“

Richter zum Angeklagten: „Sie können gegen das Urteil Einspruch erheben oder darauf verzichten!"
„Dann verzichte ich lieber, Herr Richter!"

Postbote Hinrichsen hebt den Deckel des Briefschlitzes und ruft: „Machen Sie sich keine Mühe, Herr Mallersdorf. Ihr Bellen beeindruckt mich gar nicht. Übrigens – heute ist keine Mahnung in der Tagespost!“

„Wissen Sie eigentlich, was es heißt: Bei Promille Hände weg vom Steuer?“, belehrt der Polizist den Autofahrer.
„Sie machen wohl einen Scherz“, meint der Autofahrer, „wenn ich betrunken bin, soll ich auch noch freihändig fahren, oder was?“

Der Staranwalt zum Richter: „Was, vier Jahre? Das soll schon alles sein für ein solches Kapitalverbrechen? Da muss ich aber lachen!“
„Tun Sie sich keinen Zwang an“, meint der Richter, „die Geschworenen könnten eine Aufmunterung vertragen!“

Polizeihauptwachtmeister Schrullig verwarnt den sündigen Autofahrer: „Ich hoffe, dass ich Sie in Zukunft nicht mehr beim Rasen erwische!“ – „Ja, das hoffe ich auch“, meint der Autofahrer.

Olaf wird wegen Beamtenbeleidigung vor den Richter zitiert und von diesem zu einer Geldstrafe zu 200 Mark verdonnert. „Möchten Sie noch etwas dazu sagen“, fragt der Richter. Darauf Olaf: „Mir läge da schon was auf der Zunge, aber das wird mir dann doch zu teuer!“

„Sie bekommen entweder 400 Mark, fünf Tage Strafdienst in einer gemeinnützigen Einrichtung oder zehn Tage Gefängnis“, stellt der Richter dem Angeklagten zur Auswahl. „Wenn Sie mich schon so fragen, Herr Richter, dann nehme ich natürlich das Geld!“

Ein diplomatisches Urteil eines Generalsekretärs über einen Bundestagsabgeordneten: „Ein guter Abgeordneter ist derjenige, der schnell und sicher findet, was andere über einen Vorgang gesagt haben!“

Der zerstreute Universitätsprofessor wird aus der Vorlesung ans Telefon gerufen. Eine Dame wolle ihn ganz dringend sprechen, heißt es. Sagt der Professor: „Gleich, gleich, geben Sie ihr derweil einen Stuhl, sie möchte doch noch einen Moment warten!“

„Herr Ziegel, Sie behaupten also, dass der hier Angeklagte den Streit vom Zaun gebrochen hat?“
„Den Streit nicht, Herr Richter, aber die Latten!“

Die schusselige Sophie fährt mit ihrer klapprigen Ente bei Rot über die Ampel. Ihr Pech, denn nach wenigen Metern wird sie schon von der Polizei eingeholt. Der unfreundliche Polizist verlangt Fahrzeugpapiere und Führerschein, notiert dann Sophies Personalien und meint unwirsch: „Das kostet Sie 80 Mark, gute Frau!“ Sophie gelassen: „In Ordnung, Herr Wachtmeister, der Wagen gehört Ihnen!“

Verkehrskontrolle. Honold wird vom Polizisten aufgefordert, seine Fahrzeugpapiere und seinen Führerschein zu zeigen. Entnervt raunzt er den Polizisten an: „Mensch, was habt ihr bloß für einen Saustall auf dem Revier. Meinen Führerschein hab ich doch schon vorgestern Ihrem Kollegen gegeben!“

Der Hauptkommissar fragt den Aufseher: „Wann haben Sie bemerkt, dass der Besucher in der Münzsammlung ein Dieb war?“
„Na, als er mir beim Hinausgehen einen deutschen Taler in die Hand drücken wollte!“

Auf dem Einwohnermeldeamt.
„Beruf?“
„Tontechniker.“
„Immer diese Fremdwörter: Sagen Sie doch einfach: Töpfer!“

Hauptkommissar Schmitt nimmt Langfinger-Pit ganz schön in die Mangel. Nach zwei Stunden mühseligen Verhörens will er von Pit wissen: „Denken Sie bei Ihren Raubzügen eigentlich gar nicht an Ihre Frau und Ihre drei Kinder?“
Pit mit gesenktem Blick: „Doch schon. Hab aber beim letzten Bruch nichts Passendes finden können!“

Was ist der Unterschied zwischen Robotern und Beamten?
Roboter benehmen sich manchmal richtig menschlich.

Hugo und Karsten sitzen auf der Anklagebank. In der Hoffnung, dass Hugo angesichts der Strafe, die ihn erwartet, über seinen Komplizen plaudert, fragt der Richter: „Na, wie lange kennen Sie Ihren feinen Freund dort drüben schon?"
Meint Hugo: „Den Udo? Och, eigentlich erst seit zwei Wochen. Als wir uns zum ersten Mal getroffen haben und er mir von seinen vielen Vorstrafen erzählte, war er mir auf Anhieb sympathisch!"

Der ländliche Gemeinderat berät sich schon seit zwei Stunden hinter verschlossenen Türen. Eine Verkehrsampel soll errichtet werden.
Der Kämmerer muss noch schnell einen weiteren Ordner aus dem Amt holen und trifft auf dem Flur auf einen anderen Angestellten: „Heute dauert's aber lange!", meint der, worauf der Kämmerer sagt: „Die können sich mal wieder nicht auf die Farbe einigen!"

5.

Der Richter schüttelt den Kopf: „Also, Angeklagter, erklären Sie mir mal, warum Sie sich die Mühe machen, einen gewaltigen Panzerschrank zu knacken, um das ganze Geld, aber nicht den Schmuck zu klauen?"
Meint Ede unwirsch: „Jetzt reden Sie schon genau wie meine Frau!"

Ein Mann im Zugabteil bittet einen anderen Fahrtgast, ihm doch den Koffer für einen Moment abzunehmen. Ereifert sich der Herr: „Erlauben Sie mal, aber ich bin Bundestagsabgeordneter und kein Kofferträger!"
Sagt der Mann: „Auch recht! Ich vertraue Ihnen trotzdem!"

Sagt die Frau eines zerstreuten Professors:
„Deine Zerstreutheit ist ansteckend! Jetzt wollte ich dir heute mal eine Freude machen und dir ein neues Hemd kaufen – stattdessen habe ich mir einen neuen Mantel gekauft!"

„Auf diese Stunde habe ich 20 Jahre gewartet", sagt der Verkehrsrichter zu seinem früheren Lehrer. „Setzen Sie sich da drüben hin und schreiben Sie 100-mal: Ich habe die rote Ampel nicht beachtet!"

Ein Reporter wird von einem Polizisten vehement daran gehindert, den abgesperrten Tatort zu betreten. „Lassen Sie mich näherran", protestiert der Reporter, „ich muss eine Sensationsstory darüber schreiben!" „Bleiben Sie gefälligst hinter der Absperrung", weist der Polizist ihn erneut zurecht, „was passiert ist, können Sie doch morgen in der Zeitung lesen!"

„Aussteigen!", befiehlt der Polizist dem Autofahrer. „Verkehrskontrolle. Führerschein, Fahrzeugpapiere und – haben Sie etwas getrunken?"
Der verdutzte Autofahrer: „Nee, wieso, ist das jetzt Pflicht?"

Die junge Kerstin wird von einem Polizisten angehalten.
„Fräulein, Sie sind gerade mit 120 Sachen die Stunde durch eine geschlossene Ortschaft gebraust. Das wird teuer!"
„Herr Wachtmeister, das kann gar nicht sein – ich bin doch erst seit einer Viertelstunde unterwegs!"

Fragt der Richter den Angeklagten:
„Waren Sie schon mal vorbestraft?"
„Niemals, Herr Richter."
„Ein unbescholtener Bürger also?"
„Nein, ich bin bloß nie erwischt worden!"

Eine polizeiliche Warnung tönt durch den Lautsprecher eines Warenhauses: „Die Polizei warnt eindringlich vor einem entlaufenen, schielenden Sträfling. Schließen Sie Ihre Haustüren, und wenn Sie den Gesuchten vor Ihrem Fenster sehen, alarmieren Sie sofort Ihren Nachbarn!"

Der schielende Richter zum Angeklagten:
„Warum haben Sie das getan?"
Der erste Zeuge antwortet: „Ich hab doch gar nichts gemacht!"
Richter: „Sie hab ich ja gar nicht gemeint!"
Sagt der zweite Zeuge: „Ich hab ja auch gar nichts gesagt!"

Verkehrskontrolle. Kellermann hat's mal wieder erwischt. Er kurbelt das Fenster herunter und lässt die Schimpftirade des Polizisten gelassen über sich ergehen: „Ihr Wagen", meint der Polizist barsch, „ist völlig überladen. Sie kommen am besten mit auf die Wache. Dort können Sie auch gleich Ihren Führerschein abgeben!"
Kellermann erstaunt: „Sie machen aus einer Mücke einen Elefanten, Herr Wachtmeister! Der Führerschein wiegt doch höchstens 30 Gramm!"

Ein aufgeregter Anrufer bei der Polizei: „Herr Wachtmeister, ich stehe gerade am Flughafen, und in meinem Koffer tickt eine Bombe!"
Beruhigt ihn der Polizist: „Kein Grund zur Panik, guter Mann. Solange es tickt, haben Sie gar nichts zu befürchten!"

5.

Ein Polizist stoppt einen sehr rasanten Autofahrer: „Darf ich bitte Ihren Führerschein sehen?", fragt er höflich. – „Wieso Führerschein?", fragt der Autofahrer, „ich denke, den bekommt man erst mit 18!"

Das Vorstrafenregister von Ludwig Langfinger ist nicht von schlechten Eltern. Für den Diebstahl einer Rolex bekam er deshalb vom Richter zwei Jahre aufgebrummt.
„Möchten Sie noch irgendetwas sagen?", fragt ihn der Richter nach dem Urteilsspruch.
„Hm", meint Ludwig und kratzt sich am Kopf, „mich würde eigentlich nur interessieren, woher der Uhrmacher schon gewusst hat, dass man dafür zwei Jahre kriegt. Der hatte so einen Zettel an die Rolex geheftet: 'Garantie zwei Jahre'!"

„Kennst du die Geschichte, in der ein Direktor der obersten Finanzbehörde mit einem Strick in den Wald geht?"
„Nein."
„Ich auch nicht, aber sie fängt ganz gut an!"

In einer Bonner Kantine: „Warum lernt unser Gesundheitsminister denn plötzlich Italienisch?" – „Na, weil er mit seinem Latein am Ende ist!"

Ein Polizist kommt nach Hause.
Seine Frau: „Übrigens: die Lehrerin von unserem Sohn war vorhin bei uns. Er soll auf die Hilfsschule!"
„Warum denn nicht?! Wenn er das Zeug dazu hat..."

Ein Verkehrspolizist sieht einen Betrunkenen, der völlig schräg über die Straße läuft. Er spricht ihn an: „Na, wie gehen wir denn richtig über die Straße?"
Der Betrunkene rechtfertigt sich lallend: „Hmmm, ich denke diagonal!"
„Und warum machen wir das dann nicht auch?!"

Stellt ein Postbeamter fest: „Für das normale Porto ist der Brief fünf Gramm zu schwer!"
Sagt ein anderer: „Kollege, dann warten Sie mal, bis die Spucke unter der Marke trocken ist, dann stimmt's wieder!"

Richter fragt Knacker-Joe: „Wie Sie sind eigentlich in den Hochsicherheitstrakt eingebrochen?"
„Ich bitte vielmals um Entschuldigung", meint der Knacker-Joe, „aber vor der ganzen Konkurrenz, die hier im Saal versammelt ist, möchte ich das eigentlich nicht sagen!"

Die Nachbarn plauschen über den Gartenzaun hinweg:
„Na, wie geht's denn Ihrem Bruder", fragt die eine. „Wenn ich mich recht entsinne, wollte er doch unbedingt in den Staatsdienst. Was macht er genau?"
„Nichts", meint die andere kurz angebunden, „er ist drin!"

Ein Verkehrspolizist sperrt mit einer Handbewegung den Übergang für Passanten. Opa Hitzig kümmert das wenig und er setzt einfach seinen Weg über die Straße fort. Ungeachtet der quietschenden Reifen und dem Gebrüll des Polizisten: „Guter Mann, Sie haben Nerven, einfach so über die Straße zu gehen. Wissen Sie eigentlich nicht, was es bedeutet, wenn ich meine Hand hebe?"
„Doch, doch, Herr Wachtmeister", meint Opa Hitzig, „schließlich war ich über vier Jahrzehnte Lehrer!"

„Sie machen den Eindruck eines recht intelligenten Menschen, Herr Zeuge."
„Danke, Herr Richter. Da ich unter Eid stehe, kann ich das Kompliment leider nicht erwidern."

Richter: „Angeklagter, erzählen Sie uns mal, wie Sie den gut gesicherten Tresor knacken konnten."
Einbrecher: „Unmöglich, Herr Richter! Auf der Zuschauerbank sitzt meine ganze Konkurrenz."

Ein betrunkener Autofahrer wird von der Polizei angehalten.
Der Polizist fragt: „Wie heißen Sie?"
„Cherowiszkykowisky"
„Und wie schreiben Sie sich?"
„S-i-c-h."

„Wissen Sie, warum Minister so ungern mit dem Zug fahren?"
„Nein."
„Weil die Stationsvorsteher immer rufen: Bitte zurücktreten!"

Polizeihauptmann Göbel stoppt einen offensichtlich stark angetrunkenen Autofahrer:
„Mein Herr, Sie sind Schlangenlinien gefahren. Stellen Sie sich freiwillig einem Alkoholtest?" – „Aber sicher, Herr Wachtmeister, in welcher Kneipe fangen wir an?"

Herr Schliermann fährt in falscher Richtung durch die Einbahnstraße. Ein Polizist hält ihn an: „Sind Sie verrückt geworden? Haben Sie die Pfeile nicht gesehen?"
Herr Schliermann erschrocken: „Um Himmels willen, gibt es hier Indianer?"

Richter zum Landstreicher: „Der Kläger behauptet, Sie hätten ihn auf offener Straße überfallen." – „Moment, ich habe ihn lediglich um ein Darlehen gebeten." – „Mit vorgehaltener Pistole?" – „Die wollte ich ihm als Sicherheit anbieten!"

Zwei Politiker unterhalten sich: „Es gibt nur eine Art, auf ehrliche Weise das große Geld zu verdienen.“ – „Ach, und welche soll das sein?“ – „Wusste ich es doch, dass Sie die nicht kennen!“

Richter: „Warum haben Sie den Kläger auf offener Straße verprügelt?" Angeklagter: „Meine Verhältnisse erlauben mir nicht, dafür auch noch eine Sporthalle zu mieten!“

„Was hat Sie veranlasst, den Angeklagten freizusprechen?“, nimmt der Richter die Geschworenen ins Gebet. „Schwachsinn, Euer Ehren!“, antwortete ihr Sprecher. Der Richter entsetzt: „Was, Sie alle acht?“

Der Polizist: „Haben Sie das Schild mit der Geschwindigkeitsbegrenzung nicht gesehen?"
„Nein – bei dem Tempo!?"

„Angeklagter, warum haben Sie das Auto gestohlen?“
„Ich musste ganz schnell zur Arbeit, Herr Richter.“
„Da hätten Sie doch ebenso gut einen Bus nehmen können.“
„Tut mir Leid, für Busse habe ich keinen Führerschein!“

Richter zum Zeugen: „Wie weit waren Sie von der Unfallstelle entfernt?" – „15,3 Meter." – „Wieso können Sie das so exakt angeben?" – „Ich habe sofort nachgemessen, weil ich dachte, irgend so ein Idiot wird mich sicher danach fragen!"

Wer waren die ersten drei Politiker? – Die Heiligen Drei Könige!
Sie legten die Arbeit nieder, zogen schöne Gewänder an und gingen auf Reisen.

Der Verkehrspolizist stoppt Helmut Wächter an der Ortsausfahrt: „Haben Sie einen Führerschein?"
„Selbstverständlich", antwortet Wächter: „Wollen Sie ihn sehen?"
Winkt der Polizist ab: „Nein, danke, nicht nötig. Nur wenn Sie keinen gehabt hätten, dann hätten Sie ihn mir zeigen müssen!"

Ein Politiker, der eine Dienstreise per Flug antreten muss, erkundigt sich bei einem Mathematiker, wie hoch die Wahrscheinlichkeit sei, dass eine Bombe im Flugzeug ist. Der Mathematiker grübelt eine Woche lang und kommt zu dem Ergebnis: „Die Wahrscheinlichkeit ist ein Zehntausendstel!“
Dem Politiker ist das noch zu hoch, und er fragt den Mathematiker, ob es nicht eine Methode gäbe, die Wahrscheinlichkeit zu senken. Der Mathematiker geht wieder für eine Woche in Klausur und hat dann die Lösung: „Nehmen Sie selbst eine Bombe mit! Die Wahrscheinlichkeit, dass zwei Bomben an Bord sind, ist dann das Produkt (1:10.000) (1:10.000) = Eins zu hundert Millionen. Damit können Sie beruhigt fliegen!“

5.

Früher waren die Uniformen bei der Polizei Orange und weiß. Orange für die Oberen und weiß für die Unteren. Und für jede dumme Antwort hat es dann einen kleinen grünen Punkt gegeben.

Ein Polizist stoppt einen rasanten Autofahrer: „Sie haben wohl einen Bleifuß? Sie sind mit überhöhter Geschwindigkeit durch die Ortschaft gefahren.“
„Unmöglich“, meint der Verkehrssünder, „ich hatte höchstens 50 drauf. Moment, vielleicht waren es auch 40 oder 35. Ach was, viel weniger. Wenn ich es genau überlege… “
„Ist ja schon gut. Bemühen Sie sich nicht weiter“, meint der Polizist, „geben Sie bei einem Strafzettel wegen Falschparken endlich Ruhe?“

Der Richter ermahnt die Dame im Zeugenstand:
„Sie wissen schon, was Sie für eine Falschaussage bekommen?“
„Ja, Herr Richter, 15.000 Mark und ein Cabrio!“

„Angeklagter, warum haben Sie parkende Autos aufgebrochen?“
„Für fahrende Autos war ich leider nicht schnell genug!“

„Angeklagter, warum in aller Welt haben Sie gerade in die Seifenabteilung des Warenhauses eingebrochen?“
„Herr Richter, mir ging es wirklich dreckig!“

Kapitel

6.

Keiner weiß, was er kann, aber wir nennen ihn Chef

Was unterscheidet Ihren Chef von einem Blinddarm?
Nichts. Beide sind überflüssig und ständig gereizt.

„Nun, Herr Meier", sagt der Personalchef, „nachdem wir nun die Personalien und Ihr künftiges Arbeitsprofil besprochen haben, sagen Sie mir doch mal, wie hoch Sie sich Ihr Gehalt vorstellen. Dann lachen wir beide herzlich darüber, und ich sage Ihnen meinen Vorschlag!"

Der Kfz-Meister zu seinem Lehrling: „Also, Josef, heute üben wir mal das Kopfschütteln beim Öffnen der Motorhaube!"

„Kommen Sie mir bloß nicht wegen Urlaub! Haben Sie denn gar keine Ehre im Leib? Wissen Sie überhaupt, wie wenig Sie arbeiten? Ich rechne es Ihnen mal vor:
Das durchschnittliche Jahr hat bekanntlich 365 Tage.
Davon schlafen Sie täglich etwa acht Stunden, das sind 122 Tage – bleiben noch 243 Tage.
Täglich haben Sie acht Stunden frei, das sind ebenfalls 122 Tage – also noch 121.
Sonntags wird nicht gearbeitet, 52 mal im Jahr.
Was bleibt übrig! 69 Tage. Sie rechnen doch noch mit?
Samstagnachmittag wird auch nicht gearbeitet, das sind nochmals 52 halbe oder 26 ganze Tage.
Es bleiben noch 43 Tage. Aber weiter...
Sie haben täglich zwei Stunden Pause, also insgesamt 30 Tage.
Was bleibt in der Rechnung? Nur ein Rest von 13 Tagen!
Das Jahr hat zwölf Feiertage – und da bleibt...?!
Sage und schreibe ein Tag!
Und das ist der 1. Mai – an dem wird auch nichts getan!
Und da wollen Sie noch Urlaub?
Herzlichst Ihre Chefetage."

Schwertfeger beschwert sich bei seinem Chef: „Chef, finden Sie nicht, dass mein Gehalt in keinem Verhältnis zu meinen Fähigkeiten steht?"
„Sie haben völlig Recht, Schwertfeger, aber wir können Sie doch nicht verhungern lassen, oder?"

Der Chef lobt seine neue Bürokraft: „Ihre Briefe werden ja von Tag zu Tag besser. Bald ist es so weit, und wir können einmal einen wegschicken!"

„Du hast den Beruf verfehlt: Du hättest Elektroinstallateur werden sollen. Die lange Leitung hast du ja schon!"
„Und du hättest Baustatiker werden sollen: Dir ist doch nie etwas eingefallen!"

Welcher Handwerker wird am meisten geehrt?
Der Friseur. Vor ihm nehmen alle den Hut ab.

„Erklären Sie mir mal bitte, warum dieser Herr hier auf der Baustelle mit Zylinder arbeitet?" – „Ach, der? Das ist der Bürgermeister. Er hat hier den Grundstein gelegt und als er hörte, wie viel ein Maurer verdient, ist er gleich hier geblieben!"

6.

Der Chef zu seiner neuen Sekretärin: „Haben Sie heute Abend Zeit?"
Sie errötet: „Aber Herr Malewski – ja!"
„Gut, dann werfen Sie zu Hause doch mal einen Blick in dieses Buch. Es heißt DUDEN!"

'Verkaufskanone' Schubert über seinen jüngsten 'Coup': „Also, neulich, da habe ich einem Bauern eine große Melkmaschine verkauft. Der Bauer hat nur eine Kuh, und die habe ich als Anzahlung mitgenommen!"

Bauleiter zu seinem Arbeiter:
„Ich beobachte Sie schon eine ganze Weile. Von all meinen Arbeitern sind Sie am meisten auf den Beinen!"
„Wie meinen Sie denn das, Chef?"
„Sie machen stets den größten Bogen um die Arbeit!"

Der Kunde empört zum Elektriker: „Sie sind wohl noch nicht allzu lange Handwerker, Sie werden noch rot, wenn Sie die Rechnung ausstellen!"

Maurer Haberkorn sitzt schon wieder bei seinem Arbeitsberater: „Herr Haberkorn, Sie machen mir es wirklich nicht leicht. An vier Baustellen habe ich Sie nun in den letzten zwei Monaten vermittelt, aber bei keiner haben Sie jemals vorgesprochen. Können Sie mir das mal erklären?"
„Ich wollte schon, aber da standen immer diese Schilder mit der Aufschrift BETRETEN DER BAUSTELLE VERBOTEN!"

„Ich kündige fristlos", meint der langjährige Mitarbeiter in einem kleinen Familienbetrieb.
Sein Chef ist fassungslos: „Aber wir haben Sie doch immer so behandelt, als ob Sie zur Familie gehören würden."
Der Angestellte: „Tja, Chef, und das habe ich mir nun lange genug gefallen lassen!"

Lübke bei einem Gebrauchtwagenhändler: „Ich hätte gern einen Wagen für meine Frau."
Der Autohändler energisch: „Tut mir Leid, mein Herr! Aber Tauschgeschäfte mache ich nicht!"

Sagt der Gehilfe im Friseursalon zu einer Kundin: „Der Chef ist gleich fertig, gnä' Frau. Er macht nur noch das Kind fertig, und dann sind Sie dran!"

Die letzten Worte eines 'Do-it-yourself'-Mechanikers: „So, das hält!"

Was der Automechaniker noch wusste:
Abgase haben auch etwas Gutes! Einbrecher arbeiten nämlich nur, wenn die Luft rein ist.

„30 Mark Bußgeld fürs Falschparken", grinst die Politesse den Metzgermeister an, „oder darf's auch etwas mehr sein?"

Beim Friseur: „Möchten Sie das Haar im Nacken behalten?"
„Ja, unbedingt."
„Gut, dann packe ich es Ihnen ein."

„Chef, ich möchte Sie um eine Lohnerhöhung bitten. Mit dem Gehalt, das ich momentan von Ihnen bekomme, kann ich wirklich keine großen Sprünge machen!"
„Das müssen Sie ja auch nicht. Ich habe Sie schließlich als Kurier und nicht als Känguru eingestellt!"

Fragt Fließbandarbeiter Tünnes seinen Kollegen:
„Warum kommt denn der Helmut heute nicht zur Arbeit?"
Kollege: „Der ist gestern eine Leiter runtergestiegen, die vorher jemand anders weggenommen hat."

„Also, um den gleichen Preis kann ich beim Konditor drei Straßen weiter zwei Stück Torte haben", nörgelt die alte Dame, das Kuchenpäckchen in der Hand.
„Das können Sie von uns auch haben", erwidert der Konditor. „Schneiden Sie Ihr Stück daheim doch einfach in der Mitte durch!"

6.

Ein Lehrling stellt sich im Betrieb vor: „Wie heißen Sie?"
„Herr Feierabend."
„Da kann ich Sie leider nicht einstellen. Wenn ich Sie rufe, gehen mir ja alle Leute nach Hause."

Der Elektriker soll bei Schmidthubers einen Schaden beheben. Als er auf die Klingel an der Haustür drückt, streckt ihn ein Stromschlag nieder. Darauf öffnet Frau Schmidthuber die Tür und meint: „Sie sind aber fix, nicht einmal fünf Minuten hier und schon haben Sie den Schaden entdeckt!"

Ein Schreinerlehrling bewirbt sich bei einem Meister und fragt schließlich: „Wie hoch ist mein Monatslohn?"
Darauf der Meister: „200 DM und später mehr."
Der Lehrling erwidert: „Dann komm ich später wieder."

In der Metzgerei fragt der Meister: „Na, Fräulein, was haben Sie denn auf dem Herzen?"
„Zwei Pfund Kalbsbrust."

Mit seiner Bitte um eine Gehaltserhöhung stößt der Automechaniker bei seinem Chef auf taube Ohren. „Also schön", meint er schließlich, „wenn Sie mir keine Gehaltserhöhung geben wollen, erzähle ich allen in der Werkstatt, ich hätte eine bekommen!"

Treffen sich zwei frühere Schulkameraden auf der Straße.
„Hallo, Herbert, wie geht's, was machst du denn jetzt so?"
„Ich bin Automechaniker."
„Und wie geht es dir sonst so?"
„Rostfrei!"
„Wie meinst du das?"
„Na, mir geht's glänzend!"

Metzgermeister und Geselle beim Wurstmachen. Der Geselle: „Chef, wenn das rauskommt, was da reinkommt, kommen Sie irgendwo rein, wo Sie nie wieder rauskommen."

Der Polier raunzt Tünnes an: „He du, bei der Arbeit wird nicht geraucht!"
Schreit Tünnes zurück: „Haben Sie mich vielleicht arbeiten sehen?"

„Bin ich hier richtig?", fragte der Klempner, „in dieser Wohnung soll ein Rohrbruch sein?"
„Bei uns ist alles in Ordnung!", antwortete die Hausfrau.
„Merkwürdig! Wohnen denn hier nicht Schmidbauers?"
„Schmidbauers? Die sind doch schon vor einem halben Jahr umgezogen!"
„Das ist ja wieder mal typisch! Erst bestellen sie die Handwerker, und dann ziehen sie Hals über Kopf aus!"

„Pass auf", sagt der Meister zu seinem Lehrling, „jetzt machen wir Konkurs, damit du das auch mal lernst!"

„Herr Bäcker, die Semmeln sind ja von gestern! Ich will welche von heute haben!" – „In Ordnung. Da müssen Sie morgen wiederkommen."

Drei Zimmermänner arbeiten hoch oben am Turm einer Pfarrkirche. Plötzlich rutscht der eine aus, strauchelt und fällt in die Tiefe. „Brauchst nicht mehr heraufkommen", ruft ihm der zweite nach. „Es ist gleich fünf Uhr!"
Der dritte schüttelt den Kopf. „Wozu machst du dir eigentlich die Mühe, ihm das nachzurufen?" meint er. „Er fällt doch sowieso an der Turmuhr vorbei!"

„Jetzt sind deine Lehrjahre beendet", sagt der Schreinermeister mit hoch offiziellem Ton. „Ab sofort sage ich nicht mehr du, sondern Sie zu dir. Und ab sofort brauchst du auch nicht mehr die Brotzeit zu holen – ab sofort holen nämlich Sie die Brotzeit!"

Abends beim Stammtisch muss der Bäckermeister immer wieder hören, dass seine Brötchen ständig kleiner würden. Als ein Stammtischfreund es wieder mal ganz übel mit ihm treibt, schmunzelt der Meister und sagt ganz sanft: „Weißt du, dass meine Brötchen immer kleiner werden, stimmt wirklich nicht. Das siehst du ganz verkehrt. Es ist nämlich in Wirklichkeit so, dass du deinen Mund jeden Tag weiter aufreißt!"

6.

„Endlich mal was Erfreuliches in der Zeitung", sagt der Elektroinstallateur und packt sein Schinkenbrot aus.

„Sind in der Weißwurst auch ganz bestimmt keine Salmonellen?", fragt ein penibler Kunde.
„Wie kommen Sie denn darauf?", entgegnet der Metzger. „Schauen Sie her: Die Weißwurst ist doch an jedem Ende fest zugebunden!"

Mit Feuereifer wird an einem Kamin gebaut, gewerkelt und gemauert. Stolze 30 Meter soll er später messen. Da kommt plötzlich ein völlig aufgelöster Polier gelaufen. Schon weitem hört man ihn brüllen: „Halt, stop, aufhören!" Als er an der Baustelle angelangt ist, erklärt er: „Männer, das ist der totale Nonsens. Ich hab den Plan verkehrt herum gelesen. Das soll eigentlich ein 30 Meter tiefer Schacht werden!"

Ein Malermeister erhält den Auftrag, das Zifferblatt an der Uhr des Glockenturmes aufzufrischen. Er schickt dafür seinen besten Gesellen. Der aber kehrt am Abend misslaunig in die Werkstatt zurück. „So ein Krampf. Erst die Hälfte konnte ich heute streichen. Kaum hat man ein paar Striche gemacht, schlägt einem schon wieder der Zeiger den Pinsel aus der Hand!"

Stehen drei Schlosser vor der Himmelstür: Ein Pole, ein Italiener und ein Deutscher. Kommt Petrus hinzu: „Na, Freunde, ich würde mir ganz gerne ein neues Portal machen lassen. Könnt ihr mir dazu ein paar Angebote machen?"
„Na ja", sagt der Pole und wirft einen Blick auf das große Tor, „mit 600 DM bist du dabei!"
Petrus fragt: „600 DM? Wie kommst du auf den Preis?"
Der Pole antwortet: „Tja, ganz einfach: 200 für mich, 200 für die Steuer und 200 fürs Material."
Der Italiener sagt: „Also, ich würd's für 900 DM machen."
Petrus fragt: „900? Wie kommst du denn darauf?"
„Na ja, 300 für mich, 300 für die Steuer und 300 fürs Material."
Schließlich sagt der Deutsche: „Tja, Petrus, 3.000 und ich mache es!"
Petrus fragt sichtlich entsetzt: „3.000? Wie willst du denn um Gottes willen diesen hohen Preis rechtfertigen?"
Da winkt ihn der Deutsche zu sich her: „Pssst, Petrus, komm mal her..." Petrus tritt heran, und der Deutsche flüstert: „Ganz einfach: 1.000 für mich, 1.000 für dich, 400 für den Italiener, dass er die Klappe hält und 600 für den Polen, dass er's macht!"

Ein Kunde kommt zum Friseur. „Wie hätten Sie gerne das Haar geschnitten?"
„Schweigend."

Ein Metzger neckt einen Bäcker: „Pass auf, dass dir die Fliegen deine Brezeln nicht stehlen!"
„Ich an deiner Stelle würde still sein", erwidert der Bäcker, „seinerzeit bei der Überschwemmung in deinem Laden sind dir doch die Bratwürste durchs Schlüsselloch davongeschwommen!"

Der Schreinermeister zu Widemann: „Aufgrund Ihrer Einsatzfreude, Herr Widemann, habe ich mich entschlossen, Ihnen einen Posten bei der Konkurrenz zu beschaffen!"

Zwei Handwerksmeister wetten, welcher ihrer Lehrlinge mehr essen kann.
„Meiner", prahlt der eine, „der isst 40 Paar Würste auf einmal!"
Der andere fordert den Beweis, und dem Lehrling wird ein Würsteberg vorgesetzt.
Doch schon nach dem vierten Paar streicht der Lehrling die Segel.
„Komisch", brummelt der Meister vor sich hin, „vorhin bei der Probe hat es doch so gut geklappt!"

„Ostsee, Österreich, Rom!", schüttelt der Finanzbeamte dem Kopf, „Ihre Betriebsausflüge sind auch nicht von Pappe!" – „Versteht sich von selbst", meint der Firmenchef, „bei nur einem Mitarbeiter!"

6.

Meier bringt sein Auto, das schon große Ähnlichkeit mit einem Schrotthaufen hat, in die Werkstatt. Der Meister höchstpersönlich rutscht unter das Auto, hämmert ein bisschen hier und ein wenig dort, und als er schließlich wieder zum Vorschein kommt, sagt er: „Also mal ehrlich. Wenn's ein Gaul wäre, würde ich sagen: Geben Sie ihm den Gnadenschuss!"

Friseurmeister zu einem jungen Mann, der sich als Lehrling beworben hat: „Es tut mir Leid, aber für unseren Betrieb sind Sie nicht der richtige Mann. Aber derjenige, der Ihnen diese Frisur gemacht hat, würde uns interessieren!"

Weisheiten à la Automechaniker.
Frage: „Was ist ein Fußgänger?"
Antwort: „Ein Autofahrer, dessen Wagen gerade in der Werkstatt ist!"

„Was glaubst du, welcher Reifen dreht sich in der Rechtskurve am wenigsten?", fragt der Kfz-Meister seinen neuen Zögling Hannes. Der ist nicht auf den Mund gefallen und meint: „Der Reservereifen!"

„Boss, heute müssen Sie auf mich verzichten", sagt der Azubi am Telefon. „Mich hat's erwischt!"
„Polizei? – Zahnschmerzen? "
„Nö, Schüttelfrost."
„Stift, das passt ja wie geschmiert!", ruft der Meister ins Telefon. „Komm nur gleich rüber. Da kannste Sand sieben!"

Heidrun Mareike beim Metzger: „Ich habe gehört, Sie haben Nachwuchs bekommen. Was ist es denn? Ein Sohn?"
„Ja", nickt der Metzger stolz.
„Wie viel wiegt er denn?"
„Sieben Pfund mit Knochen!"

Hannos Wagen ist zwar nicht mehr der jüngste, dennoch wünscht sich der Student seit langem ein High-Tech-Autoradio. Er kratzt seine Ersparnisse zusammen und geht in ein Fachgeschäft. Im Geschäft trägt er seinen Wunsch vor. „Mit Lang-, Mittel- und Ultrakurzwelle?", fragt ihn der eifrige Händler.
Hanno, der von technischen Dingen keinen blassen Schimmer hat, sagt: „Ich habe einen Kleinwagen, da geht nur Kurzwelle rein!"

„Warum erzählen Sie Ihren Kunden beim Haarschneiden eigentlich immer so grausige Geschichten?", fragt jemand seinen Friseur.
„Ganz einfach", antwortet der, „dann stehen den Leuten die Haare zu Berge, und ich kann sie ihnen viel besser schneiden!"

Der Baustellenleiter zu seinen Arbeitern: „Männer, seht ihr die Fliege dort auf dem Gerüst?"
„Welche Fliege?"
„Alles klar, Leute. Feierabend für heute wegen schlechter Sicht!"

Maurer Hannes und Mangold auf dem Bau. Auf einmal nimmt Hannes seine Kelle und schlägt wie wild auf eine Schnecke ein.
„Hey", ruft Mangold, „was machst du denn da? Das Tierchen hat dir doch gar nichts getan!" – „Nichts getan? Die verfolgt mich doch schon den ganzen Tag!"

Sagt ein Bauunternehmer: „Leute, ich habe eine gute und eine schlechte Nachricht für euch. Zuerst die schlechte: Ihr müsst 8.000 Sandsäcke per Hand abfüllen. Doch nun die gute: Sand ist genug da!“

In einer Elektronikwerkstatt:
CD-Player zur Reparatur, Fehlerangabe: „Spielt keine B-Seiten."
Fernseher zur Reparatur, Fehlerangabe: „Pfeift und kein Ton."
Mikrowelle zur Reparatur, Fehlerangabe: „Essen schmeckt nicht."

„Guten Tag, ich möchte meinen Verstärker zur Reparatur geben.“
„Ja, was hat er denn?“
„150 Watt!“
„Nein, ich meine, was ihm fehlt!“
„Noch ein CD-Eingang!“
„Nein, nein, was der Defekt ist, will ich wissen!“
„Na, das sollen Sie doch herausfinden!“
„Oh Gott, ich meine, warum bringen Sie ihn hierher zu uns in die Werkstatt?“
„Na, weil er kaputt ist!“

Älterer Herr bei der Reparaturannahme:
„Ich habe hier einen kaputten Plattenspieler zur Reparatur. Lohnt sich das noch?"
„Na, ich weiß nicht. Wie alt sind Sie denn?"

Zwei Tischler tragen einen Tisch zu einem Kunden.
Plötzlich stolpert der eine. „Was machst du denn da?“, fragt der andere.
„Ich bin auf einer Schnecke ausgerutscht.“
„Hast du die denn nicht gesehen ?“
„Nein, die kam doch von hinten.“

Der Schreinermeister zu seinem Lehrling: „Heute will ich mir mal etwas Gutes tun und Geschäft und Vergnügen miteinander verbinden, Schmidt, Sie sind entlassen!"

Chef zum Lehrling: „Ich bin kein Mann von vielen Worten. Wenn ich mit dem Finger winke, kommst du."
Lehrling zum Chef: „Das passt mir gut, auch ich mag überflüssige Worte nicht. Wenn ich mit dem Kopf schüttle, komme ich nicht."

„In unserer ganzen Familie macht zur Zeit jeder einen Kurs", meint der Malermeister. „Unser Sohn macht einen Tenniskurs, die Tochter einen Tanzkurs, meine Frau einen Bastelkurs und ich ... ich mache einen Konkurs!"

Ein KFZ-Mechaniker steht vor der Himmelspforte. Petrus öffnet ihm die Tür.
„Petrus, warum bin ich denn schon hier, ich bin doch erst 40!"
Petrus schaut in seine Unterlagen: „Nach den Stunden, die du deinen Kunden berechnet hast, müsstest du aber schon 94 sein!"

Bei Petrus abgewiesen, wird der ehemalige Chef eines großen Stahlwerkes in die Hölle geschickt. Nach einigen Wochen beschwert sich der Teufel bei Petrus: „Den nimmst du sofort wieder zurück! In den letzten Wochen hat der schon fünf Öfen stillgelegt und der Rest der Mannschaft macht Kurzarbeit."

Eine Studentin fährt mit ihrer uralten Ente in die Autowerkstatt.
„Einmal Ölwechsel, bitte", sagt die Studentin.
Darauf der Mechaniker: „Einmal Autowechsel, danke!"

Baustellenleiter ärgerlich zum Stift: „Sie kommen schon wieder zu spät. Wissen Sie denn nicht, wann die Arbeit beginnt?" – Der Stift antwortet mit einem Schulterzucken: „Keine Ahnung – wenn ich komme, arbeiten die anderen immer schon!"

Verängstigt blickt die junge, blonde Frau den kräftigen, stiernackigen Mann an, der drohend vor ihr aufragt. „Haben Sie denn gar kein Herz?", fragt sie flehend.
„Nein!", lautet die erbarmungslose Antwort.
„Na gut, dann nehm ich eben 500 Gramm von der Kalbsleber da."

Marreis stürmt ins Uhrengeschäft. „Sie Schwindler. Diesen Wecker habe ich vor drei Wochen bei Ihnen gekauft – auf Ihr Wort hin, der halte bis an mein Lebensende. Und was ist jetzt – kaputt!"
„Werter Herr Marreis, sind Sie doch froh", meint der Uhrmacher, „wenn Sie wüssten, wie schlecht Sie vor drei Wochen ausgesehen haben!"

„Ich möchte den Meister sprechen."
„Geht leider nicht, er ist nicht da!"
„Ich habe ihn doch durchs Fenster gesehen!"
„Er Sie auch."

Der Fortschritt macht auch vor dem Handwerk nicht halt. Voller Stolz erzählt der Friseur seinem Kollegen: „Ich habe jetzt eine computergesteuerte Haarschneidemaschine. Da steckt der Kunde seinen Kopf rein, dann kommen die rotierenden Messer – und fertig."
„Aber jeder Kunde hat doch eine andere Kopfform", entgegnet der Kollege.
„Vorher – nur vorher."

Nach getaner Arbeit wendet sich der Monteur an die Dame des Hauses: „Geschafft. Jetzt können Sie Ihre Wäsche wieder schleudern." „Wäsche schleudern?", entgegnet die Hausfrau entsetzt. „Sie haben doch gerade unsern Fernseher repariert."

Der Bäckerlehrling wird beauftragt, auf die Torte „Happy birthday" zu schreiben. „Aber bitte so sauber wie möglich", mahnt der Meister. Zehn Minuten später. „Bist du endlich fertig?", ruft der Meister nach hinten.
„Nein", brüllt der Azubi zurück. „Ich krieg das Ding einfach nicht in die Schreibmaschine."

Arbeiter Erwin hatte einen Betriebsunfall. Als die Nase mehr und mehr anschwillt, schickt ihn sein Chef zum Arzt. Der betrachtet die fürchterlich zugerichtete Nase und fragt: „Haben Sie schon feuchte Umschläge über Ihre Nase gemacht?" – „Nein, nur dämliche Witze", antwortet Erwin.

Daniel Hürlimann macht eine Lehre in der Gärtnerei. Nach einigen Monaten erkundigt sich der Vater nach den Fortschritten.
„Er ist halt ein bisserl langsam", meint der Meister. „Aber jetzt haben wir die richtige Aufgabe für ihn gefunden."
„Wie schön", freut sich der stolze Vater. „Was macht er denn?"
„Er jagt die Schnecken vom Kopfsalat."

Schon mehrmals hat der Friseurlehrling den Kunden jetzt geschnitten. Dieser blieb bisher gelassen, doch plötzlich zieht er ein Messer aus der Hosentasche.
„Was soll denn das?", will der Nachwuchsfriseur wissen. „Wollen Sie sich jetzt selbst rasieren?"
„Nein", brummt der Kunde, „nur verteidigen."

An der Haustür von Fritsches läutet es. Der Fernsehtechniker ist da. „Haben Sie bei uns angerufen?", fragt er den Rentner.
„Ganz richtig, aber die Sache hat sich in der Zwischenzeit schon erledigt", erklärt Opa Fritsche betreten. „Meine Frau und ich hatten nur die Brillen vertauscht!"

Szene im Frisiersalon. Eine riesige Dogge setzt sich direkt neben den Stuhl, auf dem soeben ein Kunde Platz genommen hat. Der Kunde sieht sie fragend an und wendet sich dann an den jugendlichen Coiffeur: „Was macht der Hund denn da? Beißt der?"
„Ne, ne, keine Sorge. Der sitzt nur da, weil manchmal ein Ohr für ihn abfällt."

Vor der Fassade einer romanischen Kirche steht gedankenverloren ein Tourist, mustert alle Fresken und Skulpturen und kommt offensichtlich zu keinem rechten Ergebnis. Schließlich wendet er sich an einen Einheimischen und fragt: „Sagen Sie mal, ich kann da drüben die Figur des Heiligen Johannes erkennen, dort ist die Maria und das da drüben ist zweifellos der ehemalige Stiftsherr. Aber die beiden da drüben links – die kann ich einfach nicht zuordnen."
„Warten Sie bis zur Mittagspause um zwölf", rät ihm der Einheimische. „Wenn sie sich dann bewegen, sind's die Maurer."

Nach getaner Arbeit hält der Friseur dem Kunden den Spiegel an den Hinterkopf: „So recht, mein Herr?"
„Ein bisschen länger, bitte."

„Warum stehen eigentlich so viele Leute vor unserem Schaufenster und lachen?", fragt der Tischlermeister den Lehrling.
„Ich weiß nicht, Meister. Aber sie stehen da, seit wir das neue Werbeschild rausgehängt haben."
„Was steht denn da jetzt drauf?"
„Wie Sie's gesagt haben: Betten für Kinder, die in Ihrem Beisein angefertigt werden."

Der Kunde beschwert sich beim Tabakhändler über die miserable Qualität der verkauften Zigarren. „Was wollen Sie denn?", rechtfertigt sich der Geschäftsmann. „Sie haben fünf gekauft und ich hab 500 davon."

6.

Nach erbittertem Feilschen und einem harten Kampf bietet der Händler dem Schwaben die Waschmaschine zum halben Katalogpreis. „Na gut", sagt Herr Häberle, „und was genau kostet der Katalog?"

Empört kommt der Mann zum Apotheker. „Hören Sie mal, Sie haben meiner Frau statt des verlangten Penicillins Strychnin eingepackt. Um ein Haar..."
„Nun regen Sie sich doch nicht so künstlich auf", antwortet der Apotheker. „Diesen lächerlichen Preisunterschied hätten Sie doch auch bei Ihrem nächsten Besuch nachzahlen können."

Ein vorsichtiger Unternehmer verlangt bei der Bank Auskunft über einen neuen Geschäftspartner. Antwort der Bank: „Herr X steht seit 20 Jahren mit unserer Bank in geschäftlichen Verbindungen. Sonst ist uns über ihn nichts Negatives bekannt."

Der Sprössling eines Elektrikers sieht eines Nachts, wie eine Sternschnuppe vom Himmel fällt. Ruft er ganz entzückt: „Du, Papi, jetzt hat's im Himmel einen Kurzschluss gegeben!"

Der Arzt sitzt am Bett des fieberkranken Börsenbrokers. „40 Grad Fieber hat Ihr Gatte jetzt", sagt er besorgt, „und es scheint weiter zu steigen. Außerdem ist er wohl schon im Delirium. Was murmelt er da ununterbrochen?"
„Bei 41 verkaufen", wispert die Ehefrau zurück.

Der Bäckermeister Karl muss diesmal bei einer anderen Firma bestellen, weil sein bisheriger Handelsvertreter ihn auf seiner Tour vergessen hat. Kaum ist sein alter Geschäftspartner wieder da, beschwert er sich bitterlich über den Neuen.
„Waren die Waren, die der geliefert hat, denn schlecht?"
„Aber nein."
„Oder hat er dir zu viel oder zu wenig geschickt?"
„Nein, nein – das auch nicht."
„Was war denn dann los?"
„Der hat mir einen Rabatt auf die Rechnung geschrieben. Und dabei hab ich sowas doch gar nicht bestellt."

Nach stundenlangen, zähen Verhandlungen unterschreibt der Schreinermeister endlich eine Feuerversicherung. Zehnmal hat er dabei den Vertreter gefragt, ob denn die Versicherung auch wirklich zahlt, wenn sei Betrieb abbrennen sollte – zehnmal hat ihm der Vertreter dies versichert. Anschließend sitzt man im Wohnzimmer des Schreiners noch gemütlich bei einem Glas Bier zusammen und der Vertreter klopft dem Schreiner freundschaftlich auf die Schulter: „Aber nicht anzünden, gelt."
Die Miene des Handwerkers verdüstert sich: „Ich hab doch gewusst, dass da ein Haken dran ist."

Schreinergeselle Ludwig beschwert sich bitterlich über seinen Kollegen Heinrich: „Mit dem Geizhals gehe ich nie wieder in die Mittagspause an die Würstchenbude. Hat der doch tatsächlich kein Geld dabei!"
„Warum, wollte er dich anpumpen?"
„Nein. Aber als ich ihn bat, mir etwas Knete zu leihen, hatte er wieder mal keine!"

Schornsteinfeger unter sich:
„Sag mal, du siehst aber heute blass aus. Bist du krank?“
„Nein, nur sauber.“

Bei Försters klingelt es an der Wohnungstür. Über die Sprechanlage meldet sich ein Elektriker:
„Sind Sie die Frau Förster, bei der die Herdkabel durchgeschmort sind?"
„Mensch, Sie haben aber eine lange Leitung!", tönt es aus der Sprechanlage, „ich hab doch schon vor zwei Wochen angerufen!"
„Vor zwei Wochen?", fragt der Elektriker erstaunt. „Gnä' Frau, dann bin ich hier leider falsch. Die Försters, die ich meine, haben schon vor vier Wochen angerufen!"

Der Dienststellenleiter Schreibals zu seinem Angestellten:
„Werter Mitarbeiter Hinzpeter, wundern Sie sich eigentlich nicht, warum ich Ihre Lohntüte immer in Geschenkpapier einwickeln lasse?“

6.

Ein treuer Kunde klagt beim Friseur über plötzlichen Haarausfall. Der Meister höchstpersönlich kramt in seiner 'Schatzkiste' und offeriert dem Mann ein spezielles Haarwuchsmittel, dessen Wirkung der Meister an sich selbst erprobt hatte.
Um auch noch den letzten Zweifel seines Kunden auszuräumen, erzählt der Meister: „Einer meiner Kunden hatte eine richtige Glatze, als er mit der Kur begann. Zwei Monate später konnte er sich bereits, als er die Rechnung erhielt, die Haare raufen!"

„Herr Direktor, ich arbeite nun schon seit über acht Jahren für Sie und habe stets für drei geschuftet! Ich würde nun gern um eine Gehaltserhöhung bitten“, meint der langjährige Bürokaufmann. Sagt der Direktor: „Mein Guter, wie denken Sie sich das? Eine Gehaltserhöhung ist derzeit nicht drin! Nennen Sie mir aber bitte die Namen der beiden anderen – die Kerle werf ich sofort raus!“

In der Optikerklasse verkündet der Dozent: „Hier seht ihr, dass ihr nichts seht, und warum ihr nichts seht, werdet ihr gleich sehen!"

Der kleine Bub bleibt auf der Straße staunend vor einem Schornsteinfeger stehen. So eine Gestalt hat er ja noch nie gesehen. „Mami," ruft er aufgeregt seiner Mutter zu, „wäscht der sich auch?" Sagt die Mutter lächelnd: „Ja, mein Kleiner." Meint der Bub kopfschüttelnd: „Und was hat er davon?"

Ein älterer Herr bewirbt sich um den freien Posten als Dachdecker. Dem Meister scheint der Bewerber allerdings nicht mehr ganz so geeignet für den Job und äußert offen seine Bedenken: „Bei schwierigen Arbeiten können wir wohl nicht mehr mit Ihnen rechnen?" Meint der Bewerber brummig: „Ich dachte, ich bewerbe mich hier um die Stelle eines Dachdeckers und nicht die eines Vorturners!"

Stilblüte aus der Schule:
„Für den Arbeitgeber ist die Schwangerschaft immer unangenehm. Er muss bezahlen, ohne von der Frau etwas zu haben!"

Als der ungeschickte Maurerlehrling Hein zum ersten Mal eine schwere Schubkarre schieben musste, fiel er dabei mehrmals auf die Nase. Ärgerlich meint er: „Wo kann man denn hier das Gleichgewicht einschalten?"

Stilblüte aus der Schule:
„Im Stoßbetrieb müssen die Verkäuferinnen die Kunden mit ein paar Handgriffen fertig machen!"

Immer aufgelegt zu einem Schwätzchen fragt der Friseurmeister einen neuen Kunden: „Werter Herr, sind Sie vielleicht zu Besuch hier?"
Sagt der Kunde: „Das eigentlich nicht! Ich wollte mir nur meine Haare schneiden lassen!"

Nachdem der junge Mann zu dritten Mal krachend aus der Wirtshaustür geflogen kommt, nimmt sich ein Passant seiner an: „Hören Sie mal, jetzt sind Sie zum dritten Mal rausgeschmissen worden. Warum wollen Sie denn ständig wieder rein?"
„Ich muss", ächzt der Mann, „ich bin der Besitzer."

Tunnelbau steht heute bei den angehenden Straßenbauern auf dem Stundenplan. Um das Ganze fachmännisch richtig zu erklären, hat die Berufsschule extra einen Chefingenieur eingeladen. „Also, wir bohren den Berg gleichzeitig von beiden Seiten an und treiben die Stollen vorwärts. Und in der Mitte treffen diese sich dann", berichtet er der gespannten Klasse.
„Stark! – Aber was passiert eigentlich, wenn sie sich nicht treffen?"
„In diesem Fall", erklärt der Ingenieur fröhlich, „bekommen wir zwei Autotunnel!"

Der mürrische Wirtshausgast lümmelt sich an die Theke: „Heiße Würstchen!"
„Angenehm", antwortet die Kellnerin freundlich. „Ich heiße Doris Müller. Und was darf ich Ihnen bringen?"

6.

Unrasiert und mit düsterem Gesicht sitzt der Handelsvertreter an der Theke des Schnellimbisses. „Bringen Sie mir zwei angebrannte Spiegeleier, schwarz verbrannten Toast und eine Tasse dünnen, lauwarmen Kaffee", verlangt er von der freundlichen Bedienung.
„Ist das Ihr Ernst?", will die junge Frau wissen.
„Jawohl. Und dann setzen Sie sich bitte neben mich und nörgeln an mir rum."
„Wieso denn das?"
„Ich hab Heimweh."

Der Vorarbeiter sucht wieder einmal die beiden Maurer, die eigentlich schon lange mit ihrer Arbeit fertig sein müssten. Endlich findet er sie – gebeugt über eine Schildkröte.
„Was macht ihr denn hier? Ihr solltet doch bei der Arbeit sein."
Wendet sich einer zu ihm um: „Das ist einfach faszinierend, Chef. Jetzt sitzen wir hier schon zwei Stunden und beobachten dieses Tier. Es rührt sich nicht. Unfassbar, wie faul manche Geschöpfe sind."

Ein Maurer zum anderen: „Ich hab gerade ein Haus verputzt."
„Und – war's lecker?"

Ein Passant beobachtet fasziniert das Treiben auf einer Riesenbaustelle und fragt schließlich einen Vorarbeiter. „Sagen Sie mal, wie viel Mann arbeiten denn da?“
Der Vorarbeiter streicht sich nachdenklich durch die Haare: „Ungefähr die Hälfte.“

Ein Schusterjunge betritt die Metzgerei.
Fragt er den Meister: „Haben Sie Eisbeine?"
„Ja, aber sicher", erwidert dieser.
„Na, dann kaufen Sie sich doch Filzpantoffel!"

Ein Geschäftsmann zum anderen: „Es gibt viele Möglichkeiten zu Geld zu kommen, aber eigentlich nur eine einzige anständige.“
„Welche denn?“
„Dachte ich mir doch gleich, dass Sie die nicht kennen.“

Was macht ein Glaser, wenn er kein Glas hat? –
Er trinkt aus der Flasche.

Also sagte der Reifenhersteller:
„Mit Platten verdiene ich mehr als so mancher Schlagerstar!“

Frage: „Wie behandelt man in der heutigen Zeit seine Angestellten?"
Antwort: „Wie rohe Eier."
Frage: „Und wie behandelt man rohe Eier?"
Antwort: „Man haut sie in die Pfanne!"

Weißt du schon das Neueste, Papa?“, fragt Hein seinen Vater, „Dachdecker Henflein ist vom Auto überfahren worden!“
„Scheußlich – nicht einmal auf dem Dach ist man vor den Dingern sicher.“

Die Mutter sagt zu ihrer Tochter: „Karin, geh bitte zum Metzger und schau, ob er Schweinsfüße hat!"
Karin geht los und kommt nach zehn Minuten zurück:
„Mutti, man konnte es nicht sehen, er hatte Schuhe an!"

Der Glasermeister zum Kunden: „Nehmen Sie die Fensterscheibe so mit – oder soll ich sie Ihnen einschlagen?“

In der Firma Hüttenmeier wird der Posten des Nachtwächters frei. Schorsch bewirbt sich um die Stelle. In einem persönlichen Gespräch mit dem Direktor wird er gefragt, welche Qualifikationen er denn für diese Arbeit mitbringe.
Schorsch: „Nun ja, ich wache beim geringsten Geräusch auf!"

Kommt der Mann am nächsten Tag wieder und verlangt 99 Brötchen. Sagt der Bäcker: „Nehmen Sie doch 100!“ Darauf der Mann: „Wer soll denn die alle essen?“

Kommt ein Mann zum Bäcker und verlangt sechs Brötchen.
Sagt der Bäcker: „Nehmen Sie doch sieben, dann haben Sie eins mehr"!

6.

Gehen zwei Unbefugte über eine Baustelle. Kommt ein Bauarbeiter und ruft: „He, könnt ihr nicht lesen? Da steht doch: Zutritt verboten!“ Meint der eine Unbefugte: „Wieso? Wir sind doch nur zu zweit!“

Auf einer Großbaustelle in Berlin. Jeden Morgen muss Hilfsarbeiter Guido für die Maurer vom Kiosk Kaffee holen. Immer wenn Guido gerade weg ist, streuen die Maurer ein bisschen Sand zwischen seine Schnitten. Als Guido nun ein Jahr bei der Firma ist, sagt der Polier zu ihm: „Du, Guido, du warst jetzt ein Jahr lang ein guter Arbeiter und ich muss dir gestehen, dass wir dir immer Sand zwischen die Schnitten getan haben. Das lassen wir ab heute sein."
Da sagt Guido zum Polier: „Wenn ihr mir das versprecht, piss ich euch ab heute auch nicht mehr in den Kaffee."

Ein Metzgerehepaar sitzt am Sonntagmittag gemütlich beieinander. Plötzlich steht die Frau auf und zieht sich ihr feines Sonntagskleid an. Fragt der Mann verwundert: „Schatzi, wo gehst du denn hin?“ – „Zum Osterbeichten“, sagt die Frau. Mit ernster Miene ermahnt sie der Mann: „Aber sag ja nichts vom Geschäft, der Pfarrer ist unser bester Kunde!“

Ein Mann bleibt mit seinem Wagen an der Tankstelle stehen, überreicht dem Tankwart die Autoschlüssel und sagt:
„Ich hätte bitte gerne zwei Liter Diesel!"
Darauf der Tankwart: „Soll ich Ihnen auch einmal in die Reifen husten?"

Der Malermeister befiehlt seinem Lehrling, die Fenster zu streichen. In gutem Glauben, den Lehrling mit einer einfachen und machbaren Aufgabe betraut zu haben, geht der Meister in die Brotzeit. Bei seiner Rückkehr wird er von dem arbeitseifrigen Lehrling freudestrahlend empfangen: „Chef, soll ich den Rahmen auch noch streichen?"

Ein Elektriker hat in einem Einfamilienhaus Steckdosen und Stromleitungen installiert. Kurz nachdem er nach getaner Arbeit die Haustüre hinter sich geschlossen hat, gibt es einen Stromausfall. Die Hausherrin stürzt aus dem Haus und hinter dem Elektriker her: „Halt, warten Sie, jetzt sind uns sämtliche Leitungen durchgeschmort und wir haben wieder keinen Strom!"
Wendet sich der Elektriker um und sagt mit ernster Miene: „Gnä' Frau, nichts ist für die Ewigkeit gemacht!"

Ein Friseur, der einen völlig verwahrlosten und behaarten Studenten bedient hat: „So, jetzt weiß man wieder, was vorn und was hinten ist."

Was wiegt der dicke Kohlenhändler von nebenan?
Kohlen – natürlich!

Gestern habe ich 500 Fliesen verlegt!", sagt der Lehrling stolz zum Meister.
„Na, dann kann ich für Sie nur hoffen, dass Sie auch alle wiederfinden!"

Sagt Elmar zu seinem Arbeitskollegen: „Du, wenn ich heute im Lotto den Jackpot gewinne, dann höre ich auf zu arbeiten!"
Meint sein Kollege: „Und wenn ich drei Richtige habe, dann arbeite ich nur noch halbtags!"

„Können Sie mir eine Empfehlung vorweisen?", fragt der Personalchef.
Der Bewerber bejaht.
„Und wer hat Sie empfohlen?"
„Mein früherer Chef!"
„Na, dann lassen Sie mal hören. Was hat er denn gesagt?"
„Ich solle mich schnellstens nach einer neuen Stelle umsehen!"

Heidrun von Kessel ruft beim Metzger an: „Entschuldigen Sie, Herr Metzger, ich bräuchte dringend 100 Gramm Salami-Aufschnitt. Könnten Sie bitte gleich liefern?" Darauf der Metzger: „Das geht nicht, wir können leider nicht liefern. Unser Lastwagen ist gerade mit einem Suppenwürfel unterwegs."

Ein Schlosser meldet sich auf die Zeitungsannonce: „Montagearbeiter gesucht."
Er fragt: „Müssen wir auch wirklich nur montags arbeiten?"

Nach einer kurzen Einarbeitungszeit wurde der Leuchtturmwärter schon wieder entlassen. Nach langem Überlegen, warum man ihm gekündigt haben könnte, geht dem nun Arbeitslosen ein Licht auf: Es musste wohl daran liegen, dass man ihm als Kind beigebracht hatte, vor dem Schlafengehen das Licht auszumachen!

Konditor zum Lehrling: „Du nimmst ein Drittel Milch, ein Drittel Bitterschokolade, ein Drittel Kakao und ein Drittel Kokosfett". „Aber das sind ja schon vier Drittel! Wie soll ich das denn machen?" – „Du nimmst einfach einen etwas größeren Topf!"

Schreinermeister Holzig will seine Werkstatt verkaufen. „Aus gesundheitlichen Gründen", ist am Samstag im Anzeigenteil der Zeitung zu lesen. Am nächsten Tag kommt ein Interessent in die Werkstatt, sieht sich um, mustert Holzig von Kopf bis Fuß und sagt: „Sieht ja alles ganz ordentlich aus. Tut mir Leid für Sie, aber wenn halt die Gesundheit nicht mehr mitmacht. Aber eigentlich sehen Sie doch putzmunter aus!" – „Ich bin ja auch nicht krank", räumt Holzig ein, „aber das Geschäft..."

Ein Mann mit einer großen, unansehnlichen Narbe im Gesicht wünscht eine Rasur beim Friseur. Der Anblick der Narbe verunsichert den Lehrling so sehr, dass seine Hände zittrig werden. Er versucht krampfhaft, seine Unsicherheit zu überspielen und fängt ein Gespräch mit dem Kunden an: „Waren Sie schon öfter bei uns?" Meint der Narbige: „Nein, die Narbe habe ich schon seit meiner Kindheit."

Fragt der neue Lehrling bei seinem Kollegen im zweiten Lehrjahr: „Du, sag mal, wie ist der Meister denn so?" – „Eigentlich könnte man ihn als ziemlich ausgeglichen bezeichnen – er ist immer boshaft!"

Ein junger Mann kommt zum Fotografen. „Ich hätte gerne vier Passfotos."
„Selbstverständlich. Wollen Sie die Bilder gleich mitnehmen?"
Darauf der Kunde hoch erfreut: „Das ist ja ein Ding! Haben Sie etwa welche von mir vorrätig?"

„Dieses schicke Sakko können Sie das ganze Jahr über tragen!", preist die Verkäuferin das gute Stück bei einem Kunden.
Meint dieser skeptisch: „Und im Sommer, ist das Sakko dann nicht unpassend?"
Verkäuferin: „Dann tragen Sie es einfach über dem Arm!"

„Wart mal, Heinz!", ruft der Elektriker, „schalt den Strom noch nicht ein, ich sitze noch in der Zentrifuiiiiii..."

Der wütende Chef empfängt seinen Lehrling schon an der Eingangstüre: „Warum kommst du erst jetzt, du Faulpelz?", schimpft er.
Mit einem verwunderten Blick meint der Lehrling:
„Aber Chef, Sie haben doch gestern zu mir gesagt, ich soll meine Sportzeitung in Ruhe zu Hause lesen!"

„Was ist der Unterschied zwischen dem Knast und unserem Betrieb?"
„Keine Ahnung."
„Ganz einfach: Im Knast weißt du wenigstens, WANN du entlassen wirst!"

Die Metzgerei Kühne genießt im Städtchen durch ihr gut sortiertes und erlesenes Angebot den allerbesten Ruf. Kommt eine feine Dame in den Laden: „Guten Tag, werter Herr Kühn, ich hätte gern drei Fasane – aber bitte nicht so zerschossen wie beim letzten Mal!" Darauf Metzger Kühne: „Ich bedaure, gnädige Frau. Fasane, die sich zu Tode gelacht haben, führe nicht einmal ich!"

Der neue Lehrling von Friseurmeister Wellig hat zum ersten Mal einen Kunden rasiert. Als dieser im Anschluss an die Rasur nach einem Glas Wasser verlangt, erkundigt sich der Friseurmeister höflich: „Haben Sie einen trockenen Mund? Das kann ich verstehen, hier drin ist es wirklich ein bisschen heiß!" – „Das ist es eigentlich nicht", meint der Kunde. „Ich wollte nur testen, ob mein Hals noch überall dicht ist!"

6.

Unterhalten sich Arbeitskollegen in der Mittagspause: „Du, Hugo, bei der Konkurrenz haben sie jetzt eine Intelligenzbestie eingestellt. Der arbeitet doch glatt für drei!"
Hugo antwortet mit einem hämischen Grinsen: „Und das nennst du intelligent?"

Fräulein Hilde wird von ihrer Arbeitskollegin zum ersten Mal zum Kaffee eingeladen. Die Arbeitskollegin beschreibt ihr den Weg: „Hausnummer 24, zweiter Stock, dritte Tür links. Und klingeln Sie mit dem Ellenbogen." – „Mit dem Ellenbogen?", fragt Hilde verdutzt. – „Na, Sie werden doch nicht etwa mit leeren Händen kommen wollen!

Kai rutscht beim Kopierer näher an seine neue Kollegin heran. „Fräulein Beate, Sie haben wirklich die blauesten Augen, die ich je gesehen habe!"
Darauf die Schöne empört: „Rücken Sie mir ja von der Pelle, sonst haben Sie auch gleich welche!"

Entsetzt berichtet der Unternehmer seinem Prokuristen: „Stellen Sie sich vor, heute war ein anonymer Drohbrief in der Tagespost!"
Darauf der Prokurist neugierig: „Von wem denn?"

Daniela und Ute beim Mittagsplausch in der Kantine.
Sagt Ute: „Findest du es nicht auch schrecklich, wie sich Frau Strattmann heute wieder parfümiert hat?"
Daniela rümpft die Nase: „Furchtbar, ja, hoffentlich verduftet die bald wieder!"

Kurze Unterhaltung am Kopierer. Karl und Maximilian von der Buchhaltung tauschen den neuesten Bürotratsch aus.
„Hast du schon den Neuen beobachtet?"
„Nee, wieso?"
„Wenn der mit dem Boss spricht, zieht er den Kopf ein. Redet er mit unserer Praktikantin, dann zieht er den Bauch ein..."

Worauf kann sich ein Arbeitnehmer bei einem abergläubischen Chef einstellen? Der zahlt bestimmt kein 13. Monatsgehalt.

„Ich möchte heute nicht gestört werden", unterweist der Manager seine Sekretärin, „keine Telefonate, keine Besuche. Wenn jemand sagt, es sei dringend, dann antworten Sie: Das sagen sie alle!"
Um die Mittagszeit kommt eine schicke Dame ins Büro geeilt und will dringend den Chef sprechen: „Ich bin seine Frau!"
Zuckt die Sekretärin nur mit den Achseln: „Das sagen sie alle!"

Der Meister ist stinksauer. Der neue Geselle bringt aber auch nichts auf die Reihe: „Wissen Sie was", schimpft der Meister. „Kaufen Sie sich eine Rakete und machen Sie sich selbstständig!"

Helmut und Hannelore fahren zum Picknick. Hannelore sitzt etwas weit hinten im Beifahrersitz. „Du, Helmut, stell mir bitte mal den Sitz vor!" Sagt der Helmut: „Also, Hannelore, des isch der Sitz – Sitz, des isch die Hannelore!"

„Boss", beteuert der Angestellte nun zum x-ten Mal, „ich habe bei der Arbeit nicht geschlafen!" Meint der Chef abfällig: „Aber sicher, das behaupten alle..." Meint der Beschuldigte: „Sehen Sie, wenn es alle sagen, muss es doch wohl stimmen!"

Maiershofer kommt ins Vorzimmer des Direktors gerannt. „Entschuldigung, Fräulein Miller, draußen ist eine Dame, die den Chef nach dem Geheimrezept seines Erfolgs befragen möchte.“
Darauf die Chefsekretärin: „Von der Presse oder vom Finanzamt?“

Erkundigt sich der Personalchef beim Bewerbungsgespräch: „Was ist denn der Grund dafür, dass Sie im letzten Jahr 15-mal die Stelle gewechselt haben?“
„Das ist ganz einfach“, meint der Bewerber, „die Nachfrage nach mir war einfach so groß!“

Prahlt Prokurist Karsten beim Stammtisch: „Wir haben einen Boss, der ist so engstirnig, dass er mit beiden Augen zugleich durch ein Schlüsselloch schauen kann.“

6.

„Stell dir vor“, erzählt Babsi ihrer Nachbarin, „mein Mann geht nur noch barfuß ins Büro!“
„Warum das denn?“, wundert sich diese.
„Damit sein Chef ihm nicht einmal mehr den kleinsten Fehler in die Schuhe schieben kann!“

Firmenboss Keller kommt von einem arbeitsreichen Tag nach Hause. Bei der Vesper erzählt er seiner Frau: „Du kennst doch Fräulein Mathilde, meine Sekretärin. Auf die ist wirklich hundertprozentig Verlass!“
Sie: „Wirklich?“ – „Ja, die macht schon seit 15 Jahren immer dieselben Fehler!“

Der Chef einer großen Strumpfhosenfabrik über seine neue Sekretärin: „Die Frau ist wirklich unentbehrlich. Sie hat ein solches Chaos in meinem Büro angerichtet, dass ich ohne sie nicht mehr durchblicke!“

Fragt der Personalchef beim Bewerbungsgespräch: „Junger Mann, sind Sie verheiratet?“
Antwortet dieser: „Das zwar nicht, aber ich mache trotzdem alles, was man mir sagt!“

Der Firmenchef zu seinen Angestellten: „Nehmt euch ein Vorbild an der Konkurrenz. Da feiern die Leute nicht dauernd krank. Wenn dort mal einer Schüttelfrost bekommt, geht er gleich zum Etikettieren!"

„Sag mal, Maria, ist dein Chef zu dir auch schon mal unverschämt geworden?"
„Allerdings! Gestern kam er herein und rief: „Jetzt aber an die Arbeit, junge Dame!"

„Chef, da möchte Sie ein Herr sprechen."
„Im Augenblick habe ich leider keine Zeit. Bieten Sie ihm in der Zwischenzeit einen Stuhl und einen Kaffee an."
„Der wird ihm wohl nicht reichen – es ist der Gerichtsvollzieher!"

Mit einem treuen Hundeblick steht Hugo vor seinem Chef: „Boss, könnte ich nächste Woche vielleicht Urlaub bekommen?"
„Wozu denn?"
„Ich heirate am Wochenende, und meine Frau würde sich freuen, wenn ich in die Flitterwochen mitfahren würde!"

Stolz erzählt der Angestellte: „In unserem Büro haben wir jetzt die Dreitagewoche eingeführt!"
„Ehrlich? Ihr müsst aber einen großzügigen Chef haben."
„Großzügig? Dem haben wir doch noch gar nichts davon gesagt!"

Der Bankdirektor ist dem Verzweifeln nahe: Zum sechsten Mal in Folge wurde seine Bank nun überfallen – und das immer vom gleichen Räuber. Händeringend meint der Polizist zum Direktor: „Ist Ihnen nicht endlich was an dem Täter aufgefallen?"
Der Direktor überlegt kurz: „Wenn Sie es genau wissen wollen: Er war von Mal zu Mal besser angezogen!"

„Meier!", brüllt der Spieß beim Morgenappell, „können Sie lesen?"
„Jawohl, Herr Feldwebel."
„Das trifft sich gut, Meier. Dann lesen Sie heute Morgen mal alle Papierfetzen vom Kasernenhof!"

„Sie haben Nerven!", antwortet der Bankdirektor, als er von der Putzfrau nach dem Tresorschlüssel gefragt wird. „Warum sollte ich gerade Ihnen den Schlüssel geben?"
„Ich bin's wirklich leid, Herr Direktor, wenn ich ihn zum Saubermachen immer mit der Haarnadel öffnen muss!"

„Hast du gehört? Unser Direktor ist verstorben."
„Ja, und ich frage mich die ganze Zeit, wer da mit ihm gestorben ist."
„Wieso mit ihm?"
„Na, in der Anzeige stand doch: Mit ihm starb einer unserer fähigsten Mitarbeiter..."

Die Sekretärin bemüht sich um ein kurzes Gespräch mit ihrem Chef, einem zerstreuten Professor. „Es ist schwül draußen", macht sie ihn auf das Wetter aufmerksam. Geistesabwesend nickt der Professor mit dem Kopf und meint: „In Ordnung, Fräulein Elke – soll reinkommen!"

6.

Baldwin kommt mal wieder viel zu spät zur Arbeit. Er muss eine fürchterliche Standpauke des Chefs über sich ergehen lassen. „Na, Sie Faulpelz, Sie haben wohl keinen blassen Schimmer, was Pünktlichkeit bedeutet, oder?", tobt der Chef. Wie aus der Pistole geschossen, kommt Baldwins altkluge Antwort: „Doch, Pünktlichkeit ist eine Gabe, die nicht jeder hat. Ich kann genau abschätzen, um wie viel sich die anderen verspäten. Dann bin ich noch gut dabei!"

„Herr Leutnant, ich bitte um Wochenendurlaub!"
„Warum denn das?"
„Wegen der Geburt meines ersten Kindes."
„Na, wenn das so ist. Wann ist es denn so weit?"
„Na, wenn alles klappt, so in etwa neun Monaten..."

Herr Kohl hält eine Ansprache bei den Eröffnungsfeierlichkeiten der Olympiade: „Ähm, O O O O O..." Daraufhin flüstert ihm der Trainer der Deutschen Mannschaft zu: „Mensch, Helmut, die olympischen Ringe gehören nicht zur Rede!"

Ein Kapitän geht jeden Morgen in seiner Kajüte an einen Safe, entnimmt ein Stück zerfleddertes Papier, liest es und legt es wieder zurück. Irgendwann stirbt der Kapitän und die Besatzung ist nun sehr neugierig, was denn auf dem Zettel stehen mag. Sie öffnen also den Safe, nehmen das Papier heraus und lesen: „Rechts Steuerbord – links Backbord!“

In der City von Stuttgart. Ein Manager in seiner dicken Limousine will rückwärts einparken. Ein Student in seiner Ente kommt ihm jedoch zuvor und drängelt sich in die Parklücke. Der Student steigt aus und sagt zum wutentbrannten Manager: „Schnell muss man sein…" – Der Manager legt daraufhin den Rückwärtsgang ein, fährt mit einem Knall in die Ente, steigt aus und meint trocken: „Leisten muss man es sich können!"

Ein Feldwebel macht dem Oberst Meldung:
„Kompanie vollzählig versammelt zum Mathematikunterricht.“
„Rühren! – So meine Herren, dann will ich Ihnen mal auf den Zahn fühlen: Wie viel ist drei mal vier, Sie da!“
„Zwölf, Herr Oberst!“
„Gut, gut! – Was sind Sie denn von Beruf?“
„Mathematiklehrer, Herr Oberst!“
„Was Sie nicht sagen. Dann können Sie ja auch schwierige Aufgaben lösen. Wie viel ist sieben mal sieben, na?“
„49, Herr Oberst!“
„Wie haben Sie das denn gemacht?“
„Ich habe gerechnet: zehn mal sieben ist 70, drei mal sieben ist 21, 70 weniger 21 ist 49.“
„Schön, schön. – Aber damit Sie nicht denken, ich bin dumm, ich habe gerechnet:
fünf mal zehn ist 50, weniger eins ist 49! – Weitermachen!“

Sagt der Leutnant zum Unteroffizier: „Werfen Sie doch bitte mal einen Blick in die Personalakte von Schütze Hiller. Was mich beunruhigt, ist, dass er immer seine Fingerabdrücke vom Gewehr abwischt!"

Ein Reporter fragt Helmut Kohl:
„Herr Bundeskanzler, was sagten Sie doch neulich in Ihrer großen Debatte über die Arbeitslosigkeit in den neuen Bundesländern?"
„Ich? Nichts!"
„Natürlich, ich wollte nur wissen, wie Sie es formuliert haben."

Helmut Kohl braucht einen Pass. Er geht zum Amt, um den Antrag zu stellen: „Name?" – „Kohl." – „Vorname?" – „Helmut." – „Religion?" – „befriedigend."

Kohl, Clinton und Major sind bei Jelzin für 13.00 Uhr zum Essen eingeladen.
Alle drei kommen eine Viertelstunde zu spät.
„Sorry, I'm late", entschuldigt sich Major.
Clinton: „Excuse me, please, I'm too."
Daraufhin Kohl: „I'm three."

6.

Drei Manager sitzen in der Sauna.
Sagt der eine: „Ihr werdet staunen, ich hab mir jetzt mein Handy in die Hand einbauen lassen, so hab ich es immer gleich zur Hand."
Der andere: „Super, ich hab mir mein Laptop gleich in die Bauchdecke eingebaut, brauch nur noch die Bauchdecke aufklappen und schon bin ich online."
Beide blicken voller Erwartung auf den Dritten. „Na, und du, was hast du Neues?"
Doch der Dritte sitzt nur da, mit verkniffenem Gesicht und drückt und presst. Da fragen ihn die beiden anderen besorgt: „Was ist denn mit dir los?"
Er antwortet mit angestrengter Stimme: „Moment, ich krieg grad ein Fax!"

Der Clown stürzt in den Wagen des Direktors: „Chef, der Zirkus steht in Flammen!"
Der springt entsetzt auf: „Schnell, Mann, stehen Sie nicht einfach rum – holen Sie den Feuerschlucker!"

Der Chef eines Chemiekonzerns zu seinen Kollegen: „In Sachen Umweltschutz ist alles im Fluss!"

Zapfenstreich. In einer Nebenstraße der Kaserne erwischt um 22.05 Uhr ein Wachtmeister einen Gefreiten und zückt sein Notizbuch.
„Na, wen haben wir denn da? – Ihr Name?"
„Hein Maier."
„Nee, nee. Mit mir nicht. Aber ganz fix Ihren Namen!"
„Hein Maier, Herr Wachtmeister."
„Passen Sie mal auf. Wenn Sie mich verkackeiern wollen, dann geht das ganz böse für Sie aus. – Also!??"
„Thomas Mann, Herr Wachtmeister."
„Na sehn Sie, warum nicht gleich so!"

In der Grundausbildung tadelt der Hauptmann den Wehrpflichtigen Hugo Fussel beim Schießtraining, denn Fussel knallt wie wild in der Gegend herum und trifft nicht ein einziges Mal die Scheibe. „Fussel – Sie sind doch von Beruf Schneider. Da müssen Sie doch beim Einfädeln das Nadelöhr auch treffen?"
„Das schon", entgegnet Fussel, „aber nicht auf 200 Meter!"

„Herr Direktor, mit meinem Gehalt kann ich aber keine großen Sprünge machen!"
„Das macht nichts, das hier ist ja auch ein Verlag und kein Leichtathletik-Wettbewerb."

Der Chef rüttelt seinen Buchhalter wach und brüllt ihn an: „Wissen Sie, was Sie sind?"
„Ja, Chef. Ein aufgeweckter Mitarbeiter."

„Also schön, Fräulein Susi, ich werde Ihr Gehalt erhöhen", sagt der Bankier zu seiner reizenden Sekretärin. „Allerdings wäre da eine kleine Bedingung." – Sehr skeptisch mustert die junge Dame ihren Chef. „Und die wäre?" – „Sie müssen die nächsten Tage mit einem todtraurigen Gesicht herumlaufen, damit die anderen nichts merken."

Der Chef fragt seinen Assistenten: „Glauben Sie an ein Leben nach dem Tod?"
„Nein, warum fragen Sie?"
„Ihr Großvater, auf dessen Beerdigung Sie gestern waren, hat gerade angerufen."

Der Chef weist den Neuen ein: „Ich bin kein Freund vieler Worte. Wenn ich mit der Hand winke, sind Sie sofort da."
„Kein Problem, Chef, ich hab auch was gegen unnötiges Geschwätz. Wenn ich den Kopf schüttle, komme ich nicht."

Fragt die Sekretärin ihren Chef: „Wie soll ich die Summe verbuchen, mit der unser Bote durchgebrannt ist?"
„Unter laufende Ausgaben natürlich."

6.

Eine entzückende Sekretärin in einer Werbeagentur trägt ein aufregendes Dekolleté. Ihr Chef tippt darauf und fragt:
„Sagen Sie, ist das zu verkaufen?"
Empörte Antwort: „Natürlich nicht."
„Dann hören Sie auch auf, dafür zu werben."

Brummig kommt der Direktor ins Büro.
„Hat es irgendwelche wichtigen Anrufe gegeben?"
„Ja, jede Menge", antwortete die Sekretärin.
„Wer?"
„Die waren alle für mich."

Direktor Müller sagt zum ausscheidenen Mitarbeiter:
„Eigentlich tut es mir ja leid, Sie zu verlieren."
„Ach, wirklich?"
„Ja, Sie waren für mich wie ein Sohn: unverschämt, mürrisch, unzufrieden und undankbar."

„Können Sie blind schreiben?", fragt der Personalchef eine Bewerberin. – „Natürlich", strahlt sie, „mit einem d am Ende."

Kapitel 7.

Is´ was, Doc? – Spötter in Weiß

Der Hausarzt stellt Wolfgang vor eine Gewissensfrage: „Was würden Sie lieber aufgeben, den Wein oder die Frauen?" – „Das kommt auf den Jahrgang an, Herr Doktor!"

Sagt der Arzt zu seinem Sohn, der die Windpocken hat und zu Hause bleiben will: „Sei tapfer, Sohn, du gehst jetzt in die Schule und steckst alle an!"

Ein Arzt beschwert sich in seiner Autowerkstatt: „Sie verlangen für das bisschen Reparatur meines Wagens ja mehr, als ich für meine Behandlung eines Patienten bekomme!" – „Schon möglich, Herr Doktor", ist der Werkstattmeister um keine Antwort verlegen, „aber wir haben es ja laufend mit neuen Typen zu tun, während Sie schon seit Adams Zeiten immer noch an dem gleichen Model arbeiten!"

Hans Pelz hält seinem Sohn eine Standpauke: „Was habe ich nicht alles für dich aufgegeben, was habe ich nicht alles getan, dass du Medizin studieren konntest! Jetzt hast du es endlich geschafft, und was ist der Dank? Erst verbietest du mir das Rauchen und jetzt auch noch den Wein!"

Zahnarzt Doktor Pingelig ruft seine Sprechstundenhilfe zu sich, sie soll ihm bei einer Zahnsteinbehandlung helfen.
„Desinfizieren Sie bitte zuerst Ihre Hände, Fräulein Ulla!"
„Beide oder bloß eine?", fragt die nicht eben hellste Arzthelferin.
„Nur die eine", meint der Zahnarzt, „mich würde nämlich interessieren, wie Sie das machen!"

Nach der Untersuchung seiner besseren Hälfte wird Paul Pachulke ins Sprechzimmer des Arztes gerufen. Der Doktor mustert Paul sorgenvoll: „Paule, Paule – Ihre Frau gefällt mir gar nicht."
Paule springt empört auf: „Na, eine Schönheit ist Ihre aber auch nicht."

„Fräulein Maria, wenn Sie mich so anlächeln, denke ich, sollten wir uns einmal verabreden!" – „Ach, Herr Faber, Sie Schmeichler!" – „Nein, Zahnarzt!"

Der Stationsarzt redet dem jungen Assistenzarzt eindringlich ins Gewissen: „Lieber Kollege! Sie sollten beim Ausstellen des Totenscheins mehr aufpassen. Sie haben schon wieder in die Zeile mit der Frage nach der Todesursache Ihren eigenen Namen geschrieben!"

Emmerich kommt völlig entnervt zum Arzt: „Sie haben mir doch ein ganzes Röhrchen mit Stärkungspillen verschrieben, Herr Doktor." – „Sicher, gibt's ein Problem damit?" – „Ich krieg's nicht auf!"

Der junge Assistenzarzt hat, wenn auch schweißgebadet und mit den Nerven fertig, seine erste Entbindung erfolgreich hinter sich gebracht. Der Chefarzt spart nicht mit Lob, bemerkt jedoch noch schmunzelnd: „Normalerweise gebe ich ja nach dem Entbinden dem Neugeborenen und nicht der jungen Mutter einen Klaps auf den Po!"

Arzthelferin zu ihrem Chef: „Aber Herr Doktor, Sie versuchen gerade, das Rezept mit Ihrem Fieberthermometer zu unterschreiben!"
Antwortet der Arzt zerstreut: „So etwas, wo habe ich denn bloß wieder meinen Kugelschreiber?"

Hannes erkundigt sich bei seinem Hausarzt: „Herr Doktor, das Medikament, das Sie mir verschrieben haben, hat doch bestimmt schlimme Nebenwirkungen!"
Erwidert der Arzt: „In gewisser Weise schon, ja. Sie können in zwei Tagen wieder zum Arbeiten gehen!"

Das Auto des Zahnarztes will nicht anspringen. Er öffnet die Motorhaube, greift nach einer Zange und murmelt vor sich hin: „So, jetzt wird es ein bisschen wehtun!"

Die kleine Roxy muss geimpft werden. Die Arzthelferin hat alle Hände voll damit zu tun, die Kleine zu beruhigen, die sich strikt weigert, mit der Nadel gepiekst zu werden. Schließlich gibt Roxy doch noch nach. Die Ärztin fragt sie anschließend: „Weißt du eigentlich, wogegen wir dich geimpft haben?"
Roxy: „Klar weiß ich das. Gegen meinen Willen!"

Vor der Blinddarmoperation beruhigt der Chirurg seinen Patienten: „Herr Österle, machen Sie sich mal keine Sorgen. Ich habe diesen Eingriff schon 100-mal vorgenommen!“ – „Da bin ich aber beruhigt, Herr Doktor!“ – „Na ja, irgendwann einmal muss es ja schließlich klappen!“

„Frau Wimmer, Sie haben gut daran getan, sich einmal gründlich untersuchen zu lassen“, sagt der Arzt und zur Sprechstundenhilfe: „Die Instrumente, bitte!“
Frau Wimmer entrüstet: „Na, Sie haben Nerven! Ich liege hier halbtot und Sie wollen musizieren!“

Der unscheinbare Herr Meise kommt zum Arzt.
„Herr Doktor, alle ignorieren mich.“
„Der Nächste, bitte.“

Der Hausarzt hat einen delikaten Fall. Zum Vater des Patienten sagt der Arzt vorwurfsvoll: „Ihr Sohn hat vor einigen Tagen ein Fünfmarkstück verschluckt und erst jetzt kommen Sie zu mir?“ Meint der Vater trocken: „Na ja, so nötig haben wir das Geld nun auch wieder nicht!“

Der beste Arzt ist oft der schlechteste Patient.

Ein Facharzt für Akupunktur und ein Chirurg streiten sich. Brüllt der Akupunkteur: „Sie sind ein ganz wüster Aufschneider!“ Darauf der Chirurg: „Ach, Sie mit ihren ewigen Sticheleien!“

Wenn du zum Arzt gehst, so ist das oft vergebens, nie aber umsonst.

Ärzte sind von Natur aus großzügig: Sie heilen arme Leute schneller.

„Alkohol“, belehrt der Doktor seinen Patienten, „ist ein langsam tötendes Gift.“
Heimann: „Macht nichts – ich hab Zeit!“

**Hans-Peter fühlt sich hundeelend. Seine Frau ruft den Arzt an.
„Herr Doktor, mein Mann hat Fieber, kommen Sie bitte vorbei!"
„Ist es sehr hoch?", will der Arzt wissen.
„Ach was, nur ein paar Treppen!"**

*Kommt der Arzt zum Patienten.
„Ich habe eine gute und eine schlechte Nachricht. Welche wollen Sie zuerst hören?"
Patient: „Die gute."
Arzt: „Sie haben noch 24 Stunden zu leben!"
Patient: „Oh, mein Gott, und die schlechte?"
Arzt: „Na, ich such Sie schon den ganzen Tag!"*

Wie viele Psychiater werden gebraucht, um eine Glühbirne einzuschrauben? – Einer. Aber nur, wenn sich die Birne nicht sperrt.

„So, Herr Meinrad, die Untersuchung, Diagnose und Rezept, das macht dann zusammen 500 Mark." – „Bitte schön, Herr Doktor, ich bin leider etwas schwerhörig. Sagten Sie 800 Mark?" – „Nicht doch – nur 600 Mark!"

Eine Frau kommt zum Arzt und sagt: „Herr Doktor, ich habe einen Knoten in der Brust!" Darauf der Arzt: „Na, wer macht denn so etwas?"

Ein Zahnarzt auf dem Golfplatz. Als der Ball langsam auf das Loch zurollt, murmelt er: „Und jetzt bitte ganz weit aufmachen!"

**Zwei Ärzte diskutieren ihre beiden völlig unterschiedlichen Diagnosen am Krankenbett.
„Herr Kollege, bei der Autopsie werden wir ja sehen, wer Recht hatte!"**

Herr Pünktlich ist Uhrmachermeister mit Leib und Seele. Als ihn der Doktor auf der Straße trifft und fragt: „Sind alle gesund zu Hause?", antwortet ihm der Uhrmacher: „Alle gesund, danke schön der Nachfrage. Und bei Ihnen? Sind alle Uhren in Ordnung?"

Eine Frau erzählt völlig aufgelöst dem Psychiater: „Herr Doktor, Sie müssen meinem Mann unbedingt helfen. Ich weiß mir keinen Rat mehr: Mein Mann hält sich für ein Pferd. Mittags verlangt er Hafer, er wiehert und rennt auf der Straße im Galopp!"
„Meine Dame, das klingt nach einer langen und auch teuren Therapie!"
„Herr Doktor, Geld spielt hier wirklich keine Rolle! Mein Mann hat die letzten vier Rennen gewonnen!"

Beim Augenarzt:
„Ich glaube, ich brauche eine Brille!"
„Kurzsichtig oder weitsichtig?"
„Am besten durchsichtig!"

Bittere Selbstdiagnose:
„Herr Doktor, ich werde den Schnupfen nebst meiner Frau nicht los."

Eine Patientin im Wartezimmer. Nach stundenlangem Warten wird sie endlich aufgerufen. Als sie im Sprechzimmer ist, klingelt das Telefon des Arztes mehrmals, sodass die Patientin mit der Schilderung ihrer Beschwerden immer wieder von neuem beginnen muss. Als das Telefon abermals klingelt und der Doktor einen Patienten telefonisch berät, geht die Frau zur Tür. „Wo wollen Sie denn hin?", fragt der Arzt. „Zur nächsten Telefonzelle!"

„Also, Herr Keller, Sie sind ja schon wieder betrunken! Habe ich Ihnen nicht geraten, nur eine Flasche Bier pro Tag zu trinken?", mahnt der Arzt.
Keller: „Ja glauben Sie eigentlich, Sie sind der einzige Arzt, zu dem ich gehe!"

„Nun, Frau Hiller, haben Sie meinen Rat befolgt, langsam zu zählen? Können Sie jetzt besser einschlafen?"
„In der Tat, Herr Doktor, ich habe langsam bis 40.000 gezählt."
„Und dann sind Sie wohl eingeschlafen, nicht wahr?"
„Eigentlich nicht, dann war es Zeit zum Aufstehen!"

„Keine Bange, Fräulein Hinteregger", beruhigt der Hausarzt nach der Untersuchung, „erst einmal werden wir Ihren Krankheitserreger abtöten." – „Das geht auf keinen Fall, Herr Doktor! Wir wollen doch nächste Woche heiraten!"

Ein Schild im Warteraum: „Die Patienten werden gebeten, keinerlei Symptome untereinander auszutauschen!"

Eine sehr attraktive junge Dame kommt in die Apotheke und sieht in der Ecke eine Waage stehen. Sie verlangt einen Groschen, wiegt sich und schreit entsetzt auf. Rasch verlangt sie noch einen Groschen, legt Mantel und Hut ab und wiegt sich von neuem. Sie zieht Schuhe und Pullover aus, nimmt den nächsten Groschen und betritt abermals die Waage. Da kommt der Apotheker, stellt sich neben sie und sagt: „Machen sie nur weiter, schönes Fräulein, ab jetzt geht es auf Kosten des Hauses."

7.

Schwester: „Herr Doktor, Herr Doktor, der Simulant aus Zimmer Zwölf ist gestorben."
Doktor: „Jetzt übertreibt er aber."

Fragt der Psychiater: „Und wann haben Sie zum ersten Mal bemerkt, dass es Ihnen Spaß macht, Ihre Steuern zu bezahlen?"

„Herr Doktor, was fehlt mir?"
„Ich weiß es nicht. Die Obduktion wird es sicher zeigen…"

„Herr Doktor, können Sie mir helfen? Meine Hände zittern ständig!"
„Trinken Sie viel?"
„Nein, ich verschütte das meiste!"

Nachdem er das Unfallopfer, eine noch rüstige Endsechzigerin, untersucht hat, diktiert der Arzt die Diagnose: „Hautabschürfungen, die vierte Rippe ist gebrochen, Prellungen an der rechten Schulter…" Er wendet sich der Patientin zu: „Wie alt sind Sie? – „27, Herr Doktor." – „…und Gedächtnisstörungen."

„Herr Doktor, wenn ich auf den Kopf drücke, tut's weh, wenn ich aufs Bein drücke, tut's weh, wenn ich auf den Bauch drücke, tut's weh, und wenn ich auf den Arm drücke, tut's auch weh..." – „Ja, da haben Sie sich wohl den Finger gebrochen..."

Sagt der Patient zum Arzt: „Ich kann mich nicht zwischen Operation und Sterben entscheiden!"
Sagt der Arzt: „Mit ein bisschen Glück sind Sie die Entscheidung los!"

Kommt der junge Assistenzarzt schweißgebadet aus dem Operationssaal. Fragt der Professor väterlich: „Na, wie war denn Ihre erste Operation?" Wird der Assistenzarzt leichenblass: „Wieso Operation, ich dachte Obduktion?!"

„Noch eine Behandlung, Herr Müller, dann haben wir es geschafft", meint der Arzt zu seinem Patienten. Erfreut meint dieser: „Ach, bin ich dann wieder gesund?"
„Quatsch, aber dann haben Sie mein Häuschen ganz allein bezahlt!"

Kommt ein Tscheche zum Augenarzt. Der hält ihm die Buchstabentafel vor, auf der steht B R Z C X Q Y S T A W C Z, und fragt ihn: „Können Sie das lesen ?"
„Lesen?", ruft der Tscheche erstaunt aus, „ich kenne den Kerl!"

Ein Zahnarzt beantragte Sozialhilfe mit der Begründung, er lebe nur noch von der Hand in den Mund!

Patient: „Ich leide unter Schlaflosigkeit!"
Arzt: „Aha. Hier, ich verschreibe Ihnen ein gutes Potenzmittel."
Patient: „Hmmm. Und davon schlafe ich dann besser ein?"
Arzt: „Nein. Aber das Wachbleiben wird dann für Sie wesentlich amüsanter..."

Zwei Nachbarinnen im Gespräch: „Also, die Müller, die soll tatsächlich zwei Ärzte haben, einen jungen und einen alten! Den alten konsultiert sie, wenn sie krank ist, und den jungen, wenn ihr was fehlt!"

„Ein Glück, dass Sie endlich zur Untersuchung kommen, es war höchste Zeit!"
„Weiß ich, Herr Doktor, drei Tage vor dem Ersten wird überall das Geld knapp!"

„Herr Doktor, können Sie mir helfen?"
„Hmm, ich verschreibe Ihnen erst einmal ein paar Moorbäder."
„Und die helfen mir?"
„Nein, aber Sie gewöhnen sich schon mal an die feuchte Erde."

Zwei Fakire rekeln sich auf einem üppig gespickten Nagelbrett. Plötzlich steht der eine auf und sagt: „Ich gehe jetzt zum Zahnarzt." Daraufhin der andere: „Wie kann man nur so genusssüchtig sein!"

Ein Mann betritt eine Apotheke und verlangt nach einem Präparat gegen den Durchfall. Als der Mann die Apotheke verlassen hat, stellt die Apothekerin entsetzt fest, dass sie dem Mann statt eines Mittels gegen Durchfall ein Beruhigungsmittel verkauft hat. Am nächsten Tag betritt der Mann wieder die Apotheke. Die Apothekerin erkennt den Mann sofort und entschuldigt sich ausdrücklich für das Missgeschick, das ihr unterlaufen sei. „Ach, nicht so schlimm", antwortet der Mann, „ich mach mir zwar immer noch in die Hosen, aber es regt mich jetzt nicht mehr so auf!"

7.

Ein Patient beim Anblick des Anatomie-Skeletts zum Arzt: „Ihr Ersatzteillager?"

Der Internist knöpft sich seine Tochter vor: „Sag mal, hast du deinem neuen Freund gesagt, dass ich nicht viel von ihm halte?", will er wissen. „Ja", erwidert das Töchterchen, „aber er meint, dass das sicher nicht deine erste Fehldiagnose gewesen ist!"

Nach eingehender Untersuchung rät der besorgte Arzt seinem Patienten: „Das Klügste, das ich Ihnen mit auf den Weg geben kann: keinen Alkohol mehr, keine Zigaretten, eine Diät und viel Schlaf!"
Kurze Denkpause beim Patienten: „Und das Zweitklügste?"

Aufmerksame Patienten konnten im Wartezimmer tagtäglich Folgendes beobachten: Ein Mann öffnet die Türe zum überfüllten Wartezimmer, schaut sich um, und ruft: „Perfekt!" Dem Arzt kommt dieses ungewöhnliche Verhalten zu Ohren und er beauftragt seine Sprechstundenhelferin, dem Mann einmal nachzugehen. „Na, wohin ging der Mann?" – „Zu Ihrer Frau!"

Erste Vorlesung der Medizinstudenten im ersten Semester. Der Professor beginnt: „Meine Damen und Herren, zwei Dinge zeichnen einen guten Arzt aus. Erstens: die Fähigkeit Ekel zu überwinden und zweitens eine messerscharfe Beobachtungsgabe. Wir fangen heute mit der Ekelüberwindung an." Sprach's und tauchte seinen Finger in ein Glas mit ekliger, stinkender, grün-gelber Flüssigkeit. Er zieht den Finger wieder raus und leckt ihn zum Entsetzen der Studenten ab. Er nimmt das Glas, geht zur ersten Sitzreihe und stellt es vor einem Studenten auf den Tisch... Der ziert sich eine Weile, will sich aber vor seinen Kommilitonen nicht blamieren, taucht also auch seinen Finger in das Glas und leckt ihn ab. Meint der Professor: „Ihren Ekel haben Sie zwar überwunden, aber Ihre Beobachtungsgabe lässt doch sehr zu wünschen übrig. Denn ich habe den Zeigefinger eingetaucht und den Mittelfinger abgeleckt!"

„Guter Mann, ich darf Sie zu Ihrer Gesundheit beglückwünschen", sagt der Arzt zum Patienten, „so werden Sie bestimmt 80 Jahre alt!" – „Bin ich schon, Herr Doktor." – „Na, also!"

Was sagt Petrus zum Arzt?
Lieferanten zum Hintereingang!

„Sie sollten wirklich einmal ausspannen", empfiehlt der Arzt dem Schürzenjäger.
Der tat wie ihm empfohlen und spannte dem Arzt die Frau aus.

Im mündlichen Teil der Schwesternprüfung:
„Welches ist die vorschriftsmäßige Kleidung bei der Säuglingspflege?"
„Kurzes Hemdchen, hinten offen!"

„Herr Doktor, wenn ich Kaffee trinke, kann ich nachts nicht schlafen!“ Doktor: „Komisch, bei mir ist es genau umgekehrt, wenn ich schlafe, kann ich keinen Kaffee trinken!“

„Wo liegt denn der Patient, den die Dampfwalze überfahren hat?“
„Auf Zimmer 219 bis 243!“

Was ist weiß und hüpft von Ast zu Ast?
Ein österreichischer Arzt bei der Zeckenimpfung.

Frau Heimadinger begleitet ihren Mann zum Psychiater und erklärt: „Herr Doktor, mein Mann bildet sich ein, dass er eine Parkuhr ist.“ Der Arzt: „Warum erzählt er mir das denn nicht selbst?“ „Mit dem Mund voller Groschen?!“

Zwei Internisten im Dialog:
„Bestimmt ist der Kollege stocksauer, weil er den Chefarztposten nicht bekommen hat.“ – „Jaja“, sinniert der andere. „Die Verdauung des einen kann er fördern, aber die Beförderung des anderen kann er nicht verdauen!“

7.

„Hat das Kind heute Nacht im Schlaf fantasiert?“, will der Kinderarzt von der Mutter wissen. – „Ja“, bestätigt sie, „ganz dünn!“

Herr Haberkorn kommt zum Arzt: „Meine Frau hat mir gesagt, dass ich Hornträger bin, aber ich habe doch kein Horn, oder?“ – „Das ist nur eine Redensart, sie meinte wahrscheinlich, dass sie Ihnen Hörner aufgesetzt, oder anders gesagt, dass sie Sie betrogen hat!“ – „Na, Gott sei Dank, ich dachte schon, ich hätte nicht genug Kalzium!“

Nach der Operation meint der Chefarzt zum Patienten: „Machen Sie sich keine Sorgen, in zwei Wochen sind Sie draußen. So oder so.“

„Ich bedaure“, sagt der Arzt zum Patienten: „Gegen Ihre Krankheit ist noch kein Kraut gewachsen, sie ist vererbt.“
„Na ja, dann schicken Sie eben meinem Vater die Rechnung!“

„Sie haben eine sehr seltene, sehr ansteckende Krankheit. Wir müssen Sie auf die Isolierstation verlegen und dort bekommen Sie nur Kartoffelpuffer und Spiegeleier zu essen."
„Werde ich davon denn wieder gesund?"
„Nein, aber das ist das Einzige, was sich problemlos unter der Tür durchschieben lässt."

Was ist Heuchelei?
Wenn einem der Arzt 'Gute Besserung' wünscht.

„Sie hätten damit schon zehn Jahre früher zu mir kommen sollen", mahnt der Arzt seinen Patienten.
„War ich ja. Sie waren damals Stabsarzt und nannten mich einen Simulanten!"

„Herr Doktor, ich glaube, ich habe die Skatkrankheit."
„Guter Mann, wie kommen Sie denn darauf? Beschreiben Sie mir doch einmal die Symptome." – „Nun, Herzbeschwerden, ein Ziehen im Kreuz, in der Schulter pikt's, und morgens belle ich wie Karo!"

Was ist der Vorteil von Schizophrenie?
Man ist nie alleine.

Was machen Kannibalen aus Medizinern ?
Hot Docs.

Kommt ein Mann zum Psychiater:
„Herr Doktor, mich kann keiner leiden."
„Ja mein Herr, woran kann das liegen?"
„Das sollen Sie doch rauskriegen, Sie Idiot!"

Hausgeburt. Der Arzt geht ins Schlafzimmer, kommt nach kurzer Zeit wieder heraus und bittet den Ehemann um eine Zange. Er verschwindet, erscheint jedoch bald wieder und verlangt Hammer und Meißel. Der entsetzte werdende Vater wird blass. Murmelt der Arzt: „Keine Sorge, ich bekomme nur meine verdammte Tasche nicht auf!"

Fragt der Arzt den Patienten: „Warum rennen Sie denn aus dem Operationssaal?"
Patient: „Die Schwester hat gesagt: Beruhigen Sie sich, das ist nur eine ganz einfache Blinddarmoperation. Sie werden es schon schaffen!" Arzt: „Und was ist daran so schlimm?" – Patient: „Na ja, sie hat es nicht zu mir, sondern zu dem Chirurgen gesagt!"

Im Ring kämpfen zwei Boxer.
Ein Zuschauer ruft aus voller Kehle: „Schlag zu, Boris!"
Fragt sein Nachbar: „Ach, Sie sind wohl ein Fan von Boris?"
„Ach wo, ich bin der Zahnarzt seines Gegners!"

Herr Neurat fragt den Nachbarn: „Na, haben Sie die Krankheit überstanden?"
„Nein", sagt der Nachbar, „die Arztrechnung kommt noch!"

Unter diesem Stein
ruht der Doktor Hasenbein.
Viele, die hier um ihn liegen,
danken nur ihm dies Vergnügen!

7.

„Mein Mann denkt immer nur an das eine – an sein Geld", jammert die Frau vor dem Psychiater. „Das werden wir bald haben", beruhigt sie der Arzt.

Das Sprechzimmer eines bekannten Zahnarztes, an den Wänden unzählige, eingerahmte Anerkennungsschreiben seiner berühmten Patienten. Die Lobeshymne einer Filmdiva: „Alle Zähne, die der Doktor behandelt hat, sind zu meiner vollsten Zufriedenheit ausgefallen!"

„Ich hörte, Sie haben den Zahnarzt gewechselt?"
„Stimmt, der alte ging mir in letzter Zeit so auf die Nerven!"

„Hat Ihre Frau über Ihr blaues Auge gleich kalte Umschläge gemacht?", fragt der Arzt.
Heiko: „Nein, Herr Doktor, nur dumme Sprüche!"

„Herr Doktor, ich hab da so ein Flimmern vor den Augen."
„Ach, schauen Sie doch einfach nicht hin!"

Kommt ein Skelett zum Zahnarzt, sagt der Zahnarzt:
„Ihre Zähne sind gut, aber ihr Zahnfleisch macht mir Sorgen!"

In der Notaufnahme: „Ist das der Boxer, den der Radfahrer über den Haufen gefahren hat?" – „Nein, Herr Chefarzt, das ist der Radfahrer."

Frau Tiede erkundigt sich nach dem Befinden ihres Schwagers.
Ihre Schwester: „Danke, gut. Als der Arzt ihm sagte, er könne niemals wieder arbeiten, ging es von Tag zu Tag wieder aufwärts!"

„Ich kann Sie beruhigen, es besteht nicht die geringste Gefahr", beruhigt der Hautarzt seinen Patienten, „ich hatte vor einigen Jahren die gleichen Symptome."
Der Patient resigniert. „Ja, aber nicht den gleichen Arzt!"

Der Dorfarzt geht über den Friedhof. „Guten Tag, Herr Doktor", wird er von einem Patienten begrüßt, „machen Sie gerade Inventur?"

Patient: „Herr Doktor, ich habe das Gefühl, keiner nimmt mich ernst."
Doktor: „Sie scherzen."

Der Patient erwacht aus der Narkose und sagt erstaunt: „Herr Doktor, Ihr Bart ist aber gewachsen, hat die Operation denn so lange gedauert?" – „Erstens heiße ich Petrus, zweitens hatte ich schon immer einen Bart!"

„Ist ja gerade noch einmal gut gegangen", seufzt erleichtert der Patient, nachdem er aus der Narkose erwacht ist. „Abwarten", meint sein Bettnachbar. „Mich mussten sie ein zweites Mal aufschneiden, weil der Professor eine Klemme in meinem Bauch vergessen hat." Just in diesem Moment öffnet sich die Tür und die Schwester fragt: „Hat jemand die Brille vom Herrn Professor gesehen?"

Fragt eine reiche, runzlige, alte Dame den Schönheitschirurgen: „Könnten Sie bei mir auch einige Eingriffe vornehmen?"
Der Arzt betrachtet sie einige Zeit und meint dann: „Leider nein, Enthauptungen sind in unserem Lande verboten."

„Herr Doktor! Eigentlich fühle ich mich jetzt schon wieder ganz gut", meint Drösel, „nur noch das Atmen macht mir hin und wieder Beschwerden!" – „Keine Sorge, Drösel! Das bekommen wir auch noch weg!"

„Ich sage Ihnen das noch einmal in aller Deutlichkeit", erklärt der Arzt einer beleibten Patientin, „der Riegel, den Sie sich beim Essen vorschieben sollen, darf nicht aus Schokolade sein!"

Zahnarzt zum Patienten: „Es könnte jetzt ein wenig wehtun. Machen Sie den Mund weit auf und beißen Sie einfach die Zähne zusammen!"

Die völlig aufgelöste Mutter am Telefon: „Doktor, Doktor! Unser Felix hat eine Jagdpatrone verschluckt! Was sollen wir tun?"
„Vorsichtig hinlegen, auf niemanden zielen und warten, bis ich eintreffe!"

Ein vor Schmerzen winselnder Beamter auf dem Behandlungsstuhl beim Zahnarzt. „Herr Doktor, mein kranker Zahn pocht so fürchterlich!" Der Zahnarzt nimmt den faulen Zahn genauer unter die Lupe, nickt dann zustimmend, legt seine Instrumente weg und holt ein Schriftstück aus seinem Schreibtisch. „Nun denn, dann füllen Sie mir diesen Antrag erst einmal in dreifacher Ausführung aus, und kommen Sie etwa in vier Wochen wieder!"

Herr Fischer beim Arzt. „Herr Doktor, mir ist gestern eine Dachlatte auf den Kopf gefallen. Kann das schlimme Folgen haben?"
„Aber, woher denn!", beruhigt ihn der Mediziner: „Mir ist zum Beispiel vor Jahren ein Plattenspieler auf den Kopf gefallen. Und merkt man mir irgendetwas an … irgendetwas an … irgendetwas an?"

Sagt der Arzt zum Studenten:
„Tut mir Leid, Sie haben nur noch drei Wochen zu leben!"
„Ach du Schreck, wovon denn?"

Der Psychologe fragt die kleine Steffi:
„War deine Mutter eigentlich ein Einzelkind?"
„Nee, die ist ein Zwilling."
„Na, Kleine? Kannst du die beiden dann unterscheiden, also weißt du denn immer, welche von den Zweien deine Mama ist?"
„Tja, ich glaub schon, der Onkel Heinz hat nämlich einen Bart!"

„Herr Doktor, irgendwie bin ich in letzter Zeit so vergesslich."
Der Arzt lässt sich das genauer erklären: „Wie äußert sich das denn?"
„Was?"

Kai Übel geht zum Arzt: „Herr Doktor, immer wenn ich Kaffee trinke, habe ich so ein stechendes Gefühl im linken Auge."
Doktor: „Dann nehmen Sie doch mal den Löffel aus der Tasse…"

Der Psychiater malt einen Kreis und fragt den Patienten:
„Woran denken Sie, wenn Sie das sehen?"
„An Sex!"
Der Psychiater malt einen Baum.
Antwort des Patienten: „Sex!"
Das Gleiche bei einem Schmetterling, einem Haus und einem Stuhl.
Sagt der Psychiater: „Sie sind ja sexsüchtig!"
„Wer – ich? Wer von uns malt denn immer diese schweinischen Bilder?"

Ein Patient mit schwerem, rasselndem Husten kommt zum Arzt. Dieser schreibt ihm nach eingehender Untersuchung ein Rezept und schickt den Leidgeprüften damit zur Apotheke. Versehentlich gibt man ihm nicht das gewünschte Husten-, sondern ein Abführmittel. Drei Tage später kommt der Mann erneut zum Arzt.
„Wie ich höre, oder vielmehr nicht mehr höre, geht es Ihnen wieder besser?"
„Wie man's nimmt: Ich trau mich nicht mehr!"

„Bitte, Herr Doktor, schenken Sie mir reinen Wein ein, auf Deutsch: Was fehlt mir?"
„Nichts, was nicht zu heilen wäre. Sie sind, auf Deutsch: ein Fresser, ein Säufer und ein Faulpelz!"
„Jetzt fällt mir aber ein Stein vom Herzen! Und auf Lateinisch, für meine Frau?"

„Herr Doktor, ich kann in die Zukunft sehen!" – „Und seit wann geht das schon so?" – „Seit nächste Woche!"

Ein junger Arzt beim Fädenziehen an der Operationsnarbe einer äußerst attraktiven jungen Dame: „Sie liebt mich, sie liebt mich nicht – sie liebt mich..."

Der Arzt klopft voller Bewunderung seinem Patienten, der die ekelhafte Medizin anstandslos mit einem Schluck einnimmt, auf die Schulter: „Herr Meinrad, Sie sind des Krankseins würdig!"

7.

In der Sprechstunde von Doktor Klöpner. Zu seinem Stammpatienten: „Herr Malewski, Ihr Husten hört sich heute schon wesentlich besser an!"
„Keine Kunst", meint der Patient, „ich habe schließlich die halbe Nacht geübt!"

Als Musterpatient führt der Psychiater seinen Studenten Alfons Haberreiter vor: „Dieser Mann leidet eindeutig unter der Wahnvorstellung, unsterblich zu sein. Meine Herren, Ihre und meine Aufgabe ist es nun, ihn vom Gegenteil zu überzeugen!"

Zwei Psychiater im Gespräch: „Herr Kollege, ich habe derzeit einen äußerst interessanten Fall von Schizophrenie: Der Patient glaubt nicht nur, dass zwei Seelen in seiner Brust wohnen, er zahlt auch für beide!"

„Das rechne ich Ihnen wirklich hoch an, dass Sie bei mir extra einen Hausbesuch gemacht haben", sagt Elfriede Koller.
„Ich auch", erwidert der Arzt.

„Sie sind Ihre Erkältung ja immer noch nicht losgeworden. Haben Sie denn meinen Rat nicht befolgt?" – „Schon, Herr Doktor, nur als ich die Badewanne leer getrunken hatte, bekam ich den Tee einfach nicht mehr hinunter...!"

Man soll den Arzt nicht vor der Rechnung loben!

Doktor Fürstlich zu einem früheren Patienten: „Ihr Scheck ist zurückgekommen!"
„Meine Arthrose auch!"

Arzt: „Mein Fräulein, Sie werden Mutter. Da wird sich Ihr Mann aber freuen!"
Die Frau unterbricht den Arzt: „Ich habe keinen Mann."
Arzt: „Ja, dann überbringen Sie die gute Nachricht Ihrem Verlobten."
Die Frau unterbricht wieder: „Ich habe keinen Verlobten."
Arzt: „Und Ihrem Liebhaber?"
Die Frau unterbricht wieder: „Ich habe auch keinen Liebhaber."
Der Arzt wendet seinen Blick zum Fenster. Nach einer Weile sagt er: „Vor ungefähr 2.000 Jahren ist dasselbe geschehen und es ist ein Stern am Himmel aufgegangen, aber bis jetzt ist nichts zu sehen!"

Der Arzt in einem ernsten Gespräch mit Irna Rüstig: „Die Nierenwerte Ihres Mannes sehen nicht gut aus."
Verständnisvoll nickt die Gattin: „Sie sollten erst mal seinen Schreibtisch sehen!"

Der Arzt murmelt vor sich hin, während er den Befund auf ein Krankenblatt niederschreibt.
„Ist das etwa eine seltene Krankheit?", will der verunsicherte Patient wissen.
„Ach wo! Die Friedhöfe sind voll davon!"

Kommt ein Mann zum Arzt und beschwert sich:
„Herr Doktor, mir hört nie jemand zu!"
Meint der Arzt: „Der nächste bitte!"

Eine massige Dame bei der Untersuchung. „Vorname?“, will man bei der Anmeldung wissen. Antwortet die Dicke: „Molly.“
„Zuname?“, fragt der Arzt weiter.
„Jede Woche drei Pfund, Herr Doktor!“

Mutter und Tochter gehen zum Arzt. Sagt der Arzt zu der 20-jährigen: „Ziehen Sie sich aus!" Die Mutter protestiert: „Ich bin zur Behandlung hier, nicht meine Tochter." – „Gut", sagt der Arzt, „zeigen Sie mal die Zunge."

„Herr Doktor, mit mir ist etwas nicht in Ordnung!“, beschwert sich der 80-jährige Patient beim Psychiater. „Ich laufe dauernd hinter jungen Mädchen her!“ – „Daran kann ich aber nichts Krankhaftes feststellen“, beruhigt ihn der Arzt.
„Mag sein, aber ich kann mich nicht erinnern, weswegen!“

„Wird die Operation denn sehr teuer, Herr Doktor?"
„Die Sorge können Sie getrost ihren Erben überlassen!"

Eine Patienten-Befragung in der Unfallstation: „Sind Sie verheiratet?“ – „Nein, ich bin von einem Auto angefahren worden!“

Ein Arzt lässt sich seine Garageneinfahrt neu pflastern. Als die Arbeiter fertig sind, streuen sie Sand, um die Fugen auszufüllen. Mit ernster Miene beobachtet der Arzt die Arbeiter eine Zeitlang und meint dann: „Jetzt wird der Pfusch also mit Sand überdeckt, damit ihn keiner sieht." Darauf antwortet ein Arbeiter: „So unterschiedlich sind unsere Berufe gar nicht, was Doc?!"

Was ist der Unterschied zwischen einem Internisten, einem Chirurgen, einem Psychiater und einem Pathologen?
Der Internist hat Ahnung, kann aber nichts.
Der Chirurg hat keine Ahnung, kann aber alles.
Der Psychiater hat keine Ahnung, kann nichts, hat aber für alles Verständnis.
Der Pathologe weiß alles, kann alles, kommt aber immer zu spät.

Der junge Scheich betrachtet durch die Glaswand die Babys auf der Entbindungsstation. Fragt die Schwester: „Hoheit, welches ist Ihr Kind?"
„Die ersten zwei Reihen."

Kommt ein Mann im weißen Kittel ins Krankenzimmer und fragt den Patienten: „Wie groß sind Sie, mein Herr?"
Patient: „Ein Meter 80, Herr Doktor!"
„Ich bin nicht der Doktor, ich bin der Schreiner!"

„Das war knapp!", sagt der Chirurg nach der Operation zur Schwester.
„Was meinen Sie damit?", fragte die überrascht.
„Einen Zentimeter weiter und ich wäre aus meinem Fachgebiet rausgewesen!"

Liegt einer im Krankenhaus. Neben ihm liegt einer, der stöhnt und stöhnt, als ob er bald sterben würde. Als die Schwester kommt, sagt er zu ihr: „Sagen Sie mal, können Sie den nicht ins Sterbezimmer legen?" – Darauf die Schwester: „Was meinen Sie denn, wo Sie hier liegen?"

Kommt eine Nymphomanin zum Psychiater: „Legen Sie sich bitte auf die Couch."
„Woher wussten Sie so schnell, was mir fehlt?"

„Herr Doktor, es wird höchste Zeit, dass der Patient auf der Internen endlich operiert wird!" – „Weshalb?", fragt der behandelnde Arzt. – „Er ist fast schon wieder gesund!"

„Schwester Elke, wo ist denn der Patient von Zimmer 112 bloß geblieben?"
„Ach, der! Herr Wattke hat plötzlich so hohes Fieber bekommen, dass ich ihn zu dem Herrn mit Schüttelfrost gelegt habe!"

Was ist der Unterschied zwischen einem Bein- und einem Einbruch? Nach einem Beinbruch muss man drei Monate liegen, nach einem Einbruch drei Monate sitzen!

Gehen ein Internist, ein Chirurg und ein Pathologe auf die Entenjagd. Kommen zwei Enten angeflogen.
Sagt der Internist: „Also, meine Herren Kollegen, wenn Sie keine Einwände haben, werde ich jetzt auf die – von mir aus gesehen – rechte Ente, das heißt, – von der Ente aus gesehen – auf die linke Ente natürlich, einen Schuss abgeben – halt, jetzt sind die Enten über uns hinweggeflogen, dann muss ich den Schuss selbstverständlich auf die – von mir aus gesehen – linke Ente abgeben, das heißt nunmehr auch, die – von der Ente aus gesehen linke Ente... Sie haben nichts dagegen einzuwenden, meine Herren Kollegen? Dann feuere ich den Schuss also jetzt ab."
Kommen wieder zwei Enten angeflogen. Sagt der Chirurg: „Aus der Schusslinie, meine Herren!" – Piff, piff, piff. Dann wendet er sich zum Pathologen und sagt: „Und du gehst jetzt da hin und siehst nach, ob 'ne Ente dabei ist!"

„Patient: „Herr Doktor, ich höre immer Stimmen, sehe aber niemand."
Doktor: „Wann passiert das denn?"
Patient: „Immer, wenn ich telefoniere."

7.

„Herr Doktor, Sie müssen mir helfen. Mein Schwiegervater wird langsam senil – er sitzt den ganzen Tag in der Badewanne und spielt mit einem Quietsche-Entchen."
„Aber lassen Sie doch dem alten Mann dieses harmlose Vergnügen."
„Auf gar keinen Fall! Es ist mein Quietsche-Entchen!"

„Karlchen", fragt der Lehrer, „weißt du den Unterschied zwischen einem Hausarzt und einem Psychiater?"
„Aber sicher, Herr Lehrer! Der Psychiater ist ein Doktor, der kein Blut sehen kann!"

„Ist der Patient endlich in der Narkose?", fragt der Arzt die Operationsschwester.
„Das ist so eine Sache mit den Boxern, Herr Doktor", meint die Schwester, „du zählst bis acht, und plötzlich springen sie wieder auf!"

Sagt der Arzt zur Patientin: „Ich habe Ihnen da ein Rezept aufgeschrieben, Fräulein Schicklich!"
Die Patientin entzückt: „Das ist aber nett von Ihnen, Herr Doktor, kochen Sie auch so gerne?"

Fragt der Arzt den Patienten: „Ich hoffe, Sie haben meinen Rat befolgt und zwei Wochen lang bei geöffnetem Fenster geschlafen!"
„Jawohl, Herr Doktor!"
„Und sind Sie nun Ihre Atemnot losgeworden?"
„Nein. Aber den ganzen Schmuck meiner Frau und meine teure Rolex auch!"

Der Arzt hält dem Patienten eine Standpauke:
„Hab ich Ihnen nicht ausdrücklich Bettruhe verordnet, Herr Kaiser? Was machen Sie denn auf dem Flur, wollen Sie sich etwa eine Lungenentzündung holen?"
„Nein, eigentlich nur ein Glas Wasser, Herr Doktor!"

Sagt der Hausarzt zur besorgten Ehefrau: „Ihr Mann braucht unbedingt mehr Ruhe!"
„Sehen Sie", fühlt sich die Frau bestätigt, „sehen Sie, Herr Doktor, das sage ich meinem Mann mindestens 1.000-mal am Tag!"

Ein Besucher kommt zur Anmeldung einer Nervenheilanstalt und fragt den Pförtner: „Mein Herr, sagen Sie, bin ich hier richtig?"
Sagt der Pförtner: „Also, wenn Sie hier" – und tippt sich dabei an den Kopf – „richtig sind, dann sind Sie hier nicht richtig. Aber wenn Sie nicht richtig sind, dann herzlich willkommen, dritter Stock rechts!"

Tünnes muss mal wieder zum Arzt. Nach gründlicher Untersuchung stellt dieser ein Nervenleiden fest.
„Worauf führen Sie diese Krankheit zurück?", fragt er den Tünnes.
„Könnte vom Angeln kommen", meint dieser, „da rege ich mich immer so auf!"
„Meiner Meinung nach wirkt Angeln eigentlich beruhigend!"
Sagt Tünnes: „Aber nicht, wenn man keinen Angelschein besitzt!"

Ein Patient in der „Warteschleife“ vor dem Operationssaal. Er fragt eine vorbeigehende Schwester: „Na, Sie haben heute wohl Hochbetrieb!“ Meint sie: „Das können Sie laut sagen. Da drin herrscht Mord und Totschlag!“

Die attraktive junge Stationsschwester weiß sich keinen Rat mehr und fragt den Oberarzt: „Immer, wenn ich dem Patienten auf Zimmer 103 den Puls messe, erhöht sich Pulsschlag um mindestens 20 Schläge, Herr Doktor. Soll ich ihm ein Beruhigungsmittel geben?"
Der Arzt darauf: „Nicht nötig, Schwester Irmgard. Eine Augenbinde würde schon helfen!"

Fragt der Oberarzt in der Uni-Klinik: „Ihr Name, bitte!“
Patient: „Smiernow, Herr Doktor!“
„Hinten ein W?“
„Nein, ich hab's vorne auf der Brust!“

7.

Axel will seinen Sportskameraden im Krankenhaus besuchen. Er erkundigt sich bei der Anmeldung: „Wo liegt denn, bitte schön, Herr Heinze. Er wurde nach einem Sportunfall hier eingeliefert!" Meint die Schwester: „Mein Herr, Sie kommen leider zu spät. Herr Heinze wurde gestern schon wieder entlassen. Aber kommen Sie doch nächste Woche wieder vorbei!"

Ein Notruf in der Entbindungsstation. Die Schwester in der Notaufnahme blättert im Aufnahmekalender. „Tut mir Leid“, gibt sie dem Anrufer zur Auskunft, „heute und für die nächsten drei Wochen sind wir leider überbelegt. Soll ich Sie für Juni schon vormerken?“

Herr Schwerdtfeger kommt zum Arzt und klagt über fürchterliche Schmerzen im Arm.
Der Arzt fragt: „Sind diese Beschwerden früher schon einmal aufgetreten."
„Ja", antwortet der Patient.
„Dann muss es sich aller Erfahrung nach wohl um eine chronische Krankheit handeln."

Leopold, der frisch gebackene Vater von Vierlingen, will seinen Nachwuchs besuchen und betritt die Säuglingsstation. Schreit eine Schwester hinter ihm entsetzt: „Raus, hier ist der Zutritt verboten. Sie sind nicht steril!" Meint der Vater entrüstet: „Das müssen Sie ausgerechnet mir sagen!"

„Zu Risiken und Nebenwirkungen fragen Sie Ihren Arzt oder Apotheker..." Meike beherzigt diesen Hinweis und fragt den Arzt, der ihr ein Schlafmittel verschrieben hat: „Gut, Sie sagen mir, damit kann ich nun die ganze Nacht ruhig durchschlafen. Und wie oft muss ich dieses Medikament einnehmen?"
Sagt der Arzt: „Alle zwei Stunden!"

Hubert Mallermann bringt etliche Pfunde auf die Waage. Um abzunehmen wird er von seinem Hausarzt auf Kur geschickt. Dort sieht er im Sprechzimmer des Kurarztes ein menschliches Skelett in der Ecke stehen. „Entschuldigen Sie, Herr Doktor", fragt Mallermann schüchtern, „war der auch hier zur Kur?"

Herr Schlemmer schickt den Brief mit der Rechnung seines Hausarztes ungeöffnet an diesem zurück. Als ihn der Arzt zur Rede stellt, meint der: „Aber Herr Doktor! Sie haben doch selbst gesagt, jede Aufregung könnte meinen Tod bedeuten!"

Der Hausarzt mahnt Friedrich zum x-ten Mal: „Wie oft habe ich Ihnen schon gesagt: Finger weg vom Alkohol bei Ihren Gallensteinen!"
Darauf Friedrich: „Aber meine Mutter hat immer gesagt: Steter Tropfen höhlt den Stein!"

Schnösel kommt zum Psychiater: „Herr Doktor, ich habe ein Problem. Ich werde das Gefühl nicht mehr los, dass ich in meinem früheren Leben ein Hund gewesen bin!" Beruhigt ihn der Psychiater: „Das kriegen wir schon wieder in den Griff. Jetzt legen Sie sich erst einmal auf die Couch, und dann sehen wir weiter."
„Auf keinen Fall", protestiert Schnösel, „ich darf nicht auf das Sofa!"

Seufzt Mario in sein Bierchen: „Über 200 Leute muss ich täglich verbinden, seit ich im Krankenhaus arbeite." Mitfühlend klopft ihm ein anderer Kneipengast auf die Schulter: „Man hat's heutzutage halt nicht leicht als Arzt." Meint Mario: „I, wo, ich bin Telefonist!"

„Wo bin ich?", fragt der lädierte Autofahrer verwirrt, als er wieder die Augen öffnet. „Auf Nummer 10", erklärt ihm eine Krankenschwester. „Zimmer oder Zelle?"

Ein Super-Athlet ist auch nur ein Mensch. Die Grippe hat ihn erwischt, und er kommt schniefend und hustend zum Arzt.
„Eine saubere Grippe haben Sie da, und 40 Grad Fieber!", stellt der Arzt fest. Meint der Sportler: „Und wo steht der Rekord?"

Bundestagsabgeordneter Meinhard liegt nach einem misslichen Treppensturz im Krankenhaus. Aus einem Genesungsschreiben: „Wünschen gute Besserung mit 125 gegen fünf Stimmen. Die Fraktion."

Sagt der Chirurg zu seinem Patienten: „Sie werden sicher verstehen, dass wir vor einem solchen wichtigen Eingriff alle Vorsichtsmaßnahmen treffen, Herr Sorglos!"
„Ich verstehe", meint Sorglos, greift nach seiner Jacke und zückt einen Scheck, „Sie verlangen also Vorauskasse!"

Der Landarzt fährt mit seiner Frau in einem Mordstempo durch die Ortschaft. Immer wieder mahnt sie ihn zur Mäßigung: „Liebling, fahr doch nicht so schnell. In jedem Moment könnte dich der Dorfpolizist erwischen, und dann redet das ganze Dorf über uns!" – „Keine Sorge", beruhigt sie ihr Mann, „dem Polizisten habe ich strengste Bettruhe verordnet!"

„Ich frage Sie noch einmal: Sie wollen sich wirklich nach Ihrem Tod der Anatomie zur Verfügung stellen?", fragt der Stationsarzt den Tippelbruder bei seiner Einlieferung.
Der Alte nickt: „Klar, Doc, ich möchte einmal so richtig im Alkohol schwimmen!"

Ein Frau wird mit verbrannten Ohren ins Krankenhaus eingeliefert. „Wie ist das passiert?", fragt der Arzt. „Ich habe gebügelt", berichtet die Frau, „da klingelte das Telefon. Ich war so in Gedanken, da habe ich statt des Hörers das Bügeleisen ans Ohr gepresst." – „Ja, aber wieso haben Sie sich dann auch das andere Ohr verbrannt?" – „Na, danach musste ich doch den Rettungsarzt anrufen!"

Max liegt mit komplizierten Knochenbrüchen im Krankenhaus. Sein Nachbar fragt ihn: „Wie haben Sie denn das gemacht?" Max: „Ich war auf Bärenjagd."
Nachbar: „Und... was ist passiert?" Max: „Ich stand vor einer kleinen Höhle und sagte: Huchu, Bärli. Und da kam ein kleiner Bär heraus, den habe ich laufen lassen! Dann kam ich zu einer mittelgroßen Höhle: Huchu, Bärli, da kam a mittelgroßer Bär, den habe ich auch laufen lassen! Dann kam ich zu einer großen Höhle: Huchu, Bärli..."
– Der Nachbar: „...und dann?"
Max: „Dann kam der Alpen-Express..."

Mitteregger wird ins Krankenhaus eingeliefert. Er stellt sich seinem Bettnachbarn vor: „Gestatten, Alois Mitteregger, Blinddarm."
„Angenehm, Schmidbauer, Überholverbot!"

Moritz kommt mit dick verbundenen Armen und Beinen angehumpelt.
Fragt sein Freund: „Was ist denn mit dir los?"
„Bin von der Leiter gefallen!"
„Hoch?"
„Nein, runter natürlich!"

Zwei werdende Väter unterhalten sich vor dem Kreißsaal. Um ihre Nervosität zu überspielen, tauschen die beiden Erinnerungen aus ihrer Kindheit aus.
Sagt der eine: „Ich war ein begabtes und intelligentes Kind! Bereits mit sechs Monaten konnte ich selbstständig gehen!"
Sagt der andere: „Und das nennen Sie intelligent? Ich habe mich noch mit drei Jahren herumtragen lassen!"

Zwei werdende Väter gehen in einer Klinik in Paris nervös auf und ab.
„Zu dumm, dass das gerade im Urlaub passieren muss", flucht der eine.
„Was soll ich denn sagen? Wir sind auf der Hochzeitsreise."

Ein Herr zu einer Dame:
„Was muss ich Ihnen geben, um einen Kuss zu bekommen?"
„Chloroform!"

Tilo war beim Äpfelpflücken von der Leiter gefallen. Am Krankenbett besucht ihn auch der Herr Pfarrer. „Alles in allem", meint dieser, „haben Sie ja ein guten Schutzengel gehabt!"
„Wie man's nimmt", antwortet Tilo, „besser wäre es gewesen, wenn er mich oben auf der Leiter gelassen hätte!"

„Wie komme ich am schnellsten ins Krankenhaus?", fragt ein Passant einen anderen.
Erklärt dieser: „Am besten, Sie überqueren an dieser Stelle die Straße – dann werden Sie sogar mit Blaulicht hingefahren!"

7.

Ein „planetarisches" Treffen.
Fragt der eine Planet den anderen: „Na, wie geht's?"
Sagt der andere: „Schlecht, ich hab Homo Sapiens."
Darauf der eine: „Au backe! Das hatte ich auch mal."

Eine sehr vollschlanke Dame macht auf ärztliche Anordnung eine Diät, unter der sie sehr zu leiden hat. Als sie es kaum noch aushält, beschwert sie sich bei ihrem Arzt: „Herr Doktor, wenn ich diese Diät noch lange mache, werde ich irgendwann ins Gras beißen müssen." – „Macht nichts", erwiedert der Arzt, „Gras hat nur zehn Kalorien."

„Haben Sie meinen Rat befolgt und bei offenem Fenster geschlafen?", fragt der Arzt. – „Ja." – Und, sind Sie Ihre Bronchitis los geworden?" – „Nein, nur meinen Geldbeutel und meine Uhr."

Hallo, Herr Ober!

8.

Gast zum Ober: „Trinken Sie eigentlich?“
„Aber nein, mein Herr, wo denken Sie hin!“
„Schön so. Dann brauchen Sie auch kein Trinkgeld.“

„Herr Ober, ich habe nur fünf Mark bei mir. Was können Sie mir empfehlen?"
„Ein anderes Lokal, mein Herr!"

Gast in einem Restaurant zur Kellnerin: „Ist das ein Apfel- oder ein Pfirsichkuchen?“
Darauf die Kellnerin: „Schmecken Sie das denn nicht?“
Gast: „Nein!“
Kellnerin: „Dann ist es doch auch egal!“

Helge bestellt in der Kneipe 18 Pils. Der Wirt schenkt kopfschüttelnd ein und fragt den sonderbaren Gast: „Im Vertrauen, mein Herr, aber was wollen Sie bloß mit 18 Pils – erwarten Sie noch ihre Fußballmannschaft?" – „Keineswegs, aber draußen an der Tür steht doch groß und deutlich UNTER 18 KEIN ALKOHOL!"

Konrad sitzt in seiner Stammkneipe vor seinem Bierchen. Ein dringendes Bedürfnis meldet sich. Damit keiner in seiner Abwesenheit an seinem Bier nippt, klebt Konrad einen Zettel ans Glas: „Habe hineingespuckt!“ Als Konrad wenige Minuten später wieder kommt, steht darunter gekritzelt: „Ich auch!“

Der Gast bestellt in einem feinen Restaurant: „Ich hätte gern das Filet à la carte, genau 200 Gramm, und nicht zu roh!"
„Sehr wohl, mein Herr, und welche Blutgruppe soll das Rind haben?"

Oskar und Marga sitzen beim Sonntagsessen. Heute gibt es Sauerbraten, Spätzle und Soße. Mit einem etwas angeekelten Blick zieht Oskar plötzlich einen Faden aus seinem Lieblingsgericht. „Wie kommt denn ein Faden in die Soße?“
Marga: „Ich habe alles genau nach dem Kochbuch gekocht. Dort steht, dass ich die Soße binden soll…“

„Herr Ober", beschwert sich ein Gast, „ich hatte eigentlich einen Schaumwein bestellt. Meiner schäumt überhaupt nicht!"
„Was haben Sie erwartet? Haben Sie etwa schon mal eine Ochsenschwanzsuppe wedeln sehen?"

Kellner zum Gast: „Wollen Sie einen Nachtisch?"
Gast zum Kellner: „Wieso? Fehlt einer?"

Ein älterer Mann bestellt im Restaurant eine Nudelsuppe.
Kurz nachdem der Ober die Suppe serviert hat, moniert der Gast: „Sie, in meiner Suppe, da schlagen sich offensichtlich zwei Fliegen!"
„Mein Herr", meint der Ober, „glauben Sie etwa, für vier Mark zwanzig sehen Sie einen Stierkampf?"

Zwei Milchpfützchen im siebten Himmel.
„Wollen wir nicht heiraten und Kinder kriegen?"
„Würde ich ja gerne, aber ich bin pasteurisiert!"

„Herr Ober, wieso ist das Weinglas, das Sie mir bringen, leer?"
„Na, mein Herr, wenn ich mich recht erinnere, hatten Sie doch einen trockenen Wein bestellt?"

8.

Beschwert sich ein Gast beim Kellner: „Herr Ober, ich habe in meinem Brötchen eine Schrotkugel gefunden!"
„Nanu! Da muss wohl jemand die Flinte ins Korn geworfen haben!"

Arzt zum Schwertschlucker: „Ab sofort strengste Diät! Nur noch Obstmesser!"

Gast zum Wirt: „Wie viel Wein schenken Sie so durchschnittlich an einem Tag aus?"
Antwortet der Wirt: „Zirka drei bis vier Kisten!"
Gast: „Würden Sie gern fünf Kisten ausschenken?"
Wirt: „Sicher!"
Gast: „Dann schenken Sie die Gläser Ihrer Gäste doch einmal bis an den Messstrich voll!"

In einer Autobahnraststätte. Ein Fernfahrer genießt gemütlich seine Pause, als vier Rocker das Lokal betreten. Hämisch bauen sie sich vor dem Tisch des Fahrers auf, der erste isst dessen Pommes, der zweite den Salat, der dritte die Wiener Würstchen, und der vierte schließlich schüttet ihm sein Bier über den Kopf. Kommentarlos steht der Fernfahrer auf, bezahlt schweigend seine Rechnung und verlässt das Lokal. Kurze Zeit später betritt ein anderer Brummifahrer die Raststätte und wird prompt von den Rockern angepöbelt: „Hey, Mann, hoffentlich bist du nicht auch so ein Riesenfeigling wie dein Kollege, der eben hier war. Wir haben ihm den Appetit versaut und ihm das Bier über den Kopf geleert, und er hat sich kein einziges Mal gewehrt!" – „Gut beobachtet, Jungs", sagt der Fernfahrer, „mein Kollege ist ein richtiger Feigling – und ein schlechter Fahrer dazu. Eben hat er auf dem Parkplatz beim Rückwärtsfahren vier Motorräder platt gefahren!"

Ein junger Dichter im Restaurant. Genüsslich kaut er an einem Stück zartem Fleisch, hält den Bissen auf der Gabel verzückt vor sich hin und sinniert: „Kalb?"
Der Ober: „An welchem Ende der Gabel meinen Sie?"

„Mutti, warum sind Vitamine immer in den Gerichten, die nicht schmecken?"

Der Oberkellner zu Horst Matthies: „Mein Herr, Sie können nicht den ganzen Abend hier am Tisch sitzen ohne zu bestellen!"
Matthies darauf: „Na schön, dann bestellen Sie der Köchin einen schönen Gruß!"

Staunende Nachdenklichkeit am Stammtisch: „Also Schorsch. Das glaubt dir doch kein Mensch. 25 Jahre verheiratet und noch kein einziger Krach. Widersprichst du deiner Frau denn niemals?"
Schorsch wiegt bedächtig das Haupt: „Niemals. Ich warte, bis sie sich selbst widerspricht."

Die Genussfreuden des Preußen: Weißbier und Bockwurst.
Die des Bayern: Bockbier und Weißwurst.

Ein Stotterer und ein Schielender wollen eine Sau schlachten. Der Stotternde hält das Tier fest, der Schielende hebt das Beil.
Da ruft der Stotterer plötzlich: „S-s-to-o-pp, M-mmoment mal! Schschschlägst du d-d-dahin, wo d-du hinschaust?"
„Klar!", meint der Schielende.
Darauf der Stotternde:
„D-d-dann muss ich m-m-mit der S-sau den Platz t-tauschen!"

Eine Motte im einem Schnellrestaurant: „Bitte zack-zack eine heiße Socke! Ich habe den ganzen Tag noch nichts Warmes in den Bauch bekommen!"

„Herr Ober! Bringen Sie mir bitte eine Lupe!"
„Warum das denn, wenn ich fragen darf?"
„Mir fällt ständig Ihr 600-Gramm-Holzfällersteak durch die Zinken meiner Gabel!"

„Ist das Hirn frisch?", fragt ein penibler Kunde.
„Taufrisch, sozusagen", antwortet der Metzger, „gestern hat es noch gedacht!"

8.

Der Ober beobachtet schon eine Weile einen Gast, der sich heftig mit seinem servierten Fisch auseinander zu setzen scheint. Von Neugier getrieben, fragt er schließlich den Gast: „Führen Sie mit dem Fisch etwa Zwiegespräche?"
„Nein, ich mache ihm Vorwürfe", erklärt der Gast, „ich sage also zu ihm: Wie kann ein frischer Fisch nur so stinken?"

Ob Ölsardinen gesund seien, will eine Patientin von ihrem Arzt wissen.
„Meine Dame, das kann ich nicht sagen. Bei mir jedenfalls hat sich noch keine behandeln lassen!"

„Herr Ober, in dem Kirschkuchen sind ja gar keine Kirschen!"
„Wo denken Sie hin – im Hundekuchen sind ja schließlich auch keine Hunde!"

Der Kellner empfiehlt dem jungen Paar sehr ausführlich die Spezialitäten des Hauses: Weinbergschnecken, Froschschenkel, Garnelen...
„Wenn wir Sie unterbrechen dürften", meint der Gast, „wir wollten eigentlich bei Ihnen speisen, und Ihnen nicht das ganze Ungeziefer wegfressen!"

Von zehn Erdenbürgern essen vier mit Messer und Gabel, drei mit Stäbchen und drei mit den Fingern.

Die Genussfreuden des Preußen: Weißbier und Bockwurst.
Die des Bayern: Bockbier und Weißwurst.

Strohwitwer Baldwin Hanel kauft sich aus der Not heraus ein Kochbuch.
Bereits kurze Zeit später schleudert er es wütend in die Ecke und brummt: „So ein Mist! Gleich am Anfang steht: Man nehme eine saubere Pfanne..."

Einladung zum Essen bei Grunerts.
Auf die Frage der Gastgeberin, ob sie ihm noch Fleisch nachlegen dürfe, meint ein Herr: „Gern, aber bitte nur so ein winziges Stück wie eben!"

Der Kannibale gibt der Stewardess die Speisekarte zurück: „Die Passagierliste, bitte!"

Ilona Feinmund lädt zum Essen ein. Nach dem mehrgängigen Menü bietet sie unter anderem auch Ottmar Immersatt eine feine Zigarre an. Dieser lehnt besonders höflich ab: „Danke, sehr aufmerksam von Ihnen, aber ich genehmige mir diesen Luxus nur nach einem guten Essen!"

„Gnädige Frau, wie fanden Sie denn das Steak?"
„Nun, ich habe eine Kartoffel beiseite geschoben und siehe da: Darunter lag es!"

„Die Knödel sind aber verschwindend winzig", moniert ein Gast im Restaurant.
Der Kellner erklärt: „Mein Herr, das hat schon seine Richtigkeit! Sie speisen hier in einem Bahnhofsrestaurant, und wenn wir größere Portionen ausgeben, versäumen die Leute nur ihren Zug!"

Rezept für einen echt schwäbischen Kaffee:
Man binde eine Kaffeebohne an einen Faden, hänge diesen so in die Sonne, dass der Schatten in die dampfende Tasse heißen Wassers fällt!

Kommt ein Skelett in die Kneipe:
„Herr Ober! Ein Bier und einen Wischlappen!"

„Herr Ober, das Schnitzel ist ja zäh wie eine Schuhsohle!"
„Ach ja? Warum nageln Sie es dann nicht unter Ihren Schuh?"
„Hab ich ja probiert, aber die Nägel sind alle abgebrochen!"

„Herr Ober, was machen die ganzen Leute an meinem Tisch?"
„Ja, Sie haben doch Auflauf bestellt!"

8.

„Wünschen der Herr Weiß- oder Rotwein zum Menü?"
„Das überlasse ich Ihnen, mein Herr, ich bin farbenblind!"

Im Café beschwert sich der Stammgast: „Bedienung! Was soll denn hier der Kaffeesatz in meiner Tasse bedeuten?"
Die Bedienung erwidert barsch: „Weiß der Kuckuck. Ich bin hier zum Servieren, nicht zum Wahrsagen!"

„Herr Ober, das Schnitzel ist so zäh, das kann man ja überhaupt nicht essen."
„Tut mir Leid, mein Herr. Sie haben's verbogen, also müssen Sie es auch bezahlen!"

Sitzen zwei in der Kneipe und trinken Wein.
Gast: „Servieren Sie auch Flaschen?"
Kellner: „Wir servieren hier grundsätzlich jedem!"

Der Wirt fragt höflich: „Schmeckt Ihnen unser Wein, mein Herr?" Gast: „Ausgezeichnet! Nur vermisse ich das Öl und den frischen Salat dazu!"

„Herr Ober, was ist Schimmel?"
„Schimmel ist die Bezeichnung für ein weißes Pferd, mein Herr!"
„Und was hat ein weißes Pferd auf meinem Kompott zu suchen?"

„Herr Ober, was macht das Bier, das ich vor einer halben Stunde bestellt habe?"
„Drei Mark fünfzig, der Herr!"

Bestellung bei einem bekannten schottischen Restaurant: „Einen MacBacon, einen MacRib und einen MacGyver bitte!"
„Ein MacGyver? Was ist das?"
„Der erste Snack, der sich selbst aus der Verpackung befreit!"

Ein Chinese sitzt in einer deutschen Kneipe und bestellt sich ein Bier. Der Kellner bringt das Bestellte und stellt es auf einen Bierdeckel auf den Tisch. Nach kurzer Zeit bestellt der Chinese wieder ein Bier. Der Kellner füllt das Glas erneut auf, will es vor den Gast stellen, aber der Bierdeckel ist weg. Also legt er einen neuen unters Bier. Nach einer Weile bestellt der Chinese sein drittes Bier. Wieder ist der Bierdeckel weg. Murmelt der Kellner: „Dem bringe ich nicht schon wieder einen Bierdeckel."
Darauf der Chinese: „Wo ist Keks?"

In einem Restaurant rührt ein Gast missmutig in seiner Tasse.
Als die Kellnerin vorbeikommt, knurrt er: „Soll das nun Tee oder Kaffee sein? Schmeckt ja wie Petroleum." Darauf die Kellnerin: „Dann ist es Kaffee. Unser Tee schmeckt nach Seife."

In einem Restaurant sitzen zwei Gäste an verschiedenen Tischen. Sagt der eine etwas irritiert: „Entschuldigung, wissen Sie, wie hier die Schnecken sind?"
Der andere: „Nicht besonders, sie sind als Kellner verkleidet."

„Herr Ober, warum soll ich denn jetzt schon zahlen? Ich bin ja noch gar nicht mit dem Essen fertig." – „Das ist hier bei Pilzgerichten so üblich!", meint der Ober.

In einem teuren Gourmettempel fragt der Oberkellner:
„Wie fanden Sie die Seezunge, mein Herr?"
„Rein zufällig, als ich die Zitronenscheibe auf den Tellerrand schob."

„Herr Ober, der Hund hat sich mein Schnitzel geschnappt!"
„Keine Sorge, ich stehe schon mit dem Fuß darauf!"

Heidenreichs in einem feinen Restaurant. Der Oberkellner: „Gnä' Frau, werter Herr! Die Schnecken kann ich Ihnen heute sehr empfehlen ..." – „Nein danke, wir sind gestern schon von einer bedient worden!"

„Herr Ober, der Wein ist ja ganz warm."
„Tut mir Leid, der Lehrling verwechselt noch immer die Kalt- und Warmwasserleitung."

„Wann kommt endlich mein Essen, ich habe schon ewig bestellt!" 8.
„Bei welchem Kellner? Bei dem Weißhaarigen da drüben?"
„Kann sein, bei mir war er noch blond!"

„Herr Ober, Ihre Krawatte hängt in meiner Suppe!"
„Macht nix, die muss sowieso in die Reinigung!"

Der Gast im ersten Restaurant am Platz bindet sich die Serviette um den Hals. Der Kellner kommt mit hochgezogenen Augenbrauen. „Ist was?", sagt der Gast. „Nein, nein, gar nicht. Was darf's denn sein, der Herr, Rasieren oder Haareschneiden?"

In einem Münchener Stadtcafé bestellt ein Gast einen Kaffee ohne Sahne.
Nach fünf Minuten kommt der Kellner zurück an seinen Tisch: „Tut mir Leid, mein Herr, die Sahne ist leider alle, kann es auch ein Kaffee ohne Milch sein?"

Der Abgeordnete speist im Restaurant. „Wie schmeckt Ihnen das Essen?", fragt der Ober eifrig. Meint der Politiker: „Danke, es geht. Leider haben die Kartoffeln die absolute Mehrheit!"

Sagt der Gast zum Ober: „Die Forelle sieht aber gar nicht gut aus." Der Ober beugt sich über den Teller und meint: „Kein Wunder – die ist ja auch tot!"

Gast zum Barkeeper: „Was füllen Sie eigentlich zuerst ins Glas, den Whisky oder das Sodawasser?" – „Den Whisky." – „Na, dann hab ich ja noch 'ne Chance, zu ihm vorzustoßen."

Der Ober bringt die Suppe. Nach einer Weile kommt er wieder am Tisch vorbei und sieht, dass der Gast noch nichts von seinem Essen gekostet hat. Ob etwas mit dem Essen nicht in Ordnung sei, will er von dem Gast wissen.
Der Gast erwidert: „Kosten Sie die Suppe!" – „Ist sie zu heiß oder zu kalt, mein Herr?", fragt der Ober. – „Kosten Sie die Suppe!!" – „Ist sie etwa versalzen?" – Gast wütend: „Kosten Sie endlich die Suppe!" – Ober: „Pardon, mein Herr, es fehlt ein Löffel!" – „Na, endlich!"

„Herr Ober, was krabbelt denn da im Salat?"
„Mein Herr, haben Sie noch nie etwas von Vitaminen gehört?"

„Herr Ober, haben Sie ein Schnellgericht auf der Karte? Ich hab's eilig!"
„Da nehmen Sie am besten unser Tagesgericht, das muss auch weg!"

Der Gast zum Ober: „Hallo Ober!"
Der Ober zum Gast: „Hallo Gast!"

Im Wein liegt die Wahrheit –
der Schwindel liegt im Etikett.

„Herr Ober! In meiner Suppe schwimmt eine Fliege!"
„Was sollte sie denn sonst tun? Radfahren?"

„Herr Ober, jetzt habe ich schon sechsmal mein Schnitzel bestellt, und es ist immer noch nicht da! – „Ja, Massenbestellungen brauchen immer etwas länger!“

Was versteht ein Mann unter einem siebengängigen Menü?
Einen Hot-Dog und einen Sixpack.

„Herr Ober, ich möchte etwas essen, was ich bisher noch nie gehabt habe.“
Darauf der Ober: „Wie wäre es dann mit Hirn, mein Herr?“

„Mein Herr, Sie haben soeben Ihren Kaffee verschüttet!“
„Keinesfalls, Herr Ober, er war so schwach, dass er von allein umgefallen ist!“

„Herr Ober, in meiner Suppe ist ein Hörgerät!“
„Wie bitte?“

„Herr Ober, was macht die Fliege in meiner Suppe?“
„Rückenschwimmen!“

„Herr Ober, in meiner Suppe schwimmt eine Fliege!“
„Haha, aber nicht mehr lange. Sehen Sie die Spinne am Tellerrand?“

„Herr Ober, in der Suppe schwimmt eine Fliege!“
„Das macht nichts. Die isst nicht viel.“

„Herr Ober, in der Suppe schwimmt eine Wespe!“
„Tja, die Fliegen waren leider alle.“

„Herr Ober, auf meinem Salat hüpft eine Fliege!“
„Für 8.50 DM können Sie auch kein Ballett erwarten.“

„Herr Ober, haben Sie ‘Kalte Rippchen’?“
„Nein, heute trage ich Angora-Unterwäsche.“

„Herr Ober, haben Sie Froschschenkel?"
„Ja."
„Dann hüpfen Sie mal los und bringen Sie mir ein Bier!"

„Herr Ober! Haben Sie dicke Rippen?"
„Danke für die Nachfrage, mein Herr, aber es ist nur eine leichte Prellung, nichts von Bedeutung."

„Ich habe aber auch schon mal besser gegessen", meint ein Gast in einem Restaurant. „Aber bestimmt nicht hier", erwidert der Kellner.

Sagt ein Gast zu seiner Frau: „Schatz, zu schade, dass wir nicht schon früher hierher gekommen sind!"
Der Kellner hat diesen Satz aufgeschnappt, wendet sich dem Paar zu und meint: „Dann waren Sie also zufrieden?"
„So habe ich das eigentlich nicht gemeint", sagt der Gast, „aber dann wäre die Gemüseplatte vielleicht frischer gewesen!"

Ein empörter Gast ruft den Kellner zu sich an den Tisch:
„Holen Sie mir sofort den Geschäftsführer! Mein Filet ist ja wirklich ungenießbar!"
Kellner: „Wie Sie meinen, mein Herr! Aber ich kann ich jetzt schon versichern – essen wird der Ihr Filet auch nicht!"

„Eine bodenlose Unverschämtheit!", schimpft ein Gast im Restaurant. „Wir warten jetzt schon eine geschlagene Stunde auf eine Bedienung, und der Herr am Nebentisch kam erst vor wenigen Minuten und wird prompt bedient! Ich möchte sofort den Geschäftsführer sprechen, Herr Ober!"
„Der Herr dort drüben am Nebentisch, das ist der Geschäftsführer!", meint der Ober.

Ein feiner Pinkel im einem Bahnhofsrestaurant.
Fragt er die Bedienung, ob man hier beim Essen wählen könne.
„Sicher", meint die Bedienung, „Sie haben die Wahl, es entweder zu essen, oder es sein zu lassen!"

Elfriede und Otto sitzen in einem Straßencafé. Nachdem sie vom Kellner über eine halbe Stunde lang keines Blickes gewürdigt werden, pfeifen sie nach ihm. Das Mittel zeigt Wirkung und der Kellner kommt prompt an ihren Tisch: „Meine Herrschaften, was darf ich Ihnen bringen?“, fragt er. „Vielleicht Vogelfutter?“

„Herr Ober, nehmen Sie doch bitte die Fettaugen aus meiner Suppe, ich fühle mich immer so beobachtet beim Essen."

„Herr Ober, mein Teller ist ja noch ganz feucht!“
„Feucht? Nein, das ist nur die Suppe.“

„Aber Herr Ober, das Muster auf der Butter ist viel zu schön um sie anzuschneiden." „Nicht war? Hab ich mit meinem Kamm gemacht!"

„Herr Ober, der Kaffee ist kalt!“
„Wenn'se was Warmes wolln müssen'se 'n Bier bestelln.“

Der Ober sagt zu dem Gast: „Sie brauchen das Besteck nicht immer an der Tischdecke abzuwischen, es ist sauber. Außerdem machen Sie damit die Tischdecke schmutzig."

„Herr Ober, bringen Sie mir doch bitte das, was der Herr dort drüben isst.“
„Ich glaube nicht, dass er sich das wegnehmen lässt…“

„Herr Ober, in meiner Suppe schwimmt 'ne Fliege!"
„Gut, ich setz sie auf die Rechnung."

„Herr Ober, schließen Sie bitte das Fenster!“
„Zieht es denn?“
„Ja, mein Schnitzel wurde schon zweimal vom Teller geweht!“

Gast beim Studieren der Speisekarte:
„Wieso sind drei Spiegeleier teurer als drei Rühreier?"
„Spiegeleier kann man nachzählen."

„Herr Ober, nehmen Sie gefälligst den Daumen von meinem Schnitzel!“
„Damit es mir nochmal runterfällt, ja?“

„Herr Ober, dieses Schnitzel ist aber sehr klein!“
„Das tut mir sehr Leid!“
„Es ist auch noch sehr zäh!“
„Dann seien Sie doch froh, dass es so klein ist!“

„Nehmen Sie gefälligst den Daumen aus der Suppe, Herr Ober.“
„Warum? Die ist nicht heiß.“
„Waaas? Bringen Sie mir das Beschwerdebuch!“
„Bedaure. Das ist voll.“
„Dann bringen Sie mir den Wirt.“
„Bedaure. Der ist auch voll.“

„Herr Ober, wo bleibt der zweite Gang?“
„Sie bestellten Automatik-Essen, mein Herr!“

„Herr Ober, holen Sie bitte den Geschäftsführer, ich esse dieses undefinierbare Etwas nicht!“
„Das hat keinen Zweck, meine Dame, der Geschäftsführer isst es bestimmt auch nicht!“

„Herr Ober, die Karte bitte!“
„Mein Herr, die ist aber aus Leder!“

„Herr Ober, spielt hier die Musik, was der Gast wünscht?“
„Selbstverständlich, mein Herr!“
„Dann soll die Kapelle bitte Billard spielen, bis ich mit dem Essen fertig bin!“

Ein Blinder und ein Einbeiniger stehen an der Bar und streiten sich. Darauf der Einbeinige zum Blinden: „O. k., das reicht! Wenn du noch einen Ton sagst, trete ich dir in den Hintern!“ Darauf der Blinde: „Ha, das will ich sehen.“

Stehen ein Ober und ein Koch hinter der Küchentür. Sagt der Ober zum Koch: „Er hat's gefressen!"

„Ein Gast beschwert sich beim Geschäftsführer: „Werter Herr, ich habe mich bereits bei Ihrem Angestellten beschwert. Aber sehen Sie selbst: Auf meinem Filet liegt eine tote Fliege!"
„Vollkommen unmöglich", entgegnet der Geschäftsführer des Lokals.
„Schauen Sie bitte genau hin", sagt der Gast ungehalten.
Meint der Geschäftsführer: „Mag ja sein. Aber das da ist kein Filet!"

„Herr Ober, haben Sie noch Schnitzel?"
„Hmmh, sind ausgegangen…"
„Äh,und Koteletts?"
„Hmmmh, auch nicht mehr da…"
„Hmm, gemischten Salat?"
„Hmmmh, soeben aufgebraucht…"
„Sagen Sie mal, haben Sie Asthma?"
„Hmmmh, muss ich erst nachfragen…"

„Herr Ober, wie nennen Sie dieses Gericht?"
„Hüttenkäse…"
„Dann habe ich eben auf ein Stückchen Tür gebissen."

8.

„Herr Ober, einen Zahnstocher bitte!"
„Tut mir Leid, mein Herr, im Moment sind alle besetzt!"

Melchior und Tobias sitzen in einem Restaurant und erhalten das bestellte Bier. „Prost!", sagt Tobias. Darauf sein Gegenüber in unwirschem Ton: „Also, entweder wir trinken oder wir plaudern!"

Die am häufigsten gebrauchten Worte in einer Kneipe:

„Flur"	*Wie viel Uhr?*
„Schlange"	*Schon lange nicht mehr gesehen*
„Eishockey"	*Alles O. K.*
„Wirsing"	*Wiedersehn*
„Kanufahren"	*Kann noch fahren!*

"Herr Ober, hier sind ja gar keine Stühle!"
„Sie hatten doch nur einen Tisch bestellt!"

Geht ein Mann in eine Kneipe und sagt zur Wirtin: „Hast du noch die leckeren selbst gemachten Frikadellen?"
„Natürlich."
„Dann krieg ich ein Bier!"

Was sind die letzten beiden Lügen an einen Aushilfskellner?
Das Geld wird überwiesen und wir rufen dich wieder an.

Sitzen zwei Wurstsemmeln auf einer Bank.
Sagt die eine zu der anderen: „Du, mir ist fad."
Sagt die andere: „Mir nicht, ich hab eine Gurke!"

Ein Mann kommt an die Theke und sagt zum Barkeeper: „Der eine Typ gerade spinnt ja wohl. Der wollte noch seinen Ur-Ur-Ur-Ur-Großvater gekannt haben!"
Der Barkeeper: „Ne, der spinnt nicht, der stottert."

Steht ein Pilz im Wald. Kommt ein Kaninchen und trinkt's.

„Herr Ober, ich möchte gerne Rumkugeln!"
Meint der Ober zum Gast: „Tun Sie sich keinen Zwang an. Der Boden ist gerade frisch geputzt."

„Hat dein Freund eigentlich das Trinken aufgegeben?"
„Nein, er schwankt noch."

Ein Betrunkener torkelt im Morgengrauen aus der Bar. An der Tür lallt er den Portier an: „Was ist das hier denn für ein merkwürdiger Geruch?" Antwortet der Portier höflich: „Mein Herr, das ist kein merkwürdiger Geruch – das ist frische Luft!"

Gast zum Kellner: „Der Schaumwein schäumt ja gar nicht!"
Kellner zum Gast: „Was erwarten Sie? Bellt etwa ein Hundekuchen?!"

Alfred erzählt den Stammtischbrüdern von seiner Hochzeitsreise: „Plötzlich wurde ich mitten in der Wüste von Marokkanern eingekreist. Vor mir Marokkaner, neben mir Marokkaner, hinter mir Marokkaner!" – „Und, was hast du dann gemacht?" – „Ich habe den Teppich gekauft!"

Die zwei Stammtischbrüder stehen am Grab ihres Kumpels und nehmen wehmütig Abschied. Der erste hält einen prächtigen Rosenstrauß in der Hand und sagt: „Hier, mein Freund, für dich: die schönsten Rosen aus meinem Garten. Die mochtest du doch immer so gerne!" Sprach's und lässt die Rosen ins Grab fallen.
Der zweite packt zwei Flaschen Wein aus: „Hier, mein Freund, für dich: der beste Tropfen, den mein Weinkeller herzugeben hat. Den mochtest du doch immer so gerne!" Sprach's und lässt die Flaschen ins Grab fallen.
Ungläubig sagt plötzlich der erste: „Wein? Glaubst du etwa im Ernst, er kann den Wein noch genießen?"
„Na, und glaubst du, er stellt deine Rosen ins Wasser?"

Zwei Stammtischbrüder streiten sich:
„Karlheinz", schreit Helmut und schlägt mit der Faust auf den Tisch, „viel trennt dich nicht mehr von einem Vollidioten!"
„Stimmt", meint Karlheinz, „nur noch der Tisch, der zwischen uns steht!"

8.

Nach dem traditionellen Viehmarkt am Sonntag trifft man sich in der Dorfkneipe zum Frühschoppen. Bauer Sepp prostet einem anderen Bauern zu: „Hab richtig Dusel gehabt heute! Sieben Kühe verkauft und beide Töchter unter die Haube gebracht!"

Stammtischgespräch:
Fragt der Anton den Werner: „Du, warum spielst du denn nimmer mit Thilo Karten?"
Darauf der Werner: „Würdest du mit jemandem spielen, der andauernd schummelt?"
„Nein, würd ich nicht."
„Schau, das hat der Thilo auch gesagt!"

Sagt Frauke zu ihrer Freundin Elvira:
„Ich esse jeden Morgen ein geschlagenes Ei!"
Elvira darauf: „Und ich eine geschlagene Stunde!"

„Unverschämtheit!", beschwert sich ein Gast im Schnellrestaurant bei der Bedienung, „in meinem Salat habe ich ein Hörgerät gefunden!" Beugt sich die Kellnerin zum Gast und schreit: „Was, bitte sprechen Sie lauter, ich kann Sie so schlecht verstehen!"

Bauersmann Sepp kommt mit einem blauen Auge zum sonntäglichen Frühschoppen. Großes Gelächter am Tisch. Auf die Frage, wie er denn zu so einem hübschen 'Veilchen' komme, antwortet er zerknirscht: „Na, als eine meiner Kühe beim Melken nicht mit dem Schwanzschlagen aufhören wollte, hab ich ihr einen Ziegelstein drangebunden!"

„Unverschämtheit, mir so ein kleines Zimmer zu vermieten!", beschwert sich ein Gast an der Hotelrezeption, „dort treten sich ja schon die Mäuse gegenseitig auf die Füße!"
Der Angestellte darauf: „Guter Mann, einen Stierkampf können Sie für das Geld auch nicht erwarten!"

Sagt der Hotelmanager zum Gast: „Offensichtlich fühlen Sie sich bei uns wie zu Hause."
„Respekt, wie haben Sie das bemerkt?"
„An Ihrem schlechten Benehmen!"

Franz kommt leicht angesäuselt vom Stammtisch nach Hause. Kaum in der Wohnung, jammert er schon: „Herrje, was für ein lausiges Fernsehprogramm heute!" Ruft seine Frau aus dem Wohnzimmer: „Schatz, du stehst ja auch vor dem Garderobenspiegel!"

Jammert Alex am Stammtisch: „Übermorgen hat meine Ilse Geburtstag, und ich habe immer noch kein passendes Geschenk für sie."
Seine Kumpel raten ihm: „Frag sie doch einfach."
„Na, so viel Geld wollte ich nun auch wieder nicht ausgeben!"

Höflich weist der Wirt den Stammgast am Tresen darauf hin, dass er gestern ein Bier zu wenig bezahlt habe. „Komisch, dass Sie das gerade heute sagen", meint dieser, „gestern meinte doch der Polizist, ich hätte wohl ein Bier zu viel getrunken!"

Unterhalten sich zwei Gäste am Tresen. Fragt der eine den anderen: „Na, Sie haben sich wohl vor kurzem erst das Rauchen abgewöhnt?" Erstaunt meint der Gast: „Sie sind gut! Woher wissen Sie das?" Mit einem Fingerzeig auf den Aschenbecher antwortet dieser: „Weil Sie gerade Ihren Keks ausdrücken!"

Erich jammert seinem Stammtischbruder mal wieder was vor: „Die schwerste Arbeit des Tages kommt bei mir immer vor dem Frühstück." Fragt sein Kumpel: „Was machst du denn so früh schon?" – Erich mit einem tiefen Seufzer: „Aufstehen!"

Zwei Zechbrüder stehen nebeneinander an der Bar. Zu früher Abendstunde ist der eine noch nüchtern, der andere aber schon ein wenig angesäuselt. Da sagt der Beschwipste zum Nüchternen: „Jetzt musst du aber langsam mit dem Trinken Schluss machen. Dein Gesicht ist ja schon ganz verschwommen!"

8.

Hermann trifft seinen Kumpel in der Kneipe. Mit betrübtem Gesicht sitzt dieser vor seinem Bierchen. „Was ist los, Hermann, so kenne ich dich ja gar nicht", sagt sein Kumpel und klopft ihm aufmunternd auf die Schulter. „Ach, weißt du", stöhnt Hermann, „ich habe vorhin ein trauriges Buch gelesen." – „Und welches?" – „Na, mein Sparbuch!"

„Schnell noch einen Whisky, bevor es knallt!" Er bekommt ihn. „Schnell noch einen, bevor es knallt!" Er bekommt ihn. Dieses Spielchen geht zirca eine halbe Stunde in diesem Strickmuster. Schließlich fragt der Barkeeper: „Sagen Sie mal, was soll denn knallen?" Der Cowboy: „Nun, ich bin total abgebrannt und kann meine Zeche nicht zahlen!"

Bei einer Kneipen-Rauferei fliegen Stühle in die Luft, Gläser gehen zu Bruch, und alles steht Kopf. Meint ein Gast zum Wirt: „Gibt es bei Ihnen im Dorf eigentlich keinen Polizisten, der hier für Ruhe und Ordnung sorgen kann?" – „Doch, aber der ist schon im Gedränge untergegangen."

Betritt ein Gast eine Kneipe. Das Lokal ist wie ausgestorben. Verwundert fragt er den Wirt, ob in seinem Laden immer so wenig los sei. „Momentan nicht", antwortet der, „ein paar Leute fahren gerade den ins Krankenhaus, der vor einer halben Stunde dieselbe Frage wie Sie gestellt hat!"

Der Chefkoch lässt die neue Kellnerin zu sich kommen.
„Sagen Sie mal, wieso haben Sie denn 'Speinat' auf die Speisekarte geschrieben?"'
„Sie haben doch selber gesagt", wehrt sie sich, „ich soll Spinat mit Ei schreiben..."

Siamesische Zwillinge kommen in eine Kneipe und bestellen ein Bier. Das sei ihm in 20 Jahren, in denen er schon die Kneipe führt, auch noch nicht vorgekommen, meint der erstaunte Wirt.
Die Siamesischen Zwillinge: „Bei diesen Preisen wird Ihnen das so schnell auch nicht wieder passieren!"

Zwei Gäste im Tischgespräch:
„Essen Sie auch gerne Wild?"
„Nein, lieber ruhig und gemütlich!"

Ein Gast in einem Schnellrestaurant zur Kellnerin:
„Ist das ein Salami- oder Schinkensandwich?"
Darauf die Kellnerin: „Schmecken Sie das denn nicht?"
Gast: „Nein."
Kellnerin: „Na dann ist es doch auch egal!"

Nachts an der Bar. „Barkeeper, einen Sherry bitte!" – „Dry?" – „Nee, erst mal nur einen!"

Auf dem Gastronomen-Kongress unterhalten sich drei Wirtsfrauen über ihre Gäste.
„Ich hatte gestern einen ganz vornehmen, der ist ein Herr von…"
„Unter meinen Gästen ist sogar ein Herr von und zu…"
„Und meiner erst: der ist auf und davon!"

„Herr Ober, haben Sie Froschschenkel?"
„Sicher, mein Herr!"
„Dann hüpfen Sie mal schnell in die Küche und bringen mir ein Wiener Schnitzel!"

Ein molliger und ein spindeldürrer Gast sitzen sich im Restaurant gegenüber. Man kommt ins Gespräch.
Sagt der Dünne: „Können Sie mir erklären, warum Sie so dick und ich so dünn bin?"
Sagt der Dicke: „Lassen Sie mich raten: Kommen Sie abends nach Hause, gehen Sie zuerst an den Kühlschrank. Da ist dann meistens nichts Vernünftiges drin, dann gehen Sie ins Bett."
„Stimmt", sagt der Dünne.
Sagt der Dicke: „Sehen Sie, bei mir es genau umgekehrt!"

8.

„Einen doppelten Wodka!", bestellt der Zwölfjährige in der Bar.
„Will'ste mir Schwierigkeiten machen?", weist ihn die Bardame zurecht. „Gleich!", vertröstet sie der Junge, „aber erst will ich meinen doppelten Wodka!"

Wenn Wein sich gut halten soll, muss der Keller gleichmäßig kühl sein, luftig, trocken und die Kellertür zugemauert.

Der Besitzer einer Schnellrestaurantkette in New York klopft der neuen Küchenhilfe aufmunternd auf die Schulter. „Kopf hoch, Junge! Wir sind hier bekanntlich im Land der unbegrenzten Möglichkeiten. Auch ich habe mich vom Tellerwäscher zum Millionär hochgearbeitet!"
„Schön für Sie, aber ich habe als Millionär angefangen!"

In einem Wirtshaus sitzt ein Stammgast. „Sie haben heut aber eine schöne Schürze an“, sagt er bewundernd zur Wirtin. Das Kompliment stößt auf offene Ohren. „Die hab ich auch erst gestern umgedreht“, antwortet die Wirtin geschmeichelt.

Missmutig meint ein Gast im feinen Speiselokal zum Ober: „Räucherlachs auf Toast, Wachteleier auf Spinat – sagen Sie mal, gibt es in diesem Schuppen eigentlich gar keine Teller?"

Im Café: „Einen Kaffee ohne Sahne bitte.“
Nach fünf Minuten kommt der Kellner wieder: „Tut mir Leid, der Herr, die Sahne ist leider alle, kann es auch ein Kaffee ohne Milch sein?“

„Warum trägst du denn nicht mehr deine schöne Fellmütze?"
„Ja, weißt du, da hat mir neulich jemand einen Drink angeboten und ich hab's nicht mitbekommen!"

In einer stürmischen, regnerischen Nacht, in der man nicht einmal einen Hund vor die Tür jagen würde, bekommt ein Schnellrestaurant noch einen späten Gast.
„Ein Sandwich und ein paar nette Worte“, lautet seine Bestellung. Wenig später erscheint die Serviererin und stellt ihm das Essen auf den Tisch.
„Und wo bleiben die netten Worte“, fragt der Gast.
Die Serviererin beugt sich zu ihm herunter und flüstert ihm zu: „Essen Sie das Sandwich nicht!“

Allabendlich verbringt Schmiedel in der Kneipe beim Schafkopfen. „Wenn das so weitergeht", klagt seine Frau, „dann suche ich mir jemand, der mich in den einsamen Stunden tröstet." – „Aber bitte keinen aus meiner Schafkopf-Runde!"

Wirt: „Karlheinz, du hast vom letzten Mal noch fünf Bier bei mir stehen!“
„Ach was, kipp sie einfach weg – die trinkt doch eh kein Mensch mehr!“

Am Stammtisch. Sagt der eine zum anderen:
„Deine Frau, die ist ja wirklich ein Juwel!"
Darauf der andere: „Ich trage sie auch mit Fassung!"

„Warum macht Müller eigentlich jetzt immer einen Bogen um den Stammtisch?"
„Weil er von seiner Frau ferngesteuert wird!"

Ein junges Ehepaar, das sich sehr oft streitet, geht in ein Restaurant. Plötzlich lässt der Kellner das Tablett mit dem Geschirr fallen, Scherben klirren. „Hör mal", meint der Gatte, „sie spielen unser Lied!"

Heiko meckert in der Kneipe: „Hallo, Bedienung, wie lange muss ich eigentlich noch auf mein Bier warten? Ich bin am verdursten."
„Hab dich nicht so", erwidert die Bedienung, „Unkraut vergeht nicht!"
„Nein, aber es verwelkt!"

Zwei Herren am Tresen im Gespräch:
„Kennen Sie schon den Mona-Lisa-Cocktail?"
„Noch nie probiert. Was ist das?"
„Zwei Gläser davon und Sie werden das bescheuerte Grinsen nicht mehr los!"

Manuela und Nicole lesen die Speisekarte. „Igitt, Ochsenzunge", sagt Manuela, „das ist ja eklig. Ich esse doch nichts, was ein Tier schon im Maul gehabt hat."
„Na ja, dann kannst du dir ja ein Ei bestellen", antwortet Nicole.

Was gehört zu einem westfählischen Frühstück?
Eine Flasche Korn, eine Mettwurst, eine Kiste Bier und ein Hund.
Wieso ein Hund?
Na ja, irgendjemand muss doch die Mettwurst fressen.

Schild in einer indischen Kneipe:
Toiletten am Ende des Ganges.

Wenn Fliegen fliegen, fliegen Fliegen hoch

Matthias ist auf Brautschau und geht zu einem Heiratsvermittler. Dort fragt man ihn, wie er sich seine Idealfrau vorstellt.
„Na ja, sie soll still und besonnen sein wie ich. In etwa so groß wie ich. Sie sollte sich geschmackvoll kleiden, und sie sollte zudem gut schwimmen können!"
Das Ergebnis der Computeranalyse kommt prompt: „Heiraten Sie einen Pinguin!"

Der männliche Begleiter zum blonden Glühwürmchen: „Du warst wohl schon in der Schule keine große Leuchte, hmm?"

Ein Finanzbeamter bringt einen Goldfisch in die Zoohandlung zurück und meint zu der Verkäuferin: „Wir können das Tier, so Leid es uns tut, nicht behalten – es bringt zu viel Hektik in unser Büro!"

Der Elefant und die Maus stehen vor dem tierischen Standesbeamten.
„Und Sie wollen wirklich heiraten?", fragt dieser zweifelnd.
„Wir müssen!", antwortet die Maus.

Darüber könnte man streiten: Wenn sich eine Biene in eine Brennnessel setzt, wer sticht hier wen?

„Es gibt für mich nichts Schöneres als Fliegen", schwärmt Manfred seiner Freundin nach der ersten Flugstunde vor.
„Ich weiß nicht", erwidert sie, „ich finde diese Tiere ziemlich unappetitlich!"

„Sie sind doch Uhrmacher! Können Sie meinen Hund reparieren?"
„Ihren Hund? Was fehlt ihm denn?"
„Er bleibt alle fünf Minuten stehen!"

Die Ehefrau blickt kurz von ihrer Abendlektüre auf:
„Manfred, hier steht, dass die Krähe zu den Singvögeln zählt, wusstest du das?"
„Klar, aber warum wundert dich das? Du zählst ja auch zum schönen Geschlecht!"

Auf einem Schild an der Boxentür steht:
„Bitte nicht füttern!", Unterschrift: Der Besitzer.
Am nächsten Tag hängt ein zweites Schild darunter:
„Bitte das obere Schild ignorieren!", Unterschrift: Das Pferd.

„Unser Hund lügt", erzählt Simon seinen Kumpel.
„Ach, was, Hunde können doch nicht lügen!"
„Pass mal auf, ich kann es beweisen: Hasso, wie macht das Kätzchen?"
„Wau, wau, wau."
„Siehst du?!"

„Ich würde so gerne skifahren", klagt der Tausendfüßler, „aber immer wenn ich die Ski endlich anhabe, ist der Winter vorbei."

Die Katze im Himmel. Da ihr irdisches Leben nicht eben rosig war, erfüllt ihr Petrus einen Wunsch: „Ein großes Federkissen, weil ich mein Leben lang auf hartem Strohlager schlafen musste."
Auch den Mäusen, die an die Himmelspforte geklopft haben, wird ihr Wunsch nach Rollschuhen erfüllt.
Einige Tage später erkundigt sich Petrus nach dem Wohlbefinden der Katze. Diese schnurrt zufrieden und räkelt sich in ihrem Kissen: „Meine neue Schlafstatt ist warm und weich – und dann noch das Essen auf Rädern..."

Staunend beobachtet ein Ehepaar bei einer Landwirtschaftsausstellung den Zuchtbullen bei der Arbeit. „Wie oft kann er denn das?", begehrt die Dame vom Bauern zu wissen.
„Täglich", antwortet dieser.
Die Frau blickt ihren Gatten vorwurfsvoll an, doch dieser guckt zurück: „Aber nicht jeden Tag mit derselben Kuh."

Ein Pärchen geht an der Hafenpromenade spazieren. Als sie an einem großen Segelboot vorbeilaufen, springt plötzlich ein Hund auf dem Deck wie wild herum und bellt.
Fragt sie: „Was ist das denn für eine Rasse?"
Er: „Och, bestimmt so ein Jachthund!"

Ein Puma-Männchen trifft auf eine reizende Puma-Dame. Seine Verführungskünste bleiben aber unbeachtet.
„Jetzt zier dich doch nicht so", wird das Puma-Männchen langsam ungeduldig, „wir stehen schon auf der Liste der vom Aussterben bedrohten Tiere und du stellst dich so zickig an!"

Eine Maus zu einem Mäuserich: „Du, geh bloß nicht über die Straße, da läuft eine schwarze Katze!"
„Und, wenn schon?", meint der Mäuserich gelassen, „ich bin doch nicht abergläubisch!"

Sagt ein Bauer zum anderen: „Wolltest du mir nicht dieses prachtvolle Pferd zu einem günstigen Preis verkaufen?"
„Hat sich erledigt, es geht ihm wieder besser!"

Ein junger Hirsch trinkt am Ufer des Eissees. Betrachtet verzückt sein Spiegelbild im klaren Wasser und meint stolz: „Ich bin der König des Waldes und des Sees!"
Nähert sich ein brummender Braunbär: „Was hast du eben gesagt?"
„Herrje, man redet viel, wenn man getrunken hat..."

Ein Nashorn und ein Eichhörnchen wollen ins Kino. Hängt an der Kasse ein Schild: „Programm 50 Pfennig!"
Das Nashorn macht auf dem Absatz kehrt.
„Was ist denn nur los?", fragt das Eichhörnchen.
„Nichts für ungut, aber das ist mir dann doch zu teuer – 50 Pfennig pro Gramm! Wo ich doch einige Tonnen auf die Waage bringe!"

Kuh Lisa fängt im Stall plötzlich an, mit ihrem Euter zu wackeln.
„Was machst du denn da?", wundert sich ihre Stallnachbarin.
„Schlagsahne – ich habe nämlich morgen Geburtstag!"

Das streitsüchtige Huhn Elfriede zum Huhn Gisberta:
„Ätsch, meine Eier sind Handelsklasse A, und deine nur B!"
Huhn Gisberta: „Im Gegensatz zu dir verrenke ich mir nicht wegen der paar Pfennige den Hintern!"

**Ein Zebra betritt die Bar und bestellt einen doppelten Schnaps.
„Macht genau zehn Mark", meint der verdutzte Barkeeper und murmelt noch vor sich hin: „Das ist das erste Zebra, das ich bediene, unglaublich!"
„Bei den Preisen", erwidert das Zebra, „wird es wohl auch das letzte sein!"**

*Zwei Schäferhunde beobachten, wie zwei Arbeiter eine Straßenlaterne aufrichten.
Sagt der eine zum anderen: „Na, das muss begossen werden!"*

**Zwei Leoparden im Gespräch:
Der eine. „Ich hörte, du bist neulich aus dem Zoo ausgebrochen?"
Zähneknirschend meint der andere: „Ging eigentlich alles glatt; tagsüber habe ich mich im Finanzamt versteckt, einen Beamten gefressen und keiner hat's gemerkt. Doch dann habe ich die Putzfrau erwischt – und plötzlich waren sie alle wie verrückt hinter mir her!"**

*Zwei Vögel sitzen auf einem Baum, mit Blick auf den Nacktbadestrand.
Meint der eine: „Fragst du dich nicht auch manchmal, warum die alle zur gleichen Zeit in der Mauser sind?"*

9.

**Ein Kater macht einen Ausflug auf die Wiese.
Blickt ihn eine Kuh mit großen Augen an:
„So klein und schon einen Schnurrbart!"
Darauf der Kater:
„So groß und immer noch keinen Büstenhalter!"**

*Ein verliebtes Elefantenpaar geht Rüssel in Rüssel spazieren.
Säuselt sie: „Hoffentlich führst du mich nur an der Nase herum."*

**Eine Fliege entkommt nur um Haaresbreite dem gefährlichen Netz der Spinne.
Schimpft diese: „Na, warte, morgen krieg ich dich bestimmt!"
Die Fliege lacht: „Nie im Leben – ich bin eine Eintagsfliege!"**

Zum x-ten Mal erklärt die Kaninchenmutter ihrem Sprössling: „Ein Zauberkünstler hat dich aus seinem Zylinder gezogen – und nun hör endlich auf mit deiner Fragerei!“

Die Vogeldame ist untröstlich. Mit Engelszungen redet ihr der Vogelmann zu: „Glaub mir doch endlich, ich bin unverheiratet. Der Ring stammt von der Vogelwarte!“

„Jetzt ist mir schlecht“, stöhnt die Motte, „da hab ich einmal von einem Tweed-Mantel gekostet und jetzt vertrage ich die englische Küche nicht mehr!“

Zwei Stammtischbrüder sinnieren in ihre Biergläser.
Seufzt der eine: „Hund müsste man sein!“
Wundert sich der andere: „Wieso?“
„Dann müsste ein anderer für mich Steuern zahlen!“

Stolz streicht Hugo über das Fell seines Hundes und sagt:
„Dieser Hund hat mir das Leben gerettet.“
„Was, dieser Flohteppich?“
„Sprich nicht so von meinem Hund. Zwei Ärzte wollten an mein Krankenbett, und keinen hat er hingelassen!“

Eine Dame möchte in einer Tierhandlung ein exquisites Halsband für ihren teuren Vierbeiner kaufen. Fragt die Verkäuferin: „Was wollen Sie anlegen?“
Die Dame entrüstet: „Meinem Hund natürlich!“

Mitten in Wald und Flur, dort wo sich nur Hase und Fuchs „Gute Nacht“ sagen, streikt plötzlich Huberts Auto. Kommt wie aus dem Nichts ein Schimmel angetrabt, bleibt stehen, tritt mit einem gezielten Hufschlag gegen das Auto und verschwindet wieder. Das Auto ist wieder fahrtüchtig, und an einer Tankstelle erzählt Hubert dem Tankwart von dem seltsamen Ereignis. „Na, da haben Sie aber Glück gehabt“, meint der Tankwart, „da läuft auch ein Rappe rum, aber der hat keinen blassen Schimmer von Autos!“

Der Imker kommt mit einem geschwollenen Auge zum Arzt:
„Na, da hat Sie wohl eine Biene gestochen?", lautet die Diagnose des Arztes.
Meint der Imker: „Nicht gestochen, Herr Doktor! Zugeschlagen hat das Mistvieh!"

Eine Eisbärenfamilie sitzt auf einer Eisscholle.
„Du, Mami", will das Eisbärenjunge wissen, „wer war eigentlich mein Vater?"
„Na, Kleiner", erklärt ihm seine Mutter, „der stattliche Typ da drüben auf der Eisscholle!"
„Du, Mami, und wer war mein Großvater?"
„Na, Kleiner, der Vater deines Vaters – ein Eisbär!"
Nachdem sich das Eisbärjunge nahezu durch den ganzen Familienstammbaum gefragt hat, wird die Mutter etwas ungehalten: „Sag mal, warum willst du das überhaupt wissen?"
„Ach, Mutti", meint der Kleine zitternd, „ich weiß nicht warum, aber mich friert es immer so fürchterlich!"

Eine Mäusemutter zu ihrem Mäusekind: „Der normale Arbeitsmarkt sieht in der Stadt leider schlecht aus – da kommst du bestenfalls als Computermaus auf einen grünen Zweig." Sagt das Mäuschen trotzig: „Niemals! Da wird man doch nur von allen immer hin und her geschoben!"

9.

Unter größten Anstrengungen schleppt der Hahn ein Straußenei heran und sagt zu seinen Hühnern: „Ich will euch ja keine Vorwürfe machen, aber so wird anderswo gearbeitet."

Zwei Holzwürmer treffen sich in einem Weichkäse:
„Nanu, du hier?", fragt der eine.
Seufzt der andere: „Dir scheint es auch nicht besser zu gehen wie mir: Meine Zähne sind eben auch nicht mehr die besten!"

„Geh nicht so nahe an die Eisbären", ermahnt die Mutter ihre kleine Tochter, „du bist eh schon erkältet!"

Auf einer Versteigerung hat es ein Interessent auf den Papagei abgesehen. Die Angebote für den Vogel steigern sich in enorme Höhen. Der Mann zahlt einen gewaltigen Batzen Geld für den Papagei. Fragt er anschließend den Auktionator: „Spricht der Papagei überhaupt?"
„Da kann ich Sie beruhigen – ja, selbstverständlich!", sagt der Auktionator, „wer glauben Sie, hat die ganze Zeit gegen Sie geboten?"

Welches Haustier begnügt sich mit wenig Nahrung?
Die Motte. Sie frisst nur Löcher.

Zwei Hundehalter im Gespräch. Fragt der eine: „Hat Ihr Hund einen Stammbaum?"
Darauf der andere: „Aber sicher! Einen großen Ahorn, aber der wechselt von Tag zu Tag!"

Treffen sich zwei attraktive Mausedamen. Die eine strahlt über beide Backen und ist völlig überdreht. Fragt die andere: „Was ist denn mit dir los, haste 'nen neuen Freund?" „Ja", sagt sie verträumt, „willst du mal ein Bild sehen?"
„Klar, her damit", meint die andere neugierig, wirft einen kurzen Blick darauf und sagt: „Mensch, das ist doch 'ne Fledermaus!"
Woraufhin die andere in bittere Tränen ausbricht: „Und der Mistkerl hat mir erzählt, er sei Pilot!"

Wie ging das Krakenpärchen zur Arche Noah?
Arm in Arm, Arm in Arm, Arm in Arm, …

Zwei ältere Pferde stehen an der Autobahn und sehen die angegurteten Autofahrer vorbeirasen. „Jetzt weiß ich auch, wieso die uns nicht mehr brauchen!" – „Warum?" – „Die ziehen ihre Karren jetzt selber."

Vater und Tochter sind im Zoo.
„Du, Vati, kaufst du mir eine Giraffe?"
„Wo nehmen wir denn jeden Tag das viele Futter her?"
„Kein Problem. Da steht doch FÜTTERN VERBOTEN!"

Aus einem Schüleraufsatz:
„Der Walfisch zeichnet sich durch sein unpraktisches Format aus!“

Papagei Gismo, Herrn Meinrads Mitbringsel von einer Weltreise, wird an der Grenze mit einem recht hohen Zoll belegt. „Tja, wäre Ihr Papagei ausgestopft, dann wäre das etwas anderes. Dann könnten Sie ihn zollfrei einführen“, erklärt der Zollbeamte.
Herr Meinrad schaut nachdenklich drein und kratzt sich am Kopf. „Mach bloß keinen Quatsch!“, krächzt der Papagei, „und rück das Geld raus!“

„Eigentlich sind wir doch arme Schweine!“, sagt eine Motte zur anderen. „Den Sommer über im Pelzmantel und den ganzen Winter im Bikini!“

Zwei Piepmätze auf der Wiese. Über ihren Köpfen donnert mit ohrenbetäubendem Lärm ein Flugzeug hinweg.
„Der große Vogel da oben hat ein irres Tempo drauf, nicht wahr?“
„Was denkst du denn, wie du fliegen würdest, wenn dir Schwanz und Flügel brennen!“

Die Regenwurmfrau wird von einer besorgten Nachbarin auf ihren seit Tagen verschwundenen Mann angesprochen.
Regenwurmfrau: „Der ist beim Angeln!“

9.

Frage: „Wer kennt ein Tier, das Augen hat und nichts sieht, Füße und nicht geht, aber so hoch springt wie der Kölner Dom?“
Antwort: „Das Schaukelpferd!“
„Wieso?“ „Der Kölner Dom kann ja wohl nicht springen!“

Ein Kaninchenpaar wird von mehreren Hunden durch Feld und Wald gehetzt.
Im letzten Augenblick flüchten sie in ein Erdloch.
„Und was nun?“, jammert sie.
Er: „Das ist doch ganz einfach, Schätzchen, wir warten einfach, bis wir ihnen zahlenmäßig überlegen sind!“

Ein besorgter Schneckenvater zu seinem Nachwuchs: „Dass du mir ja nicht wieder über die Straße rennst! In drei Stunden kommt der Bus!"

Ein Wanderer im Bayerischen Wald wird von einem Wildschwein gejagt. Er hetzt durch Wald und Flur, bricht schließlich erschöpft zusammen und wartet mit geschlossenen Augen auf das Schlimmste. Aber es geschieht nichts. Der Gejagte traut sich nach einigen Minuten, die Augen wieder zu öffnen und sich umzuschauen. Der kapitale Eber sitzt unmittelbar hinter ihm und grinst: „Na, pack ma's wieder?"

Rät die Heringsmutter ihrem Jüngsten: „Schwimm gerade, Kleiner, wenn du später nicht ein Rollmops werden willst!"

Zwei Kaninchen sitzen im Varieté und schauen zu, wie der Zauberkünstler ein Kaninchen nach dem anderen aus dem Zylinder zaubert.
„Du", meint die Kaninchenfrau zu ihrem Kaninchenmann, „unsere Methode ist mir aber wirklich lieber."

Eine Sensation im Tierpark. Stolz verkündet der Zoodirektor auf einer Pressekonferenz:
„Endlich ist es uns gelungen, einen Skunk mit einem Raben zu kreuzen!"
„Und was ist dabei herausgekommen?", fragen die Journalisten neugierig.
„Das kann ich eigentlich nicht so genau sagen – aber es stinkt zum Himmel!"

„Lass sie los", ruft die Mutter ihrer kleinen Tochter aus dem Fenster zu, „du darfst die Katze nicht am Schwanz ziehen."
„Tu ich doch gar nicht. Die Katze zieht, ich halte sie nur fest!"

Zwei Kühe stehen auf der Wiese.
Sagt die eine: „Muh!"
„Das wollte ich auch gerade sagen!"

Wissen Sie, wie lange Nilpferde leben?
Genauso wie kurze Nilpferde.

Der Biologielehrer zu seinen Schülern: „Kennt Ihr ein Tier, das bei uns nicht vorkommt?"
„Klar, der Dackel!", kommt es von Sebastian wie aus der Pistole geschossen.
„So ein Unsinn. Viele Leute haben doch einen Dackel. Wie kommst du nur auf so eine Idee?"
Sebastian: „Also, wenn unser Dackel unterm Sofa liegt, kann man machen, was man will, der kommt nicht vor!"

Was heißt Tausendfüßler auf Italienisch?
Molto bene!

Ein Silberfuchs steht vor der Himmelstüre.
„Komm nur herein, armer Kerl", sagt Petrus. „Weil man dir zu Lebzeiten nur an den Pelz wollte, hast du einen Wunsch frei!"
Der Silberfuchs nach kurzem Überlegen: „Ein Hemdchen aus dicken, reichen Weibern!"

Ein Tierarzt macht ausnahmsweise einen Hausbesuch bei einer besorgten Katzenbesitzerin. Seine Diagnose: Trächtig.
„Aber Herr Doktor, das kann gar nicht sein", meint die Frau, „ich führe sie nur an der Leine spazieren. Ansonsten ist sie zu Hause."
Krabbelt ein großer Kater unter dem Sofa hervor.
„Und was ist das?", fragt der Tierarzt.
„Ach, der – das ist ihr Bruder!"

Ein Pferd vor der Kutsche. Auf dem Weg sieht es einen Hund, der sich in der Sonne räkelt.
„Verschwinde, Mistköter!", wiehert das Pferd.
„Hör mal", entgegnet der Hund empört, „wie sprichst du eigentlich mit einem Steuerzahler?!"

Beim Wanderzirkus: „Schnell, holt das Zebra rein – es regnet!"

9.

„Hätt ich nie gedacht", erzählt die kleine Juliane ihren Eltern von ihrer ersten Reitstunde, „dass ein mit Heu gefülltes Tier so hart ist!"

Warum haben Elefanten rote Augen?
Damit sie sich besser im Kirschbaum verstecken können.
Ja..., aber..., man hat doch noch nie einen Elfanten in einem Kirschbaum gesehen!
Da kann man mal sehen, wie gut die sich verstecken können.

Zwischen einem Brief und einem Polizeihund macht ein Bayer keinen Unterschied:
„A Brief is adressiert und a Polizeihund is a dressiert!"

Zwei Hühner bummeln durch die Altstadt und bewundern die bunten Ostereier in den Schaufenstern. Schüttelt das eine Huhn den Kopf und meint: „Die hier in der Stadt sind uns doch um einiges voraus!"

Schäferhündin zu ihrer Freundin:
„Setz dich hin. Da kommt wieder der Typ mit der kalten Schnauze!"

Ein schwarzer Pudel jagt zwei Katzen durch die Straßen. Als er total erschöpft ist, löst ihn ein weißer Pudel ab. Die eine Katze dreht sich nach ihrem Verfolger um und meint zu der anderen: „Jetzt leg aber einen Zahn zu, der Typ hat schon seinen Pulli ausgezogen!"

Was ist gelb und hüpft durch den Wald? Ein Postfrosch!
Und was ist grün und hüpft durch den Wald? Ein Postfrosch in Zivil!

Maus und Elefant gehen über eine Brücke.
Elefant: „Das dröhnt ganz schön, was?"
Maus: „Kein Wunder, ich habe heute meine schweren Stiefel an!"

Ein Spaziergänger kommt an einen See und schaut einem Angler über die Schulter.
Spaziergänger: „Beißen die Fische heute?"
Angler: „Nein, Sie können sie ruhig streicheln!"

*Wie vermehren sich die Stachelschweine? –
Ganz vorsichtig!*

„Unglaublich, wie viele Menschen sich auf der Straße angesprochen fühlen, wenn ich meinen Hund rufe", wundert sich ein Hundebesitzer, der seinen treuen Vierbeiner 'Gauner' getauft hatte.

*Was stimmt nicht an diesem Satz: Der Ochse und die Kuh weiden auf der Wiese?
Die Dame nennt man immer zuerst.*

**Der Wolf geht im Wald spazieren und trifft das Kaninchen, welches bitterliche Tränen vergießt. „Was ist passiert?", fragt der Wolf.
„Der Bär ist vorhin vorbeigekommen und hat mich gefragt, ob ich fusele", schluchzt das Kaninchen, „ich hab Nein gesagt, da hat er mich gepackt und sich mit mir das triefende Maul abgewischt!"
Am nächsten Tag trifft der Wolf das Kaninchen wieder, diesmal lacht es aus vollem Halse. „Was ist jetzt wieder los? Ist die Welt wieder in Ordnung?", fragt der Wolf.
„Heute hat der Bär den Igel gefragt", antwortet das Kaninchen feixend.**

Gehen zwei Hennen in den Supermarkt, kommen am Eierstand vorbei. „Da steht: Zehn Eier 1,99 Mark", sagt die eine Henne zur anderen. „Was, für so wenig Geld ruinieren wir uns die Figur?!"

9.

**Vor dem Giraffengehege fragt Onkel Franz seinen Neffen: „Na, Sebastian, hättest du auch gern einen so langen Hals?"
Der Kleine grinst und sagt: „Beim Diktat schon, beim Waschen nicht!"**

500 Mäuse wollen einen Elefanten töten. Sie klettern auf seinen Rücken und trommeln mit ihren Fäusten wie wild auf ihn ein. Der Elefant schüttelt sich – 200 Mäuse fallen runter, die anderen machen weiter. Der Elefant schüttelt sich noch mal, es fallen jetzt 299 Mäuse zu Boden. Die letzte Maus ist sich noch nicht ganz schlüssig, was sie jetzt tun soll. Hilfesuchend blickt sie auf die anderen Mäuse herunter. Die brüllen: „Würg ihn, würg ihn!"

„Wie behandeln Sie ein Pferd, das einen Schlüsselbeinbruch hat?", will Professor Heinzmann von seinen Studenten wissen.
Die allgemeine Meinung: Gips und Tetanus.
„Falsch", sagt der Fachmann, „Sie verkaufen es ans Museum. Es wäre das erste und einzige Exemplar mit Schlüsselbein!"

Wie viele Nägel braucht ein gut beschlagenes Pferd?
Natürlich keinen.

Zwei Pinguine im Zoo: „Sag mal, ist das nicht der Wärter, der uns sonst immer am Mittwoch füttert?"
„Keine Ahnung, die sehen doch alle gleich aus."

Im Zoogeschäft:
„Haben Sie zufällig einen sprechenden Papagei?"
„Nein, aber ich hätte da einen Specht."
„Ach, kann der denn sprechen?"
„Nein – aber morsen."

Sitzen zwei Katzen in einer Bar. Eine von den beiden bestellt sich eine Pinacolada. Fragt die andere: „Sag mal, warum trinkst du eigentlich Pinacolada und nicht Milch wie alle anderen Katzen?" – „Ich habe gehört, wenn man Pinacolada trinkt, hat man am nächsten Morgen einen Kater!"

Ein Adler stürzt vom Himmel und verschlingt eine Feldmaus. Meldet sich die Feldmaus aus dem Schlund: „Wie hoch fliegen wir denn?" Der Adler: „Ungefähr 1.800 Meter." – „So hoch? Mach bloß keinen Scheiß ..."

In der Zoohandlung: „Was kosten eigentlich die Goldfische?"
„Das Stück 10 DM!"
„Und die Silberfische?"

„Das ist ja heller Wahnsinn", ächzt der Glühwürmchen-Vater, „hat sich der Bengel doch glatt in eine 60-Watt-Birne verknallt."

Ein Schwein kommt an einer Steckdose vorbei, schaut rein und sagt: „Arme Sau, haben sie dich eingemauert."

Zwei Pinguine watscheln durch die Wüste:
„Hoppala, das muss ja verdammt glatt sein hier!"
„Wieso?"
„Na schau doch mal, wie die hier gestreut haben."

Zwei Schafe auf der Wiese. Sagt das eine: „Mäh!", darauf das andere: „Mäh doch selbst!"

Kommt ein Elefant in die Sauna herein, schaut sich staunend die Männer an, schüttelt den Kopf und sagt: „Damit kann man trinken…?"

Hoppelt ein Häschen durch den Wald. Begegnet es einem zottigen Hund. „Was bist du denn für ein Tier?" – „Ich bin ein Wolfshund. Meine Mutter war ein Wolf, mein Vater ein Hund." Das Häschen hoppelt weiter und begegnet einem Muli. „Was bist du denn für ein Tier?" – „Ich bin ein Maultier. Mutter Esel, Vater Pferd." Das Häschen hoppelt kopfschüttelnd weiter. Begegnet es einem ganz unbekannten Tier. „Was bist du denn für ein Tier?" – „Ich bin ein Ameisenbär." – Häschen: „Ne, du, das kannst du mir nicht erzählen!"

„Hallo, ist dort der Tierschutzverein? Kommen Sie bitte sofort. Bei mir sitzt ein unverschämter Briefträger auf dem Baum und bedroht meine Dogge!"

„Affen können schreien wie Menschen", meint der Biologielehrer, „habt ihr das schon mal gehört?"
Klein Erna aus der zweiten Bank: „Nein, schreien Sie mal, Herr Lehrer!"

Fragt ein interessierter Besucher auf einer Katzenausstellung:
„Was ist das denn für eine Rasse?"
„Eine Siamkatze, mein Herr!"
„Siamkatze? Und wie haben Sie die voneinander getrennt?"

In der Zoohandlung fragt Frau Trödel die Verkäuferin nach einem Halsband für ihren geliebten Vierbeiner. „Welche Größe?", will die Verkäuferin wissen. Frau Trödel hat keine Ahnung, welchen Halsumfang ihr Hasso misst. Meint die Verkäuferin: „Na, dann bringen Sie ihn doch einfach mit!" – Frau Trödel winkt ab: „Es soll doch eine Überraschung sein!"

Urs wendet sich hilfesuchend an die Verkäuferin in der Zoohandlung: „Der Papagei, den ich erst kürzlich bei Ihnen gekauft habe, hat eine blöde Angewohnheit – er imitiert immer das Quietschen unserer Wohnzimmertüre. Was soll ich nur machen?"
Die Verkäuferin rät ihm: „Haben Sie es schon mal mit ölen versucht?"
Urs verwundert: „Das würde sich der Papagei gefallen lassen?"

Interessiert beobachtet Heike, wie ihr großer Bruder am Aquarium werkelt.
„Was schüttest du denn da ins Aquarium?"
„Wasserflöhe!"
Sagt Heike völlig entrüstet: „Das finde ich aber gar nicht nett von dir! Wo sich die armen Fische doch gar nicht kratzen können!"

Zwei Hundebesitzer treffen sich beim Metzger.
„Ich sehe, Sie bringen Ihrem Hund auch einen Knochen mit", sagt der eine, „ich nämlich auch. Mein Schäferhund hat sich das auch verdient! Ist Ihrer auch so wachsam?"
Sagt der andere: „Aber sicher! Erst kürzlich hat er sogar gebellt, als ich von einem Einbrecher geträumt habe!"

Sagt ein Häschen zum Fuchs: „Kannste Judo?"
Fuchs: „Nein."
Häschen: „Oder Karate?"
Fuchs: „Auch nicht."
Häschen ballt die Fäuste und sagt: „O. k., dann her mit dem Geld!"

Ein Holzwurm auf dem Arbeitsamt:
„Ich möchte umschulen auf Kunststoff!"

Das Huhn unterhält sich mit einem Schwein: „Wir sollten eigentlich fusionieren. Du lieferst den Schinken, ich das Ei. Schinken mit Ei ist der Renner in jedem Restaurant." – „Davon habe ich ja wohl nichts mehr!", gibt das Schwein zu bedenken. Das Huhn zeigt sich unbeeindruckt: „Bei einer Fusion zieht immer einer den Kürzeren!"

Kitekat – Ist die Katze gesund, freut sich der Hund.

Warum trinkt eine Maus keinen Schnaps?
Sie hat Angst vor dem Kater.

Welcher Hase läuft auf zwei Beinen?
Der Angsthase.

Welche Mausefalle hat fünf Buchstaben?
Die Katze.

Wie unterscheidet man einen Pianisten von einem Maikäfer?
Pianisten haben nur einen Flügel.

Welches Tier ist das lustigste Tier?
Das Pferd, es veräppelt die ganze Straße.

9.

Zwei stolze Pinguineltern warten drauf, dass ihr Pinguinbaby das erste Wort spricht.
Der Pinguinvater: „Bestimmt sagt es Papa!"
Die Pinguinmutter: „Bestimmt sagt es Mama!"
Darauf das Kleine: SCHEISSKÄLTE"

„Wenn das euer Vater wüsste", sagt die Witwe Henne zu den Küken, „er würde sich im Grill umdrehen..."

Stehen zwei Hühner vor dem Schaufenster eines Haushaltswarengeschäftes. Beim Anblick der reichen Auswahl von Eierbechern sagt die eine zu anderen:
„Sieh mal, Gertrud, haben die hier nicht schicke Kinderwagen?!"

Es gibt das alte Sprichwort: Hunde, die bellen, beißen nicht. Was Briefträger so unglaublich schlimm an diesem Sprichwort finden? – Dass es kaum ein Hund kennt!

Was ist schwarz und rasselt über die Straße?
Eine Ameise in Schneeketten.

Fragt ein Dackel den anderen: „Hast du zufällig ein Bäumchen gesehen?"
„Ja, gleich um die Ecke." Ein Schwanzwedeln:
„Komm mein Freund, das muss begossen werden!"

„Hast du den Goldfischen schon frisches Wasser gegeben?" „Nein, sie haben das alte noch nicht ausgetrunken!"

Verzweifelt kniet der Dompteur mit dem erloschenen Feuerring vor dem Löwen:
„Oooh, nein! – Springen sollst du…, nicht pusten!"

Was sagt eine Maus, kurz bevor ein Auto sie erwischt?
Hilf…
Was sagt ein Hirsch, kurz bevor ein Auto ihn trifft?
Hilf…
Was sagt ein Elefant, kurz bevor ein Auto ihn trifft?
Komm nur!

Kommt ´n Pferd in die Kneipe.
Fragt der Wirt: „Warum so´n langes Gesicht?"

Warum heißt das Pferd Pferd?
Weil es auf der Erde lebt. Wenn es fliegen könnte, hieße es Pfluft!

Unterhalten sich zwei Hundehalter bei ihrem Spaziergang im Park.
Sagt der eine: „Ich muss immer wieder beobachten, dass viele Hunde klüger sind als ihre Besitzer!"
Darauf der andere zustimmend: „Jaja, so einen habe ich auch!"

Warum darf man zwischen 16 und 17 Uhr nicht in den Urwald gehen?
Weil die Elefanten Fallschirmspringen üben!
Und warum sind die Krokodile so flach?
Weil sie zwischen 16 und 17 Uhr im Urwald waren!

Was ist golden und fliegt durch die Luft?
Maikäfer mit Goldzahn.

Was ergibt eine Kreuzung aus einer Giraffe und einem Maulwurf?
Einen Bohrturm!

Beim Förster klopft es an der Tür. Er öffnet und traut seinen Augen kaum.
Vor der Tür sitzt eine Schnecke und fragt: „Kann ich ein Glas Wasser haben?"
Der Förster packt die Schnecke und wirft sie weg.
Zwei Jahre später klopft es an der Tür, er macht auf und sieht eine Schnecke. Stinksauer schreit sie ihn an: „Was sollte das gerade!"

Ist eine Giraffe mit Halsschmerzen noch zu übertreffen?
Ja: Mit einem Tausendfüßler mit Hühneraugen.

Herr Wichtig fragt einen Einheimischen:
„Wie kommt man am besten durch die Wüste?"
Der Einheimische: „Als Kamel!"

Otto kauft sich bei einem Züchter ein Prachtstück von einer Dogge. Fragt er vorsichtshalber noch den Züchter: „Dieser Hund mag doch auch Postboten, oder?"
„Oh ja", versichert ihm der Züchter, „aber billiger kämen Sie mit Hundekuchen!"

Sagt Müller zu Meier:
„Warum schauen Sie denn immer nach oben, Mann?"
„Wissen Sie denn nicht, ich bin Wärter im Giraffengehege!"

Ein Mann möchte einen Hund kaufen, weil alle Freunde schon einen haben. Der Verkäufer rät ihm aber zum Kauf eines Papageis. Der sei doch etwas Besonderes. Schnell umgestimmt, entscheidet sich der Mann für einen knallroten tollen Ara-Papagei.
„Was kostet der?"
„8.000 DM", sagt der Verkäufer.
„Aber hallo, was kann der denn alles?"
„Ja, der spricht fließend englisch!"
Der Mann erblickt einen dunkelblauen Papagei, der weniger schön aussieht. „Was soll der kosten?"
„10.000 DM!" „Mein Gott, was kann der denn alles?"
„Der spricht englisch und französisch."
Schließlich fällt der Blick des Mannes auf einen total zerfledderten alten grauen Papagei. „Ach und dieser, was kostet der?"
„Tja", sagt der Verläufer nachdenklich, „der müsste schon 20 Riesen bringen!"
„Was kann der denn?" „Nun, das wissen wir bis heute auch noch nicht, aber die anderen beiden sagen 'Chef' zu ihm."

Eine Schnecke kriecht auf ihrem winterlichen Ausflug den Stamm eines Orangenbaumes entlang. Nach einigen Zentimetern trifft sie auf ein Eichhörnchen, das kopfschüttelnd fragt: „Was willst du denn da oben?"
Sagt die wackere Schnecke: „Orangen pflücken!"
Lacht das Eichhörnchen und meint: „Aber doch nicht im Winter, du dumme Nuss!"
„Aber wenn ich oben bin, schon!"

Vater Hussmann beim Antiquitätenhändler. Ein besonders schönes Stück hat es ihm angetan und er fragt den Trödler nach dem Alter des Schrankes.
„500 Jahre", meint dieser, „warum lachen Sie?"
Vater Hussmann: „Ich war das doch nicht. Das war der Holzwurm!"

„Auf einem Bein steht sich's schlecht", meinte ein Tausendfüßler und schüttete sich noch 999 Obstler hinter die Binde.

„Warum steht der Storch da nur auf einem Bein?", fragt Klein Irmi im Zoo ihren Vater.
„Der überdenkt sicher seinen nächsten Schritt!", meint ihr Vater.

Die Kuhherde von Bauer Hintersdorfer unterbricht für einen Moment das Fressen, wendet sich mit einem Seitenblick der etwas abseits weidenden Kuh Frieda zu und meint: „Mädels, wir müssen etwas unternehmen. Wenn die abergläubische Frieda noch weiter nur vierblättrigen Klee frisst, fällt die uns noch vom Fleisch!"

Storch und Frosch diskutieren ihren Speiseplan. Meint der Frosch zum Storch: „Also, ich fresse Fliegen, und du?"
„Du kannst fragen, Frösche natürlich", meint der Storch.
Der Frosch lacht nervös, deutet mit seinem Kopf auf die Wiese: „Frösche? Gibt's denn hier überhaupt welche?"

Was entsteht, wenn man eine Motte mit einem Elefanten kreuzt?
Irrsinnig viele Löcher im Pulli!

Warum kann ein Nashorn nicht Fahrrad fahren?
Weil es keinen Daumen zum Klingeln hat.

In stockdunkler Nacht steigt ein Einbrecher in ein Haus ein. Nach einigen Schritten hört er die Worte: „Gott und Hanno sehen dich!" Er erschrickt und bleibt stehen, da hört er wieder die Stimme: „Gott und Hanno sehen dich!" Er tastet nach dem Lichtschalter und knipst das Licht an. Da sieht er vor sich einen Käfig mit einem Papagei. Der Papagei sagt wieder: „Gott und Hanno sehen dich." Da sagt der Einbrecher zum Papagei: „Gott ist aber ein ziemlich blöder Name für einen Vogel." Darauf der Papagei: „Das mag schon stimmen, aber Hanno ist auch ein sehr dummer Name für einen Schäferhund!" 9.

Ein Amerikaner hat gehört, dass man in Deutschland zu 'Glück' auch 'Schwein' sagt. Er ist auf einem Ball eingeladen, und der Gastgeber fragt ihn: „Haben Sie schon mit meiner Tochter getanzt?"
Da antwortet er: „Nein, dieses Schwein habe ich noch nicht gehabt."

Kommt der Papst zum Erzbischof von Köln und als beide den Raum betreten, grüßt ein Papagei: „Guuten Morrgen, Herr Bischof!"
Darauf sagt der Papst: „Werter Freund, woher hast du denn einen solch prächtigen Papagei? Den würde ich mir gern einmal ausleihen!"
Sagt der Bischof: „Ihr Wunsch soll erfüllt werden. Das Problem ist nur, der Papagei kann nur ‚Guten Morgen, Herr Bischof' sagen."
Sagt der Papst: „Mich zu grüßen, könnte ich ihm ja vielleicht beibringen!"
Zurück in Rom wird der Papst allmorgendlich vom Papagei mit den Worten begrüßt: „Guten Morgen, Herr Bischof!"
Sagt der Papst: „Wie soll mich auch der Papagei erkennen – ich bin ja gar nicht richtig angezogen."
Am nächsten Morgen betritt der Papst in seinem Gewand das Zimmer. Da schreit der Papagei: „Kölle Alaaaf!"

„Raucht dein Pferd?"
„Ne, wieso?"
„Na, dann brennt deine Scheune!"

Schild am U-Bahnhof: Auf der Rolltreppe müssen Hunde getragen werden!
Stöhnt ein Passant: „Wo bekomme ich denn jetzt einen Hund her?"

Ein Cowboy wird von einem Indianerstamm gefangen genommen und vom Häuptling zum Tode am Marterpfahl verurteilt. Da bittet er den Häuptling um einen letzten Wunsch. Er wird gewährt. Der Cowboy geht zu seinem Pferd und flüstert ihm einige Worte ins Ohr. Das Pferd galoppiert davon und kommt eine Stunde später mit zwei Armleuchtern in der Satteltasche zurück. Da bittet der Cowboy um einen weiteren Wunsch, der ihm auch erfüllt wird: Er flüstert dem Pferd wieder ins Ohr, es wiehert und prescht erneut davon. Eine weitere Stunde später kommt es mit einer alten Kinderamme auf dem Rücken wieder. Völlig verzweifelt bittet der Cowboy um einen letzten Wunsch. Der langsam genervte Häuptling gewährt auch diesen. Der Cowboy greift seinem Pferd in die Mähne, zieht seinen Kopf zu sich her: „Die Armee sollst du mir bringen, du mieser Klepper. Ich sagte die ArmEEEE!"

Im wilden Westen will sich ein Wanderprediger ein Pferd kaufen, um die Wilden zu missionieren. Er geht zu einem Pferdehändler und schildert ihm seinen Fall.
Da meint der Verkäufer:
„Da haben wir ein Pferd, ideal, wie für Sie geschaffen. Auf das Kommando ‚Gott sei Dank' läuft es los, bei ‚Amen' bleibt es wieder stehen."
Der Prediger ist ganz begeistert und macht gleich einen Proberitt: „Gott sei Dank." Das Pferd läuft los. Aus der Stadt raus und über die Prärie geht alles gut, bis das Pferd genau auf eine Schlucht zu galoppiert. Der Priester hat das Kommando zum Anhalten längst vergessen, er zerrt am Zügel, probiert alles, nichts hilft. In letzter Verzweiflung fängt er an zu beten:
„Vater unser im Himmel, ...dein Wille geschehe. Amen."
Das Pferd hält beim „Amen" an, genau einen Meter vor der Schlucht.
Der Priester wischt sich den Angstschweiß von der Stirn:
„Gott sei Dank!"

Ein Missionar wird von einem Rudel Löwen angegriffen.
Ehe er in Ohnmacht fällt, spricht er ein Stoßgebet:
„Lieber Gott, mach diese Bestien zu frommen Christen."
Als der Gottesmann sein Bewusstsein wiedererlangt, haben die Löwen einen Halbkreis um ihn gebildet und beten:
„Komm, Herr Jesu, sei unser Gast und segne, was du uns bescheret hast."

9.

Elsbeth aus der Stadt macht im Allgäu Urlaub auf dem Bauernhof. Beim Frühstück in der guten Stube nimmt sie Bauern Hofstetter zur Seite, tippt mit dem Zeigefinger auf die Dosenmilch und meint: „Sagen's mal, lohnt es sich denn überhaupt noch, Kühe zu halten, wo's doch schon Milch aus der Dose gibt?"

„Einmal rasieren, bitte!", meint der Kunde zum Friseur. „Ich sehe heute wieder aus wie ein Stachelschwein!"
Darauf der Figaro: „Halb so schlimm, die Stacheln werden wir gleich entfernen."

Ausdauer ist, wenn man das Huhn mit in die Sauna nimmt und wartet, bis es Spiegeleier legt!

Ein Stammtischler kehrt von seinem Afrika-Urlaub zurück. Natürlich gibt er reichlich Jägerlatein zum Besten: „... also, ich spaziere so ganz allein durch die Wüste. Da faucht es plötzlich hinter mir. Ich drehe mich um, sehe einen Löwen und nix wie rauf auf den nächsten Baum!"
Ein anwesender Oberlehrer: „Aber in der Wüste gibt es doch gar keine Bäume!"
„Du kannst mir glauben, das war mir in dem Augenblick ganz egal."

In einem ländlichen Biergarten geht's entsprechend rustikal zu. Kaum einer stört sich daran, dass zwischen den Tischen munter das Federvieh herumgackert. Bis auf Klingelmann: Der fühlt sich arg gestört und meint zischend zu einem Huhn: „Hau bloß ab. Wenn du nicht verduftest, dann bestell ich dich!"

Es rumpelt und scheppert im Hühnerstall. Bauer Hirsemann schreckt aus dem Schlaf auf und rennt in den Hühnerstall. Er tastet sich vorsichtig durch den dunklen Stall und ruft: „Ist da wer?"
Tönt es aus der linken Ecke: „Nur wir Hühner!"

Eine Laus wuselt über eine Glatze. Trifft sie eine andere und meint: „Kinder, Kinder, wie die Zeit vergeht. Als wir noch jung waren, kam man hier nur auf einem schmalen Fußweg weiter!"

Heidrun fährt jedes Wochenende aufs Land hinaus, um frische Eier beim Bauer Heinrich zu holen. Einmal trifft sie auf den Sohn des Hauses und fragt ihn: „Wo finde ich denn deinen Vater?" Antwortet der Bub: „Ach, der ist im Schweinestall. Sie erkennen ihn bestimmt an seinem Hut!"

Klein Christine macht mit ihren Eltern einen Spaziergang. Fragt sie ihren Vater: „Du, Papi, schlafen Fische eigentlich auch?"
Darauf der Vater: „Selbstverständlich, mein Kleines, im Flussbett!"

Silke wird der größte Wunsch erfüllt: Sie bekommt ein Pferd. Vater und Tochter klappern einige Züchter ab, bis sie das richtige Pferd gefunden haben. Der Vater nimmt den Pferdezüchter zur Seite: „Na, wie viel soll dieses Ross denn kosten?"
„5.000 Mark."
„Wie wär's mit der Hälfte?"
„Guter Mann, ich verkaufe nur am Stück!"

Fragt der Lehrer den kleinen Sebastian: „Kannst du mir einen Satz bilden, in dem das Wort Fliegentüten vorkommt?"
„Kein Problem, Herr Lehrer! Kann ich: Wenn die Schwalben heimwärts ziehn, wo fliegen die denn hin?"

Richard in einem Baumarktgeschäft zum Verkäufer:
„Ich hätte gern Insektenpulver. Die Dinger sind wirklich eine Plage."
„Für wie viel?", fragt der Verkäufer.
„Weiß ich doch nicht. Ich hab das Kriechzeug noch nicht gezählt!"

Zwei Flöhe wetten auf der Galopprennbahn. Der eine Floh, ein Glückspilz, gewinnt doch tatsächlich 200 Mark. Fragt ihn der andere: „Und, weißt du schon, was du mit dem vielen Geld anfängst?"
Meint der: „Ich kaufe mir einen Hund ganz für mich alleine!"

Der Kurier trifft auf Frau Haselbaum, als diese gerade das Haus verlassen möchte. Mit einem Päckchen unter dem Arm fragt er: „Entschuldigen Sie, gnädige Frau, wohnt in diesem Haus ein gewisser Vogel?" Frau Haselbaum deutet zum oberen Stockwerk hinauf: „Ja, im zweiten Stock. Er heißt Drossel!"

Freudig verkündet der Gastgeber seinen Gästen: „Meine lieben Holzwurmfreunde – heute wird aufgetischt vom Feinsten. Im Wohnzimmer sind neue Möbel eingetroffen. Schwedische Kiefer!"

„Nun, wie gehen die Geschäfte?"
„Nicht schlecht! Ich handle jetzt mit Brieftauben. Morgens verkaufe ich sie und abends sind sie wieder da!"

Sitzen zwei Amseln auf dem Ast und schauen von oben herab auf einen Mann, der gerade genüsslich seine Mittagsstulle verdrückt. Sagt die eine zur anderen: „Geben wir ihm noch fünf Minuten. Wenn er uns bis dahin nicht einen einzigen Brösel abgegeben hat, dann ziehen wir andere Saiten auf!"

Der Besitzer eines Bernhardiners klagt seinen Freunden im Hundeclub: „Der Hund macht mir ernsthaft Sorgen – er jagt allen Kleinwagen nach!" Allgemeines Kopfnicken in der Runde. „Ja, das kommt bei Hunden dieser Größe öfter vor. Machen Sie sich mal keine Gedanken!" Der ratlose Hundebesitzer ist immer noch nicht zufrieden: „Sie haben gut reden. Fängt etwa auch einer Ihrer Hunde die Autos ein und verscharrt sie im Garten?"

„Mir schwant Böses", meinte der Gänserich, als die Hälse seiner Kinder von Tag zu Tag länger wurden.

Baldwin will gerade mit seinem Dackel das Naturkundemuseum betreten, als er von dem Wärter aufgehalten wird: „Werter Herr, haben Sie das Schild da nicht gelesen? Ihr Waldi muss draußen bleiben!"
Unter lautstarkem Protest bindet Baldwin seinen Vierbeiner an einen Pfosten an: „Unverschämtheit! Sogar in den Zoo habe ich meinen Hund mitnehmen dürfen, und da machen Sie so ein Theater!"
Erwidert der Museumswärter: „Mag ja sein, aber im Zoo liegen auch nicht so viele Knochen herum!"

Als die Tage kürzer werden, ziehen die Singvögel wieder Richtung Süden. Ein junger Vogel, der diese Reise ins warme Winterquartier zum ersten Mal antritt, fragt einen älteren: „Warum fliegen wir eigentlich diesem alten blinden Huhn da vorn nach?"
Sagt der ältere: „Der hat die Karte!"

Mit wie vielen Handgriffen bekommt man eine Kuh in einen Kühlschrank?
Antwort: Drei (Kühlschrank auf, Kuh rein, Kühlschrank zu).

Lieschen Müller und Gertrud Handke besuchen zum ersten Mal die Pferderennbahn. Aus Neugier und Naivität setzen sie auf das ihrer Meinung nach schönste Pferd. Schönheit ist eben keine Garantie für Sieg, und das Pferd geht als letztes ins Ziel.
„Auch nicht schlimm", meint Lieschen Müller zu ihrer Freundin, „wir hätten in unserer Wohnung sowieso keinen Platz für das Tier gehabt!"

Man konnte früher zwischen Föhren
und Kiefern Hirsche röhren hören.
Doch Röhrentechnik ging verloren,
längst haben Hirsche Transistoren.

Opa Matzke brütet über einem Kreuzworträtsel. Er blickt für einen Moment hoch und ruft in die Küche: „Liebes, kennst du ein Milchvieh mit drei Buchstaben?"
„Waagerecht oder senkrecht?"

Herr Daniel beschwert sich bei seinem Nachbarn: „Ihr Hund jagt ständig hinter meinem Sohn auf dem Fahrrad her. Sorgen Sie bitte dafür, dass das sofort aufhört!"
„Das kann aber gar nicht mein Hund sein." – „Und wieso nicht? – „Mein Hund hat gar kein Fahrrad!"

9.

Und mit wie vielen Handgriffen bekommt man ein Pferd in einen Kühlschrank?
Antwort: Vier (Kühlschrank auf, Kuh raus, Pferd rein, Kühlschrank zu).

„Entschuldigen Sie, mein Herr. Ich möchte in den Zoo", wird Fritzmann von einem Fremden angesprochen. – „So? Als was denn?"

Ein Vegetarier möchte Hühner züchten. Bei einem Händler kauft er als Startkapital zunächst 100 Küken. Nach einer Woche abermals 100 Küken und in der dritten Woche wieder 100. Verwundert fragt ihn der Händler: „Klappt es etwa nicht mit Ihrer Zucht?" – „Nein, überhaupt nicht. Also, entweder ich pflanze die Küken zu dicht oder zu tief."

Kommt ein Mann in eine Tierhandlung und äußert den Wunsch nach einem exotischen Tier. Der Verkäufer: „Hier habe ich etwas ganz Besonderes für Sie – ein malaysisches Stepphuhn." – „Stepphuhn? Was ist das denn?" – „Tja, eine ganz besondere Art von Hühnervogel. Der steppt wie Fred Astaire, das gebe ich Ihnen sogar schriftlich! Überzeugen Sie sich selbst!" – „Toll! Gekauft!", sagt der Kunde glücklich, bezahlt und fährt mit seiner Neuerwerbung nach Hause. Zwei Tage später ruft er bei der Tierhandlung wieder an. Nicht der Chef, sondern eine Aushilfe meldet sich. – „Ich wollt nur noch mal sagen, wie toll dieses Stepphuhn ist. Vorgestern hab ich das Huhn gekauft, und seitdem tanzt es un-un-ter-bro-chen!" – Meint die Aushilfe: „Na ja, über Nacht sollten Sie schon mal die Käfigschubladen rausziehen und die Teelichter auspusten!"

Im Zoo ist der Gorilla ausgebrochen und sitzt auf einem Baum. Endlich kommt der Gorillajäger mit seiner Ausrüstung: einem Baseballschläger, einem Strick, einem Gewehr und einem scharfen Rottweiler. Er bittet einen der Wärter, ihm zu helfen: „Pass auf, ich klettere jetzt auf den Baum, gebe dem Gorilla mit dem Baseballschläger eins auf den Kopf. Der fällt hoffentlich vom Baum, der Rottweiler springt ihn sofort an und packt ihn. Dann kannst du den Gorilla in Ruhe mit dem Strick fesseln."
Fragt der Wärter: „Und wofür ist dann das Gewehr?"
„Wenn der Gorilla mich zuerst vom Baum schmeißt, erschießt du sofort den Rottweiler!!"

Am Eingang des kleinen Provinztheaters war der Anschlag zu lesen: „Hunde dürfen n i c h t ins Theater mitgebracht werden." Einige Tage später war darunter mit einem dicken Filzstift ergänzt worden: „Der Tierschutzverein!"

Beschwipst kommt Meinrad nach Hause, torkelt durch den Flur ins Wohnzimmer und stößt dabei das Goldfischglas vom Sockel. Dann macht er das Licht an und wirft einen vorwurfsvollen Blick auf den japsenden Fisch. „Na, das hab ich aber gern. Erst Lärm machen und dann nach dem Herrchen schnappen!"

Unterhalten sich drei Haie. Sagt der erste: „Ich hab letzte Woche einen Ami gefressen, der war so fett, dass ich eine Woche Bauchschmerzen hatte.“
Sagt der zweite: „Das ist noch gar nichts – ich habe einen Russen gefressen, der hatte so viel Wodka intus, dass ich eine Woche lang besoffen war.“
Da sagt der dritte: „Ich habe letzte Woche einen Österreicher gefressen, der war so hohl, dass ich eine Woche lang nicht tauchen konnte.“

Hein trifft seinen Kumpel an der Raststelle. Der steht da mit einem LKW voller Zebras. „Was machst du denn mit den ganzen Zebras?“ – „Ich weiß noch nicht.“
Paul: „Ich geb dir einen Tipp, bring sie doch in den Zoo!“ Am nächsten Tag trifft Hein seinen Kumpel wieder. Der steht wieder da mit seinem LKW. Die Zebras sitzen hinten drauf, alle mit Sonnenbrille. „Warst du nicht im Zoo?“, fragt Hein.
Sein Kumpel: „Doch – und heute fahren wir an den Strand!“

„Jetzt kann ich endlich verstehen, warum die Fische nicht anbeißen“, meint Klaus beim Angeln, „die Würmer schmecken ja furchtbar!“

„Spreche ich mit der Zoohandlung Schmidt?“ – „Nein, hier ist Frau Hartung.“ – „Und warum heben Sie dann ab?!“

Christian zu seinem Vater: „Papi, stimmt es, dass manche Tiere jedes Jahr einen neuen Pelz bekommen?“
„Sicher, ja. Aber lass das nicht Mutti wissen, hörst du!“

Wie schmerzlich: Dem Bräutigam schwant, dass sie eine Gans ist.

Die Freundin tröstet die Glühwürmchen-Witwe:
„Wenigstens hat er nicht gelitten.“
„Kurzschluss – ein schwacher Trost!“

Gibt es einen Unterschied zwischen Männern und Schweinen?
Klar: Schweine werden nicht zu Männern, wenn sie betrunken sind.

Was macht den Unterschied aus zwischen einem neuen Hund und einer neuen Frau?
Nach einem halben Jahr freut sich der Hund immer noch, dich zu sehen.

„Ich kann eine schreckliche Zukunft aus Ihren Handlinien lesen", murmelt die Wahrsagerin. „Sie werden nicht glücklich. Man wird Sie töten, kochen und aufessen!" – „Moment mal", ruft der Betroffene ganz erschrocken, „lassen Sie mich doch zuerst einmal meine Schweinslederhandschuhe ausziehen!"

„Papi, warum heißen Kühe eigentlich Kühe?", will die kleine Muriel von ihrem Vater wissen. „Also, mein Kleines", holt der Vater Luft und beginnt mit seinem Erklärungsversuch, „sie sehen aus wie Kühe, sie laufen wie Kühe und sie fressen wie Kühe. Warum sollten sie dann nicht Kühe heißen?"

Ein Kunde hetzt in einen Haushaltswarenladen. „Schnell, eine Fliegenklatsche", meint der eilige Kunde zum Verkäufer, „ich muss die Straßenbahn noch erwischen."
„Tut mir Leid, mein Herr, so große Klatschen führen wir nicht!"

Im Zoo: „Papa, heiraten Affen eigentlich auch?" – „Nur die Affen, mein Sohn, nur Affen!"

„Zu welcher Gattung gehört der Wal?"
„Zu den Säugetieren."
„Und wozu gehört der Hering?"
Wie Klein Käthe weiß: „Zu den Salzkartoffeln!"

Schauen zwei Regenwürmer nach einem Platzregen aus ihren Löchern, In bester Laune sagt der eine zum anderen: „Du siehst aber super aus! Ich könnte mich glatt in dich verlieben!"
Antwortet der andere: „Lass das, du Idiot – ich bin doch dein anderes Ende."

Drei Schildkröten gehen durch die Wüste und haben fürchterlichen Durst. Sie finden eine Flasche, doch diese ist leider verschlossen.
Die eine Schildkröte sagt: „Ich gehe einen Flaschenöffner holen", und verschwindet. Die anderen warten.
Als die Schildkröte nach drei Jahren immer noch nicht zurück ist, versuchen die anderen zwei, die Flasche zu öffnen. Da ertönt hinter der nächsten Sanddüne eine Stimme: „Wenn ihr mich bescheißen wollt, geh ich erst gar nicht los."

Treffen sich zwei Yetis im Himalaya.
Sagt der eine: „Du, ich treffe mich morgen mit dem Reinhold Messner."
Sagt der andere: „Was, den gibt's wirklich?"

Ein Tausendfüßler trifft einen Freund.
Sagt der: „Kannst du mir etwas Geld borgen?"
„Oh", sagt der andere, „ich bin leider zur Zeit ganz knapp. Meine Frau hat sich neue Schuhe gekauft."

Auf der großen Tierparty betrinkt sich ein kleines Kätzchen sinnlos. „Warum hast du das bloss getan?", wird es am nächsten Morgen gefragt. „Ich dachte, wenn man viel trinkt, wacht man morgens mit einem Kater auf."

9.

Ein junger Löwe jagt einen Touristen durch die Steppe.
„Hör auf", ruft da seine Mutter, „wie oft habe ich dir schon gesagt, du sollst nicht mit dem Essen spielen."

Ein Mäuse-Liebespaar spielt Verstecken. Nach dem Auszählen muss das Männchen suchen. Vorher flüstert ihm das Mäusefrauchen zu: „Wenn du mich nach zehn Minuten findest, darfst du mich auf die Wange küssen. Findest du mich nach fünf Minuten, darfst du mich richtig küssen. Findest du mich aber gleich, dann darfst du... gell, ich bin da drüben in der Schublade."

Hast du Töne?!

Wer nicht mehr die erste Geige spielen darf, kann immerhin noch Trübsal blasen.

Ein Bauer wünscht sich für seine Frau bei der Rundfunksendung „Sie wünschen, wir spielen" eine Symphonie zum Hochzeitstag.
„A-Moll oder c-Moll?", wird er gefragt.
Antwortet der Bauer: „Amol reicht scho, zehnmol wär a bisserl vül!"

„Wünschen Sie ein Textbuch?", fragt die Platzanweiserin in der Oper. „Nein", erwidert Pichelsteiner, „ich singe heute nicht mit!"

Oskar Feldhaus kommt nach dem Fasching aus der Lagunenstadt zurück. „Die Venezianer haben ja wirklich Nerven", erzählt er beim Kegelabend, „alle Straßen sind überschwemmt, aber die Leute singen!"

Frisch verheiratet schwärmt Thomas seinem Schwiegervater vor: „Die Ehe bringt Musik ins Leben." Antwortet dieser: „Ja, stimmt, ich habe auch schnell gelernt, die zweite Geige zu spielen!"

Ein Schüler im Musikunterricht: „Auf welchem Ton sollen wir den Ton spielen?"

Eine betagte Sängerin erzählt: „Wie unterschiedlich die Menschen doch auf Musik reagieren. Als ich heute zu Hause probte, warf ein Mensch mir einen Stein ins Fenster und ein anderer rief ganz laut Bravo!"

„Bewundernswert, mit welchem Eifer du jeden Tag Geige spielst!", meint Theo zu seinem Freund. „Na ja, man muss wissen, was man im Leben erreichen will!", meint der.
„Und was willst du?" Sagt der Freund: „Die Wohnung von nebenan!"

Ein Drehorgelspieler musiziert ohne behördliche Genehmigung in der Fußgängerzone. Die Polizei lässt nicht lange auf sich warten. Fordert der Polizist den Straßenmusiker auf: „Begleiten Sie mich!" Meint der: „Aber gern, welches Lied soll ich denn für Sie spielen?"

**Frau Mickschel fragt eine Bekannte:
„Hat Ihr Sohn auch schon einmal vierhändig Klavier gespielt?"
„Erlauben Sie mal! Mein Sohn ist ein Mensch und kein Orang-Utan!"**

*Hayo klingelt bei seinem Nachbarn, mit der Axt in der Hand.
„Tagchen, auch! Ich möchte gerne das Klavier stimmen, auf dem Ihr Sohn immer übt!"*

**Zwei Musikkritiker treffen sich nach einem Rockkonzert.
Meint der eine: „Die Bässe und die Drum werden auch immer lauter, was meinst du?"
„Danke der Nachfrage, meiner Frau geht es bestens!"**

Sagt ein Xylophon zum anderen: „Bist du aber behämmert!"

Lieber keine Stimme als total heiser.

*Warum ist der Flügel so schwer?
Damit er nicht wegfliegt.*

**Welche Musik lieben die Schotten?
Den Rock.**

*Welcher Musiker ist am klügsten?
Der Pauker.*

Der Musikpfiffikus erklärt seinem Freund: „Orgel und Klavier unterscheiden sich vor allem dadurch, dass an der Orgel die größeren Pfeifen sitzen!" 10

*Wie heißt Geigenkasten auf Spanisch?
Fidel Castro.*

**Treffen sich zwei Musiker vormittags im Hotel.
„Hast du schon gefrühstückt?"
„Nein, keinen Schluck."**

Wie bekommt man zwei Geiger so weit, zusammen im Takt zu spielen? Einen erschießen!

Wie verhindert man, dass einem die Geige gestohlen wird?
Man legt sie in einen Bratschenkasten.

In einer Oper haben die zweiten Geigen über eine längere Passage ein Tremolo zu spielen. Auf einmal beugt sich einer zu seinem Nachbarn und fragt: „Wo sind wir?"
„Weiß ich auch nicht, aber in zehn Minuten ist die Oper aus!"

Woran erkennt man einen zweiten Geiger?
An der verrosteten e-Saite.

Wie heißt Bratsche auf Arabisch?
Is lahm.

Was ist der Unterschied zwischen einer Geige und einer Bratsche?
Die Bratsche brennt länger.
Warum brennt die Bratsche länger?
Weil sie üblicherweise noch im Kasten ist.

„Was dirigiert Karajan denn heute?"
„Ich weiß nicht, was er dirigiert. Wir spielen Beethovens Fünfte."

„Warum spielst du denn jetzt Klavier und nicht mehr Geige?"
„Versuch du mal, ein Bier auf die Geige zu stellen!"

Was tut ein Tenor, wenn der Regen an ein Fenster prasselt?
Er verbeugt sich.

Zwei Sänger beim Bergsteigen. Auf dem Gipfel angekommen, möchte der eine das Echo ausprobieren und singt ein lautes, volles G.
Das Echo kommt als Gis, einen Halbton höher, zurück.
Meint der andere: „Kein Wunder, auf dem nächsten Gipfel steht ein Kreuz!"

Wie bringt man einen Gitarristen dazu, leiser zu spielen?
Man legt ihm ein Notenblatt vor.
Und wie bringt man ihn dazu, mit dem Spielen aufzuhören?
Man schreibt ein paar Noten drauf...

Warum sind Rockmusiker so schlechte Liebhaber?
Weil sie den Verstärker nicht mit ins Bett nehmen können.

Ein Ostfriese geht ins Musikhaus und sagt zum Verkäufer: „Ich möchte die rote Trompete dort und das weiße Akkordeon!"
Der Verkäufer erwidert, das sei leider nicht möglich, doch der Ostfriese beharrt auf seinem Wunsch. Schließlich sagt der Verkäufer: „Okay, den Feuerlöscher kann ich Ihnen verkaufen, aber den Heizkörper auf gar keinen Fall!"

Ein Musiker hat sich verlaufen und fragt einen Passanten um Rat: „Wie komme ich in die Philharmonie?" „Üben, üben, üben!"

Untergang der Titanic. Ein Bordmusiker klammert sich an seinen Geigenkasten.
Treibt ein anderer Musiker auf ihn zu, der sich an seinem Klavier festhält und prustet:
„Darf ich Sie begleiten?"

Großes Stelldichein im Opernhaus. Der Tenor schmettert die letzte Passage seiner Arie, das Publikum erhebt sich zu tosenden Beifallsstürmen und ruft: „Da capo – da capo!"
Und der Tenor singt noch einmal!
Das Publikum ist immer noch ganz außer sich: „Da capo– da capo!"
Der Tenor lässt sich auch für diese Zugabe nicht lange bitten und singt nochmals.
Die Leute jubeln wieder: „Da capo– da capo!"
Einer der Zuhörer gibt seinem Sitznachbarn einen Stoß und fragt: „Pardon, aber gefällt Ihnen der Tenor wirklich so gut?"
„Nein", meint der, „aber heute machen wir ihn fertig!"

Zwei Musiker, einer blind, der andere taub:
Fragt der Blinde den Tauben: „Tanzt schon jemand?“
Fragt der Taube zurück: „Haben wir schon angefangen?“

Karajan dirigiert ein Konzert. Nach ein paar Minuten ruft vorne aus der ersten Reihe ein Mann lauthals: „Ist hier ein Arzt im Saal?" Karajan dreht sich um, schüttelt mit dem Kopf und lässt weiterspielen. „Ist hier ein Arzt im Saal?", unterbricht der Mann noch viermal das Konzert, bis der Stardirigent schließlich die Beherrschung verliert.
„Ist hier ein Arzt im Saal?", unterbricht Karajan die Vorstellung, wendet sich ans Publikum und fragt: „Kann diesem Mann geholfen werden, damit er endlich Ruhe gibt? Ist hier denn ein Arzt anwesend?" Steht in der letzten Reihe einer auf: „Ja, ich bin Arzt. Was ist denn?" Ruft der Schreihals: „Ist das nicht ein herrliches Konzert, Herr Kollege?!"

Auf einem festlichen Empfang im Theaterfoyer. Unterhalten sich zwei gut situierte Damen: „Frau Hüllscheid, kennen Sie eigentlich den jungen Mann dort drüben?“ – „Ja, das ist der Komponist, meine Liebe!“ – „Den kenne ich aber gar nicht.“ – „Gnädigste, Sie werden sich doch an den bekannten Schlager 'Nur du allein' erinnern?“ – „Aber ja!“ – „Der ist jetzt von ihm...!“

Eine junge Sängerin versucht, von ihrem Unvermögen im Gesang durch ein tiefes Dekolletée abzulenken. Der Dirigent verliert schließlich die Geduld und schlägt mit seinem Taktstock auf das Pult: „Mein liebes Fräulein, so hat das leider keinen Sinn. Singen Sie bitte eine Oktave tiefer und kleiden Sie sich eine Oktave höher!"

Scherzfrage in Musikerkreisen:
„Was ist der Unterschied zwischen Geige und Cello?“
„Das Cello brennt länger!“

Zwei Orchestermusiker unter sich.
„Warum kann unser Dirigent gefahrlos zwei Finger in die Steckdose stecken?"
„Na, weil er ein schlechter Leiter ist..."

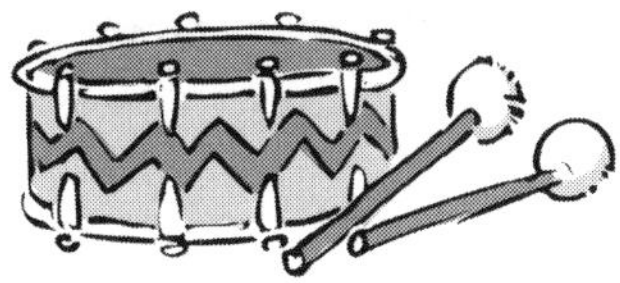

Herr Miller betritt das Nebenzimmer des Lokals, in dem er die Probe des örtlichen Gesangvereines vermutet. „Nanu, ich denke, das hier ist der Gesangsverein?", fragt er in die gesellige Runde, „doch wie ich sehe, wird hier nur getrunken und Karten gespielt. Wird hier eigentlich nicht gesungen?" Schallt ihm die Antwort entgegen: „Doch, aber erst auf dem Heimweg!"

Zwei Damen bei einer Gesangseinlage der Gastgeberin:
„Hat hier jemand um Hilfe gerufen?", flüstert die eine der anderen zu.
„Vermutlich Mozart!", meint die andere.

Platzanweiserin zum verspäteten Besucher: „Die Oper hat schon begonnen. Bitte, bewegen Sie sich leise." – „Wieso, schlafen schon alle?"

Warum sind die Musiker so fleißige Leute?
Weil sie im Akkord arbeiten.

Wie viele Sinfonien hat Beethoven geschrieben?
Vier – die Dritte, die Fünfte, die Sechste und die Neunte.

Warum spielen Dudelsackspieler im Gehen?
Sie versuchen, vor den Tönen zu fliehen.

Lieber Wein, Weib und Gesang als Bier, Mann und Gebrüll!

Heurichs sitzen im Konzert. Der Pianist sitzt mit dem Rücken zum Publikum.
Flüstert Frau Heurich ihrem Mann zu: „Ist das Brahms?"
„Mein Schatz, ich bin nicht sicher", sagt ihr Mann, „du musst halt warten, bis er sich umdreht!"

„Ist Ihre Frau musikalisch?", fragt der Chef seinen Mitarbeiter.
„Und wie!", antwortet dieser, „sie kann Geheimnisse ausposaunen und die ganze Nachbarschaft zusammentrommeln!"

73

Kapitel

Sportskanonen und andere Kaliber

11.

Die schwierigste Turnübung ist, sich selber auf den Arm zu nehmen!

Frau in der Konditorei: „Ich möchte Rumkugeln."
Bäcker: „Tun Sie sich keinen Zwang an, der Laden ist groß genug."

Völlig abgekämpft und mit verschwitztem Gesicht hetzt Herr Träge auf das Bahngleis, stürzt auf den Bahnhofsvorsteher zu und fragt: „Werde ich den Zug nach München noch erwischen?" Der Bahnhofsvorsteher blickt auf die Uhr, wendet sich wieder Herrn Träge zu, mustert ihn von oben bis unten und sagt: „Hängt von Ihrer Kondition ab. Abgefahren ist der Zug bereits vor einer Minute!"

„Herr Schiedsrichter, ich glaube, Sie sind parteiisch! Dauernd pfeifen Sie gegen uns!" – „Unerhört! Noch so eine Bemerkung und Sie spielen nicht mehr gegen uns!"

Das alte Muttchen wird von einem Radfahrer angefahren und fällt zu Boden. Dem Radfahrer ist die Situation furchtbar peinlich, hilft der alten Dame natürlich wieder auf die Füße und sagt: „Da haben Sie aber Glück gehabt, dass ich heute meinen freien Tag habe!"
„Warum denn das?", fragt die noch vor Schreck kreidebleiche Dame.
„Weil ich normalerweise einen Omnibus fahre!"

Müllers Sohn ist ein richtiger Michael-Schumacher-Fan. Erzählt Herr Müller seinem Nachbarn: „Seit der Schumi so populär ist, will mein Sohn nun auch Rennfahrer werden. Was soll ich tun?"
Klopft ihm der Nachbar auf die Schulter und meint: „Ein guter Rat: Stellen Sie sich ihm bloß nicht in den Weg!"

Henry Milford wird an der Himmelspforte von Petrus empfangen. Mit dem offenen 'Gästebuch' im Arm will er von Milford wissen, was dieser denn auf Erden angestellt habe. „Ich habe Mike Tyson als 'Hornochse' betitelt." Selbst als Petrus sein dickes Buch von vorne bis hinten durchgeblättert hat, kann er nichts darüber in seinen Aufzeichnungen finden. „Wann soll das gewesen sein?" – „Vor zwei Minuten!", antwortet Milford.

Heinz und Jupp klönen am Stammtisch. „Hast du mich gestern im Radio gehört?" – „Was, dich, nein. In welcher Sendung denn? – Jupp: „Bei der Fußballübertragung. Ich habe 'Tor' gerufen!"

„Warum haben Flugzeuge Propeller?"
„Damit die Piloten nicht schwitzen!"
„So ein Quatsch!"
„Doch, ich habe selbst gesehen, wie ein Pilot ins Schwitzen kam, als einer der Propeller ausfiel!"

„Kein Grund zur Panik", ruft der Pilot den Passagieren zu, als er, einen Fallschirm auf den Rücken geschnallt, durch den Flur zum Notausstieg hetzt: „Ich hole ja schon Hilfe!"

„Halb so schlimm. Das kleine Stückchen schaffe ich auch ohne", sagte der Fallschirmspringer, dessen Schirm sich nicht geöffnet hatte, einen Meter über dem Boden.

„Du kannst mich alles über Fußball fragen", prahlt Hanno.
„Dann sag mir mal, wie viel Maschen ein Fußballtornetz hat."

„Und was ist, wenn der Fallschirm sich nicht öffnet?"
„Dann werden Sie als erster unten ankommen."

Der Erzengel Gabriel erscheint einem berühmten Fußballspieler und sagt: „Lieber Mann! Ich habe eine gute und eine schlechte Nachricht für dich. Zuerst die gute: Du bist auserwählt, nach deinem Ableben in der himmlischen Fußballmannschaft zu spielen. Die schlechte: Du bist schon für nächstes Wochenende aufgestellt!"

Die Kegeldamen von „Hüttinghaus Blau-weiß" machen eine Radtour. Nach rund einstündiger Fahrt stoppt Frau Kasulke plötzlich und lässt die Luft aus beiden Reifen. Eine andere Kegeldame fragt erstaunt: „Wozu soll das gut sein?"
Frau Kasulke müht sich aus der Hocke auf und meint mit hochrotem Kopf: „Was für eine Frage, mir war der Sattel zu hoch!"

Florian merkt, wie ihm durch das stundenlange Stehen beim Angeln allmählich die Zehen einschlafen. Er tritt von einem Fuß auf den anderen. Wirft ihm sein Angelkamerad einen bösen Blick zu: „Angeln oder steppen wir?"

„Wie geht dein neues Auto, Frieder?"
„Mein Auto geht nicht, es fährt, Andreas!"
„Und wie fährt es, Frieder?"
„Es geht!"

Klagt Hermann seinem Freund sein Leid: „So eine verflixte Pechsträhne. Gestern habe ich beim Boxen mein ganzes Geld verloren!" Verständnislos schüttelt sein Freund den Kopf und meint: „Geschieht dir ganz recht, warum schlägst du dich auch immer!"

Hugo sieht eine alte Frau an einem Fußgängerüberweg einer stark befahrenen Straße stehen. Hilfsbereit nimmt er sie am Arm und geleitet sie über die Straße. „Wohnen Sie hier?", fragt Hugo höflich. Die alte Dame darauf: „Nein, aber da drüben steht mein Motorrad!"

Olli steht vor dem prächtigen Motorrad seines Freundes.
Mit bewunderndem Blick auf die blitzenden Chromteile meint er: „Mann, Hansi, dein Motorrad sieht aber toll aus!"
„Hab's gestern frisiert!"

Karlheinz kommt am Montag humpelnd ins Büro. Mitleidig erkundigt sich sein Kollege: „Au Backe! Hexenschuss mit allem drum und dran?" Stöhnt Karlheinz: „Nein, Fußball mit allen meinen Kindern!"

Hiltrud und Hannes machen eine Radtour – zum ersten Mal auf einem Tandem. Über Stock und über Steine, bewältigen sie nur mit Müh' und Not einen steilen Hügel. Oben angekommen, sind beide außer Puste. Hannes zu seiner Frau: „Unglaublich, dass wir das geschafft haben!" Meint Hiltrud: „Also, ich hatte da ja auch meine Zweifel. Nur gut, dass ich die ganze Zeit gebremst habe, sonst wären wir immer wieder rückwärts gerollt!"

Fritzchen spielt im Hinterhof Fußball. Es kommt, wie es kommen musste: Er setzt zu einem 'Elfmeter' an, tritt mit aller Wucht in den Ball und trifft – eine Fensterscheibe. Der Hausmeister springt aus seiner Wohnung, sieht das Malheur und Fritzchen, der eben die Flitze machen will. Er packt den Bub am Hemdkragen: „Na, Früchtchen, wer wird denn da weglaufen? Die zerbrochene Scheibe musst du wohl von deinem Taschengeld bezahlen!"
Meint Fritzchen: „Eben wollte ich das Geld zum Bezahlen holen!"

Hobbyangler Schorsch lädt nach einem erfolgreichen Angelausflug Gäste zu 'Forelle blau'. „Über eine Stunde hat's gedauert, bis ich dieses Kaliber hatte!", erzählt der Gastgeber. Darauf einer der Gäste: „So einen Dosenöffner hätte ich weggeschmissen!"

Der 17-jährige Timo trifft seinen Freund Helge im Jugendtreff. Beide haben nur ein Thema: Motorräder. Besonders stolz ist Timo auf seine neueste Errungenschaft: „Du, Helge, ich hab mir endlich ein Moped gekauft – ein steuerfreies!" Kopfschüttelnd meint sein Freund: „Und wie lenkst du dann?"

Aufgeregt rennt Heiner vor dem Kleiderschrank herum und ruft seiner Frau zu: „Helga, wo sind meine Golfsocken geblieben? Ich kann sie nicht finden!" Tönt es aus der Küche: „Von welchen Socken sprichst du, Schatz?" Ärgerlich brummt Heiner: „Na, die schwarzen mit den 15 Löchern!"

Weshalb ist Fußball nur halb so spannend wie ein Krimi?
Weil man gleich weiß, wer geschossen hat!

Holger hetzt die Straße entlang, als ihm plötzlich sein Bekannter in den Weg tritt. „Mensch, Holger, was rennst du denn so?"
Völlig außer Atem hält Holger für einen kurzen Moment inne und stöhnt: „Mensch, Walter, ich muss mein Auto einholen, das mir eben gestohlen wurde!" – „Zu Fuß – was für ein sinnloses Unterfangen", meint der. Holger zuversichtlich: „Da kennst du aber mein Auto schlecht!"

Konrad sieht seinen besten Kumpel rücklings auf dem Eis liegen. „Na, wohl auf dem Eis ausgerutscht?", hänselt er seinen Freund. Meint der: „Nee, beim Baden vom Winter überrascht!"

Maximilian angelt mal wieder im Teich des Stadtparks. Eine alte Frau, die das beobachtet, alarmiert sofort die Polizei. Kurze Zeit später rauscht auch schon ein Streifenwagen mit Blaulicht an. „Sie da, können Sie nicht lesen: Hier ist Angeln verboten", weist der Polizist Maximilian zurecht, der indes immer noch unbekümmert weiterangelt.
„Wer sagt denn, dass ich angle", meint er, „das Würmchen wollte nur baden!"
Der Polizist braust auf: „Das kostet Sie eine saftige Geldstrafe!"
Maximilian versteht die Welt nicht mehr: „Was ist jetzt schon wieder?"
– „Nacktbaden verboten! Oder trägt der Wurm etwa eine Badehose?"

„Ratet mal, wer gleich bei euch hereinschneit?", meldet sich der Pilot. Schaltet der Fluglotse die Landesbahn-Beleuchtung aus und meint: „Rate du erst mal, wo wir sind!"

Auf dem Fußballplatz: Der Gegner ist im Ballbesitz, da springt ein Zuschauer plötzlich auf und brüllt auf den Platz: „Los, Jungs, kommt endlich in die Gänge. Ich stehe ja schneller auf, als ihr laufen könnt!"

Sitzt ein Angler stundenlang schweigend am Wasser und starrt auf den Schwimmer. Zu dem Angler hat sich schon vor Stunden ein Spaziergänger gesellt, der sich nun nach dem langen Warten zu Wort meldet: „Also, es gibt doch kaum etwas Dümmeres als Angeln." Meint der Angler: „Doch: dabei zuschauen!"

Walter und Peter im freien Fall. Schreit Peter entsetzt auf: „Mensch, Walter, mein Fallschirm will nicht aufgehen!"
„Meiner auch nicht", schreit Walter zurück, „nur keine Panik – ist ja bloß eine Übung!"

Treffen sich zwei Freunde beim Jogging. Fragt der eine: „Ich hörte, deine Freundin hat dir auch den Laufpass gegeben?"

Es schüttet drei Tage wie aus Eimern. Mit langen Gesichtern betreten die Fußballspieler den überschwemmten Platz. Bevor der Schiedsrichter das Spiel anpfeift, meint er. „Okay, Jungs, ihr von Blau-Weiß habt den Anstoß, dafür spielt ihr von Hansa mit der Strömung."

Emil – ein hoffnungsloser Fall, wenn es beim Walzer um raffinierte Schritte und die Drehung geht. Auch dem Tanzlehrer fehlen tröstende Worte, er meint nur: „Es gibt zwei Dinge, die Sie erst gar nicht an eine Karriere als Tänzer denken lassen!"
Emil verwundert: „Und die wären?"
„Ihre beiden Füße!"

Mit verträumtem Blick steht Klaus vor dem Motorradgeschäft. Nach einer Weile gibt er sich einen Ruck, geht in den Laden, zeigt auf eine herrliche Maschine und fragt den Verkäufer: „Wie lange müsste ich zahlen, wenn ich dafür jeden Monat ungefähr zwei Mark hinblättere?"
„200 Jahre, mein Junge", meint der Verkäufer.
Klaus darauf: „Okay, gekauft!"

Ein Angler hatte einen Glückstag. Doch er wirft seinen ganzen Fang wieder zurück ins Wasser. Ein anderer Angler betrachtet das seltsame Spiel und fragt: „Sind Sie nicht bei Trost? Wenn man mal so eine Glückssträhne hat?" Sagt der: „Was soll ich machen? Ich soll Fischstäbchen mitbringen, hat's zu Hause geheißen!"

„Wenn man so auf dem hohen Gipfel steht und ins Tal blickt", sinniert Magnus, „dann wird einem erst klar, wie klein man doch ist!"
Meint der andere Bergsteiger: „Das Gefühl kann ich im Büro billiger haben!"

Erzählt eine Freundin der anderen: „Denk dir nur, Heidrun, heute hatte ich meine erste Reitstunde!"
„Das musst du mir genauer erzählen, komm setz dich!"
„Geht nicht!"
„Warum nicht?"
„Weil ich heute meine erste Reitstunde hatte!"

Sepp Hinterreiter fegt mit 150 Sachen den Skihang hinunter. Als er wieder aufwacht, liegt er in einem weichen Bett, und ein alter Mann mit weißem Lockenbart beugt sich über ihn.
„Was ist passiert?", fragt ihn Sepp verwirrt.
„Du hattest einen Unfall."
„Und was mache ich dann noch mit dem Skistock in der Hand?"
„Das ist kein Skistock. Das ist eine Harfe, mein Engel", erklärt der alte Mann.

Kein Jägerlatein: „Jetzt habe ich den Hasen doch noch getroffen", meint Hubertus zu seinem Jagdkumpan Brösel. „Hättest du wohl gern", korrigiert ihn Brösel, „nachdem du schon viermal vorbeigeschossen hast, hat der sich totgelacht!"

Hobbyangler Axel auf dem Fischmarkt zum Verkäufer:
„Fünf frische Forellen, bitte! Einpacken brauchen Sie sie nicht – werfen Sie sie mir einfach zu, damit ich zu Hause sagen kann, dass ich sie selbst gefangen habe!"

Ein Artist stellt sich beim Zirkusdirektor vor: „Ich springe aus 30 Metern Höhe in eine Weinflasche."
„Da ist doch bestimmt ein Trick dabei", meint der Zirkusdirektor.
„Sicher, ich benutze natürlich einen Trichter!"

Einer fährt – vielmehr rast! – mit dem Auto. Mit quietschenden Reifen hält er plötzlich neben einem anderen Autofahrer, kurbelt das Fenster herunter und brüllt: „Ja, können Sie denn nicht aufpassen? Sie sind heute schon der Dritte, in den ich um ein Haar hineingefahren wäre!"

Ein Flugzeug landet auf dem Münchener Flughafen. Der Pilot bringt das Flugzeug gerade noch so vor dem Ende der Rollbahn zum Stehen. Sagt er zum Copiloten: „Was für ein Flughafen – so eine kurze Landebahn ist mir ja noch nie untergekommen." Der Copilot schaut links und recht aus den Cockpit-Fenstern und meint: „Na ja, dafür ist sie mindestens vier Kilometer breit..."

Ein Mann reitet auf einem Kamel bei 50 Grad Celsius durch die Wüste Gobi. Kommt plötzlich ein Mountainbiker in einem irren Tempo angerast.
„He, Moment. Sind Sie wahnsinnig, es hat 50 Grad, Sie fahren wie ein Irrer durch die Wüste und zeigen keinerlei Anzeichen von Erschöpfung, wie machen Sie das bloß?"
Antwortet der Radfahrer: „Ich fahre eben so schnell, dass der Fahrtwind so enorm ist, sodass mir die Hitze nichts ausmacht!"
Erwidert der Kameltreiber: „Toll, das muss ich auch probieren", und er treibt sein Kamel an, das jedoch nach zwei Minuten tot zusammenbricht.
Sagt der Kameltreiber: „Mist, jetzt ist's erfroren!"

Zwei Hamburger sitzen auf einem Damm. Auf einmal hören sie vom Meer: „Help! Help! Help me! Help!" Darauf der eine: „Guck mal, da kann ja einer Englisch."
Der andere: „Na und? Der hätte besser Schwimmen lernen sollen!"

In Sachsen-Anhalt ist es seit neuestem Pflicht, beim Motorradfahren eine Pudelmütze zu tragen. Grund: Man hat einen Sicherheitstest durchgeführt und eine Pudelmütze und einen Sturzhelm aus zehn Meter Höhe auf Beton fallen lassen, und die Pudelmütze blieb ganz!

Die Amerikaner fliegen zum Mond. Plötzlich eine Meldung an die NASA: „He, ihr da unten, die Russen sind schon da und malen den Mond rot an!" Daraufhin die Meldung der NASA: „Wartet, bis sie fertig sind und schreibt dann 'Coca Cola' darauf!"

Drei Männer stehen auf dem Fernsehturm. Sagt der eine: „Herrliches Flugwetter heute!" Sprach's, steigt auf das Geländer und segelt in die Tiefe. „Einmalige Sicht", meint der zweite, steigt ebenfalls auf das Geländer und gibt sich dem freien Fall hin. „Nun, wenn das so ist", sagt der Dritte im Bunde und tut's den beiden gleich. Sicheren Fußes gelandet, blicken die beiden ersten nach oben. „Dafür, dass wir beide Engel sind", meint der eine augenzwinkernd zum anderen, „sind wir ganz schön gemein, oder?!"

Niki Lauda erfährt, dass sein Sohn Rennfahrer werden will. Er stellt ihn zur Rede: „Wenn du das machst, kriegst du 'nen Satz heiße Ohren!"

„Robert, warst du im Urlaub beim Bergsteigen?"
„Nein, wie kommst du darauf?"
„Du siehst so heruntergekommen aus!"

Der Beelzebub telefoniert mit Petrus, um mit ihm ein Fußballspiel zu vereinbaren.
Sagt Petrus: „Geht klar, aber du weißt hoffentlich, auf was du dich da einlässt? Wir haben schließlich alle guten Spieler im Himmel!"
Sagt der Teufel: „Ich weiß, aber wir haben alle Schiedsrichter!"

Gehen zwei Freunde durch den Wald. Auf einmal kommt ein Bär vorbei. Der eine zieht sich ganz schnell Turnschuhe an.
Darauf der andere: „Was soll das? Du bist doch sowieso langsamer als der Bär."
„Na und? Hauptsache, ich bin schneller als du!"

„Ich suche einen Badeanzug", sagt Margit zur Verkäuferin.
„Haben Sie bestimmte Vorstellungen?", will die Verkäuferin wissen, „möchten Sie etwas erleben oder sich erholen?"

An einem eiskalten Wintertag sitzt ein Angler mit dicken Backen am See. Ein Spaziergänger kommt vorbei und fragt, ob er Zahnschmerzen hätte. – „Nein, aber irgendwie muss ich die Würmer ja auftauen."

Geduldig beobachtet der Hobbyangler seinen im Rheinwasser schaukelnden Schwimmer. Ein Spaziergänger kommt vorbei: „Sie haben ja Nerven. Angeln in diesem Gewässer, von dem man doch ganz genau weiß, dass es mit Chemikalien verseucht ist und die Fische mehr tot als lebendig sind!"
Sagt der Angler: „Ich werd doch wohl noch meine Filme in Ruhe entwickeln dürfen?"

Ein Fallschirmspringer zum anderen: „Hey, Jupp, sieh mal da unten die Menschen, die sehen aus wie Ameisen." – „Mensch, das SIND Ameisen. Mach endlich deinen Schirm auf!"

Der Bauer hat für seinen Hühnerhof einen jungen Hahn gekauft. Der alte Hahn weist ihn ein: „Du kannst alle Hennen haben bis auf die Sofie. Die gehört mir!"
Selbstbewusst tönt darauf der junge Gockel: „Denkste, ich will sie alle!"
Der alte Hahn: „Dann lass uns einen Wettlauf zum Misthaufen machen, der Sieger bekommt alle Hennen."
Die beiden Hähne rennen los. Der ältere liegt vorne, aber als sie den Hof zur Hälfte überquert haben, legt sich der junge mächtig ins Zeug und rückt ganz dicht auf. Plötzlich knallt es, und der junge Hahn fällt tot um. Der Bauer nimmt sein Gewehr von der Schulter und meint verwundert: „Seltsam, schon der dritte schwule Hahn in dieser Woche!"

Jesus und der Heilige Geist spielen Golf. Jesus schlägt – der Ball bleibt zehn Zentimeter vor dem Loch liegen. Da kommt eine Maus aus dem Loch gekrochen, schnappt sich den Ball und will gerade in ihrem Loch verschwinden, als sich plötzlich eine Schlange heranschleicht und die Maus samt Ball verspeist. Da stößt ein Adler vom Himmel herab und greift sich die Schlange. Plötzlich ein Gewitter, ein Blitz zuckt herab und trifft den Adler. Der Adler stürzt zu Boden. Sagt der Heilige Geist zu Jesus: „Wollen wir jetzt Golf spielen oder herumalbern?"

Zwei Angler sitzen stundenlang bewegungslos am See. Irgendwann schlägt der eine die Beine übereinander. Darauf sagt der andere: „Was soll das denn? Ich denke, wir sind zum Angeln hier und nicht zum Tanzen!"

Morgengymnastik im Radio: „Beginnen wir gleich mit der heutigen Übung, liebe Zuhörerinnen und Zuhörer – also: Auf..., nieder..., auf..., nieder. Und nun wechseln wir das Augenlid, und: Auf..., nieder..."

Zwei Angler sitzen an einem See. Zuerst fischen sie einen alten Teekessel, dann eine verrostete Kaffeemaschine und schließlich ein Paar ausgelatschte Schuhe aus dem Wasser. Daraufhin packt der eine sein Angelzeug hastig ein und sagt zum anderen: „Mensch, lass uns abhauen. Da unten wohnt einer!“

„Na, was hast du im letzten Sommer so gemacht?“– „Och, ich wollte es eigentlich mit Wellenreiten versuchen. Aber meinst du, ich hätte den Gaul ins Wasser bekommen?“

Ein Fallschirmspringerschüler soll zum ersten Mal springen. Sein Lehrer weist ihn in den technischen Ablauf ein: „Also, zuerst ziehst du an dieser Leine. Wenn das nicht klappt, dann ziehst du an dieser Leine. Danach öffnet sich der Fallschirm und du schwebst sanft zu Boden. Unten wartet dann der Wagen, der bringt dich dann zum Flugplatz zurück.“
Der Schüler nickt artig mit dem Kopf und versichert, dass er auch wirklich alles verstanden hat. Das Flugzeug hebt ab. Der Schüler springt aus luftiger Höhe. Er zieht an der ersten Leine – nichts passiert. Dann zieht er an der zweiten Leine – nichts passiert. Der Schüler schimpft wie ein Rohrspatz: „Wenn jetzt auch der Wagen nicht da ist, werde ich aber sauer!“

Zwei Bergsteiger, Ingo und Konrad aus Stuttgart, kommen im Laufe einer Bergtour an einer Gletscherspalte vorbei. Sagt Ingo zu seinem Bergkameraden: „In diese Gletscherspalte ist letztes Jahr mein Bergführer abgestürzt.“ Sagt Konrad: „Und hat dich das nicht ziemlich mitgenommen?“ Darauf Ingo: „Nein, er war sowieso schon ziemlich alt, und außerdem haben schon einige Seiten gefehlt!“

Guten Flug!
Tower: „DE…, fliegen Sie weiter im Gegenanflug für die 26, Landenummer 2 hinter einer DC 9 im kurzen Endteil.“
Pilot: „Verstanden, fliege weiter für die 29 und folge der DC 6.“
Tower: „Korrigiere: Die Landebahn war 26 und Ihr Verkehr eine DC 9.“
Pilot: „Okay, ich folge der DC 26… Wie war die Landebahn?“

Pilot: „Kontrollraum, bitte kommen, wir haben nur noch wenige Liter Treibstoff. Erbitte Anweisungen!"
Tower: „Bitte geben Sie uns Ihre Position an, wir haben Sie nicht auf unserem Radarschirm...!"
Pilot: „Wir stehen auf Landebahn zwei und möchten wissen, wann der Tankwagen kommt!"

„Sofort heraufkommen!", tönt es aus dem Kopfhörer des Tauchers auf dem Meeresgrund. „Warum?" – „Wir sinken..."

Ein Mann hört auf der Autobahn im Radio die Durchsage: „Fahren Sie bitte vorsichtig, es kommt Ihnen ein Auto auf Ihrer Fahrbahn entgegen."
Darauf empört sich der Mann: „Eines? Hunderte!"

„Kommst du mit auf Schnitzeljagd, Hubert?"
„Nein, ich bin doch Vegetarier."

Stehen zwei Betrunkene auf dem Dach eines Hochhauses. Sagt der eine: „Ich spring jetzt hier runter und schau noch in der Kneipe im ersten Stock vorbei." Von seinem Rundflug und einem Bierchen wieder zurück, meint er zu dem anderen: „Na, probier's doch einmal!" Nach langem Zögern schwingt sich auch der andere über die Mauer, breitet die Arme zum Flug aus – und fällt wie ein Stein zu Boden. Der erste springt erneut und lässt sich wieder in die Kneipe schweben. Dort bestellt er noch ein Bier. Sagt der Wirt: „Mensch, Superman, du kannst ganz schön fies sein, wenn du besoffen bist."

Werbung für einen Schützenverein:
Lernen Sie bei uns schießen und treffen Sie gute Freunde.

Unterhalten sich zwei Fußballtrainer:
„Was sagt du zu unserem Mittelstürmer?"
„Toller Mann, wirklich. Wie man sieht, hat er ein hervorragendes Ballgefühl. Er kann ihn aufpumpen, einfetten, abwaschen... Nur den Ball ins Tor bringt er offensichtlich nicht!"

In der Kampfpause raunt der Trainer dem Boxer ins Ohr: „Ich habe die Schwachstelle deines Gegners entdeckt. Immer, wenn er dich zu Boden geschickt hat, steht er völlig ohne Deckung da…“

„Da gratuliere ich aber“, lächelte die Verkäuferin. „Sie sind der erste Kunde, der sich über einen nicht aufgegangenen Fallschirm beschwert!“

Zwei Afrikaner sehen zum ersten Mal einen weißen Missionar auf dem Fahrrad. Tippt der eine dem anderen auf die Schulter und meint: „Komische Leute, was? Die müssen sogar beim Laufen sitzen!“

Als der reiche Amerikaner den von ihm bestellten Trabbi bekommt, sagt er voller Anerkennung: „Diese Deutschen – immer gründlich! Bevor sie das Auto liefern, schicken sie erstmal ein Plastikmodell!“

An der Frittenbude im Stadion: „Geben Sie mir ein Käsebrötchen, aber schnell, ich muss weg!“
„Dann nehmen Sie doch das Thunfischbrötchen hier. Das muss auch weg.

Beim Manager einer Eisrevue bewirbt sich die 17-jährige Nadja.
„Ich kann eine Acht laufen!“
„Aber das kann doch fast jeder.“
„In römischen Ziffern…“.

In sieben Meter Tiefe bemerkt ein Taucher einen anderen, der ohne Taucherausrüstung unterwegs ist. Der Taucher geht sechs Meter tiefer, wenige Minuten später ist auch der andere da. Als der nach weiteren neun Metern wieder zur Stelle ist, nimmt der Taucher eine Tafel und schreibt mit wasserfester Kreide darauf: „Wie zum Teufel schaffst du es, ohne Taucherausrüstung so lange in dieser Tiefe zu bleiben? Der andere kritzelt mit letzter Kraft darunter: „Ich ertrinke.“

Stöhnt Harald nach dem Tennismatch mit seinem Arbeitskollegen: „Ich habe heute das schlechteste Spiel meines Lebens geliefert.“
Meint der Kollege: „Ach, Sie haben schon mal gespielt?“

Ein Sportler springt mit seinem Fallschirm ab. Er zieht hinten an der Leine, der Fallschirm öffnet sich nicht. Er zieht vorne an der Reserveleine, der Ersatzschirm geht auch nicht auf. Er fällt weiter frei nach unten, da kommt ihm ein Mann von unten entgegen.
Diesem ruft er zu: „Hey, reparieren Sie Fallschirme?“
„Nein, Gasflaschen.“

Während eines Fußballspiels sitzt der Trainer hektisch auf der Bank. Plötzlich springt er auf und ruft seinen Spielern zu: „Wieso kommt der Gegner so frei zum Schuss?"
Ein Spieler ruft genervt zurück: „Ist doch ein Elfmeter."

Was haben Michael Schumacher und Harald Juhnke gemeinsam?
Beide kommen nicht an einem Williams vorbei.

Boris Becker und Ivan Lendl sind auf dem Rückflug von den US-Open. Plötzlich bricht eine Tragfläche ab. Beide können noch rechtzeitig mit Fallschirmen aus dem abstürzenden Flugzeug springen. Boris reißt die Leine, sein Schirm öffnet sich. Lendl zieht, sein Fallschirm öffnet sich nicht, und er saust an Boris vorbei in die Tiefe.
Grinst Boris und ruft ihm nach: „Heute hast du den härteren Aufschlag."

Vater und Sohn machen einen Rundflug im Sportflugzeug.
Sagt der Pilot: „Wenn ich etwas nicht ausstehen kann, dann sind das Quasselköppe! Wenn Sie den Flug durchhalten, ohne ein Wort zu sagen, kriegen Sie den halben Preis.“
Kurz vor der Landung: „Alle Achtung, Sie können wirklich schweigen, mein Herr.“
Antwortet der Vater: „Leicht war's nicht, vor allem, als bei Ihrem letzten Looping mein Sohn rausfiel.“

Alles über schottische Touristen und blonde Ostfriesen

Vranitzky ruft bei Kohl an, beschwert sich darüber, dass die Deutschen immer über die Österreicher lachen und fragt, ob die Deutschen nicht mal was ganz Dummes machen können, damit die Österreicher auch mal über die Deutschen lachen können. Kohl willigt ein und lässt mitten in der Sahara eine riesengroße Brücke bauen. Die Österreicher amüsieren sich köstlich. Nach einer Weile ruft Vranitzky wieder bei Kohl an, bedankt sich herzlich und sagt, die Brücke könne jetzt wieder abgerissen werden. Daraufhin meint Kohl: „Das geht nicht. Die Brücke ist voller Österreicher, die dort angeln."

Weshalb ist die österreichische Flagge Rot-Weiss-Rot?
Damit die Österreicher sie nicht verkehrt herum aufhängen können.

Wie kann man das Gehirn eines Österreichers auf einen Durchmesser von zwei Millimetern bringen?
Aufblasen! Aufblasen!
Und warum funktioniert das nicht bei allen Österreichern?
Wo nichts ist ...

Mitternacht in einer kleinen Bar in Westfahlen. Der Wirt steht mit ein paar Gästen an der Theke.
Da geht die Tür auf, ein Mann kommt rein und bestellt eine Flasche Champagner. Als er sie bekommen hat, lässt er den Korken knallen und ruft laut: „Prost Neujahr!"
„Was soll denn der Quatsch?", weist ihn der Wirt zurecht, „wir haben Ostern."
„Ostern?", stammelt der Mann, „o je, das gibt Ärger. So lange war ich noch nie auf der Piste."

Was ist die beste Methode, zu beweisen, dass die Wahrheit tödlich enden kann?
In Düssendolf in eine Kneipe gehen, ein Bier bestellen, es auf der Theke auskippen und sagen:
„Das ist kein Bier!"

Warum haben Ostfriesen immer ein Messer bei sich?
Um jederzeit in See stechen zu können.

Moskau. Beim Metzger fragt eine alte Frau nach Fleisch.
„Bedaure, haben wir nicht."
„Auch kein Huhn?"
„Nein."
„Etwas Lamm vielleicht?"
„Nein, auch nicht."
„Wie ist es mit Schwein?"
„Tut mir Leid, das auch nicht."
„Oder Rind?"
Darauf murmelt der Metzger:
„Toll, was Sie für ein Gedächtnis haben."

Warum sind ostfriesische Busse immer zwei Meter lang, aber zehn Meter breit?
Weil alle neben dem Busfahrer sitzen wollen.

Ein Ostfriese kommt in ein Musikeschäft, schaut sich um und sagt: „Ich nehme die rote Trompete und das weiße Klavier."
Der Verkäufer: „Den Feuerlöscher können Sie mitnehmen, aber die Heizung bleibt hier."

Ein Ostfriese ist arbeitslos. Sagt ein Kumpel zu ihm:
„Du musst nach Emden fahren, da suchen sie immer Leute."
Der Ostfriese fährt nach Emden.
Als er wieder zurückkommt, fragt sein Kumpel:
„Und, hast du jetzt Arbeit?"
Darauf der Ostfriese:
„Nee. Da stand zwar ein Schild: 'Suchen Leute beiderlei Geschlechts', aber das hab ich ja nicht."

12

Warum haben Ostfriesen Salz und Pfeffer auf dem Fernseher stehen?
Um das Bild zu schärfen.

Ein völlig betrunkener Mann torkelt um eine Litfasssäule herum, tastet die Säule ab und schwankt hin und her. Wimmernd sinkt er plötzlich auf den Boden nieder und jammert: „Oh Schreck! Eingemauert!"

Auf dem Bahnhofsplatz spricht ein Durchreisender einen Einheimischen an: „Entschuldigen Sie bitte, mein Herr! Aber ich bin fremd hier!" „Nichts passiert", meint der Angesprochene, lächelt und geht seiner Wege.

Gehen zwei Ostfriesen an einem ausgetrockneten Flussbett entlang.
Fragt der erste: „Wo kommt denn der ganze Kies im Flussbett her?"
Sagt der zweite: „Den hat der Fluss mitgebracht."
Fragt der erste: „Aha! Und wo ist der Fluss jetzt?"
Sagt der zweite: „Ist doch klar. Der ist wieder Kies holen."

Tünnes und Schäl stehen am Kölner Hauptbahnhof.
Kommt ein Japaner und fragt in fließendem Deutsch: „Wo ist hier der Dom?"
Achselzucken.
Er wiederholt die Frage in fließendem Englisch.
Achselzucken.
Dasselbe auf Französisch.
Achselzucken.
Der Japaner wendet sich entnervt ab.
Daraufhin Tünnes zu Schäl: „Der konnte aber viele Fremdsprachen!"
Schäl: „Na und? Hat es ihm was genützt?"

Zwei Ostfriesen jagen Enten.
Der eine legt an, schießt und die Ente fällt tot zu Boden.
„Na, war das nicht ein toller Schuss?", fragt der Schütze.
„Völlig überflüssig", entgegnet der andere.
„Den Sturz hätte der Vogel eh nicht überlebt!"

Sehen zwei Düsseldorfer einen schwäbischen Doppelbus. Sagt der eine zum anderen: „Diese Geizhälse! Jetzt stellen die schon ihre Busse aufeinander, um Benzin zu sparen!"

Schreibt ein Schwabe an seine Tante: „Herzlichen Glückwunsch zum 80., 81., 82. und 83. Geburtstag!"

Dorfarzt zu Bauer Schäl: „Ich bin mir nicht ganz sicher, was Ihnen fehlt. Womöglich kommt es vom vielen Alkohol!"
Bauer Schäl: „Dann komm ich halt vorbei, wenn Sie nüchtern sind!"

Till und Obel, beide nicht ganz helle im Kopf, gehen zum ersten Mal ins Schwimmbad.
Nach einer Stunde meint Obel plötzlich: „Komm, Till, trink aus, und lass uns gehen!"

Ein Schotte kommt zum Friseur. „Es ist wirklich eine Ungerechtigkeit des Schicksals! Jetzt muss ich mir einen neuen Kamm kaufen, und das nur, weil aus meinem alten Kamm ein Zinken herausgefallen ist!"
„Ich sag es ja nicht gern: Aber deshalb brauchen Sie sich doch keinen neuen zu kaufen", wundert sich der Friseur.
„Leider schon", jammert der Schotte, „es war doch der letzte Zinken!"

Mit Sirenen, Blaulicht und quietschenden Reifen rauscht die Feuerwehr an. Ein kleiner Holzschuppen brennt lichterloh. Schreit der Feuerwehrmann einen Mann an, der auch noch Papier ins Feuer wirft: „Sind Sie denn verrückt?" Meint der Mann: „Ich wollte nur helfen. Das ist Löschpapier!"

Ein Manta hält neben einem Kuhfladen.
Fragt der Kuhfladen: „Was bist denn du?
Der Manta (stolz): „Ich bin ein Auto!"
Sagt der Kuhfladen: „Na, wenn du ein Auto bist, dann bin ich eine Schwarzwälder Kirschtorte!

12

Wie nennt man es, wenn zwei Mercedes auf 'ner Kreuzung zusammenstoßen?
Krieg der Sterne.
Und wenn zwei Trabbis zusammenstoßen? Tupperparty.

„Mögen Sie Rembrandt?"
„Ach ja, ein kleines Gläschen kann nicht schaden!"

Stehen ein Schwabe und ein Bayer auf einer Brücke. Nach einer Weile fragt der Schwabe den Bayern: „Sag mal, was fließt da unten eigentlich für ein Fluss, die Donau oder die Isar?" Der Bayer antwortet: „Keine Ahnung, aber wenn du reinspringst, weißt du es!" Da zögert der Schwabe einen Moment, springt und ist wie vom Erdboden verschluckt. Wochen später besucht der Bayer eine Tante im Krankenhaus. Dort sieht er auf einem Flur den Schwaben von oben bis unten eingegipst in einem Bett liegen. Erschrocken fragt er: „Ja, sag mal, was hast du denn angestellt?"
Da erwidert der Schwabe: „Na, du hast Nerven! Das war ja gar kein Fluss, das war die AUTOBAHN!"

Woran erkennt man einen Manta Automatik?
Daran, dass der Fahrer zusätzlich noch das linke Bein aus dem Fenster hängen lässt!

Wenn einem das Wasser bis zum Halse steht,
sollte man den Kopf nicht hängen lassen!

Wenn einem das Wasser bis unter die Nase steht,
sollte niemand Wellen machen.

Zwei Irre brechen aus der Anstalt aus. Nachdem alle Mauern mühsam überwunden sind, sagt der eine: „Jetzt aber schnell wieder zurück, die Generalprobe hat ja prima geklappt!"

Was ist der Unterschied zwischen Ostfriesen und Schnittlauch?
Keiner: beide sind grün, sind hohl und treten meist gebündelt auf!

Masurke wird kurz vor seiner Hinrichtung gefragt, ob er noch einen Wunsch habe. Antwort: „Eine Tasse Kaffee." Der Henker bringt das Gewünschte und fragt: „Mit Milch und Zucker?" – Der Todeskandidat: „Ohne Zucker bitte, ich bin Diabetiker!"

Was machen die Ostfriesen bei Ebbe?
Sie verkaufen Land an die Österreicher.

Viele Schwaben sagen anstelle von Entschuldigung „Hoppla".
Das sagte auch ein Schwabe zu einem Fremden in der überfüllten Straßenbahn, nachdem er diesem auf die Füße getreten war. Die Reaktion darauf: „Ja, ist es die Möglichkeit! Tritt mir auf die Füße und sagt: ‚Hoppla!' Mann, sind Sie eigentlich zurückgeblieben?! Sie haben wohl keine Bildung genossen, was! Sehen Sie mal mich an, ich habe für meine Bildung mein ganzes Geld ausgegeben!" – Meint der Schwabe kopfnickend: „Ja, man bekommt heute nichts mehr für sein Geld!"

Zwei Österreicher, die nach München übersiedelt sind, haben es satt, an ihrem Dialekt stets als Österreicher erkannt zu werden. Daher belegen beide einen Sprachkurs „Deutsch für Ausländer". Als sie nach vier Jahren endlich ihren Abschluss in der Tasche haben, möchten sie ausprobieren, ob man sie immer noch erkennt.
Sie gehen in das nächste Geschäft und einer der beiden sagt in absolut akzentfreiem Hochdeutsch „Guten Tag, ich hätte gerne ein Brötchen!" Da lacht die Verkäuferin und sagt „Sie sind Österreicher – stimmt's?!" Enttäuscht und verblüfft fragen die beiden, woran die Verkäuferin es bemerkt hat: „Ganz einfach – wir sind ein Schuhgeschäft!"

Der ostfriesische Polizeidirektor ist auf 180: „Wie konnte euch der Einbrecher nur durch die Lappen gehen? Habe ich nicht ausdrücklich befohlen, alle Ausgänge zu überwachen?"
„Chef, das habe wir ja auch, aber der Mistkerl ist uns durch den Eingang entwischt."

Ein Schwabe wird von einem Auto leicht angefahren. Unfallopfer und Autofahrer einigen sich einvernehmlich, nicht die Polizei zu rufen. Der Autofahrer drückt dem unverletzten Schwaben dennoch 100 Mark in die Hand – „Für den Schrecken!", wie er sagt. Der Schwabe bedankt sich und fragt den Autofahrer im Weggehen: „Sagen Sie mal, kommen Sie öfters hier vorbei?"

12.

Ein Verkehrspolizist sieht einen Betrunkenen, der völlig schräg über die Straße läuft. Er spricht ihn an: „Na, wie gehen wir denn richtig über die Straße?"
Der Betrunkene rechtfertigt sich lallend: „Hmmm, ich denke diagonal!"
„Und warum machen wir das dann nicht auch?!"

Hilde hat einen Geistesblitz und teilt diesen ihrer besten Freundin mit: „Diesen Sommer nehme ich meinen eigenen Fernseher mit an nach Mallorca."
„Meinst du, dass es da unten keine Fernseher gibt?"
„Das schon, aber nur solche, die spanisch sprechen."

Zwei Bergwanderer, die völlig erfroren sind, treffen endlich auf eine alte Berghütte.
Darin steht ein alter Ofen.
Christian zu Josef: „Josef, mach doch mal den Ofen an!"
Josef: „Ach, du schöner lieber Ofen..."
Christian: „Doch nicht so, Mann, du sollst den Ofen anfeuern!"
Josef: „Ofen, Ofen!!!"

Warum gibt es in Ostfriesland so wenig Hirnspezialisten?
Weil sie dort arbeitslos wären...

Was sagt ein Sachse auf einem Londoner Christbaummarkt?
„Attention please!"

Was macht ein Ostfriese nackt am Strand?
Er wartet auf eine Sexwelle!

Nilsen kommt nach Bayern und steigt im Hotel in den Fahrstuhl.
Ein Bayer sagt freundlich: „Grüß Gott!"
Darauf Nilsen: „So hoch fahre ich nicht!"

Was ist ein Perpetuum mobile? Das ist ein Schotte, der einem Schwaben hinterherrennt, der ihm zehn Cents schuldet.

Zwei Kandidaten, darunter ein schwerhöriger Ostfriese, stehen sich bei der Endausscheidung eines Quiz gegenüber.
„Wer die nächste Frage richtig beantwortet, hat das Quiz gewonnen", erklärt der Spielleiter.
Der Ostfriese ist zuerst an der Reihe. Spielleiter: „Wer hat die Dampfmaschine erfunden?" – Der betagte Ostfriese: „Watt?"

Warum haben die Ostlübner keine U-Boote mehr?
Weil neulich in ganz Ostlübnerland der „Tag der offenen Tür" gefeiert wurde.

Ein Schwabe kommt in ein Hotel und bestaunt den Fahrstuhl. Eine alte Dame drückt auf den Knopf, der Aufzug kommt, die Tür öffnet sich, und sie steigt ein. Nach wenigen Minuten kommt der Lift wieder herunter, ein hübsches junges Mädchen steigt aus und lächelt den Schwaben freundlich an.
Der murmelt nach einigem Nachdenken vor sich hin: „Wahnsinn, da muss meine Frau auch mal hinein."

Zwei Schotten treffen sich auf der Straße. Fragt der eine: „Was macht dein Studium?" – „Ich musste aufhören. Mein Vater hat eine kaputte Uhr, und jetzt muss ich Uhrmacher werden."

Ein Norddeutscher fragt: „Was sagt ihr in Bayern zu einem Laternenpfahl?"
„Was sollen wir zu dem sagen? Wir gehen schweigend an ihm vorbei."

Ein Schotte fährt mit der Fähre nach Frankreich. Als die Fähre anlegt, steigt gerade ein Taucher aus dem Hafenbecken. Der Schotte sieht das und sagt: „Mann, wenn ich gewusst hätte, dass man da auch laufen kann…"

Kommt ein Schotte in die Redaktion einer Zeitung und sagt: „Wenn Sie weiterhin in Ihrer Zeitung Schottenwitze drucken, dann ist es die längste Zeit gewesen, dass ich mir Ihre Zeitung ausleihe!"

Kommt ein Schwabe ins Rathaus und will seinem Namen umändern lassen.
Der Beamte fragt ihn warum. Der Schwabe antwortet: „Ich habe einen Pappkarton mit Visitenkarten gefunden!"

„Stell dir vor", erzählt ein Schotte seinem Kumpel, „gestern ist doch tatsächlich unser Fußballclub aufgelöst worden, dabei besteht er nun seit fast 30 Jahren." „Wieso, gab es Ärger?", will der andere wissen. „Eigentlich nicht. Wir haben nur unseren Ball verloren..."

Zwei Schweizer Jäger verirren sich nachts im Wald. „Gib doch einen Schuss ab", schlägt der eine vor. „Vielleicht findet man uns dann leichter." Der zweite befolgt den Rat. Keine Reaktion. „Schieß noch mal!", fordert ihn der erste auf. Wieder ein Schuss, wieder keine Reaktion. „Noch einen Schuss!", drängt sein Freund. „Tut mir Leid", antwortet der Schütze, „das war mein letzter Pfeil."

Wie sind Ebbe und Flut entstanden? Als die Ostfriesen zum Meer kamen, hat es einen Schreck bekommen und ist davongelaufen. Seitdem kommt das Meer zweimal am Tag zurück, um zu sehen, ob die Ostfriesen noch da sind.

Woran erkennt man ein schottisches Schiff? Keine Möwen...

In der Zeitung: Schottisches Taxi stürzt in einen Fluss: 42 Tote...

Nach drei Jahren kommt ein Schotte in seine Heimat zurück. Am Flughafen sucht er erfolglos nach seinen Brüdern, bis ihn zwei Bärtige ansprechen:
„Erkennst du uns nicht?"
„Warum habt ihr denn so lange Bärte?"
„Du hast doch damals den Rasierer mitgenommen!"

Warum klettern die Ostfriesen Anfang Dezember immer durch das Fenster?
Weil Weihnachten vor der Tür steht!

Ein junger Schotte war als Blutspender tätig. Eine Patientin, bei der drei Blutübertragungen nötig waren, gab ihm nach der ersten Transfusion zehn Pfund, nach der zweiten nur noch fünf – und nach der dritten sagte sie nur noch: „Danke schön!“ Da hatte sie schon zu viel schottisches Blut in sich…

Im Eilzug erwischt der Schaffner einen Schotten ohne Fahrkarte. Nach einem erregten Wortwechsel verliert der Beamte seine Geduld, packt den Koffer des Reisenden und brüllt: „Wenn Sie nicht augenblicklich zahlen, werfe ich Ihren Koffer aus dem Zugfenster!" Darauf schreit der Schotte auf und rauft sich die Haare: „Erst wollen Sie mich arm machen und jetzt auch noch meinen einzigen Sohn töten?"

Sitzen drei Schweizer am Tisch, rufen sich Zahlen zu und lachen sich dann kaputt.
Kommt ein Deutscher dazu, fragt, was sie da machen.
Sagt einer: „Wir haben die Witze nummeriert, das ist einfacher.“
Denkt sich der Deutsche: „Das probier ich aus“, und schreit „67!“
Betretenes Schweigen.
Fragt er: „Wieso lacht jetzt keiner?“
„Den kannten wir schon!“

Zwei Schwaben stehen vor Gericht, weil sie einen mit Obstler beladenen Lastzug gestohlen haben. Der Richter: „Was haben Sie denn mit der riesigen Menge Schnaps angestellt?" Die Angeklagten: „Verkauft." Der Richter: „Und was haben Sie mit dem Geld gemacht?" Die Angeklagten: „Versoffen."

Ein ostfriesischer Bauer kommt freudestrahlend vom Markt nach Hause und erzählt seiner Frau:
„Stell dir vor, ich habe mein Schwein für 2.000 Mark verkauft!“
„Gratuliere! Hast du Bargeld oder einen Scheck bekommen?“
„Keines von beiden. Zwei Hühner à 1.000 Mark!“

Gehen zwei Sauerländer die Straße entlang.
Sagt der eine: „Jupp, lass mich doch auch mal in die Mitte."

Aus der Klapsmühle ist ein Irrer entsprungen. Nach Tagen steigt er aus dem U-Bahn-Schacht. „Wo hast du denn die ganze Zeit gesteckt?", fragt der Wärter, der den Ausreißer wieder in Empfang nimmt. „Keine Ahnung – bei jemandem im Keller. Aber dem seine Eisenbahn hättest du sehen sollen!"

In Bayern werden Stromleitungen über Land verlegt. Kommt ein Bayer am Ort des Geschehens vorbei, kichert, geht weiter. Kommt der zweite vorbei, lacht, geht weiter. Der dritte kommt, bleibt stehen und lacht schallend. Da fragt ihn einer der Arbeiter, was denn daran so komisch sei. „Na ja", sagt er prustend, „ihr hängt den Zaun so hoch, dass alle Kühe unten durch laufen..."

Vranitzky ruft bei Kohl an, und beschwert sich darüber, dass die Deutschen immer über die Österreicher lachen. Er schlägt Kohl vor, ob die Deutschen nicht mal was ganz Dummes machen können, damit auch die Österreicher mal über die Deutschen lachen. Kohl willigt ein und lässt mitten in der Sahara eine riesengroße Brücke bauen. Die Österreicher amüsieren sich köstlich. Nach einer Weile ruft Vranitzky wieder bei Kohl an und bedankt sich: „Hervorragend, die Idee hatte den gewünschten Erfolg. Eigentlich könnten Sie die Brücke nun wieder abreißen." Daraufhin meint Kohl: „Würden wir ja gerne, aber das geht nicht. Die Brücke ist voller Österreicher, die dort angeln!"

Die schottische Nationalmannschaft hat ein Spiel gewonnen. Der Trainer kommt in die Kabine und sagt: „Jungs, ihr wart großartig. Ihr habt euch eine Erfrischung redlich verdient. Los, Henry, mach das Fenster auf!"

MacDonald kommt völlig außer Atem und wütend von der Arbeit nach Hause. Seine Frau fragt ihn, warum er so wütend sei. Er antwortet: „Ich habe den Bus nur knapp verpasst und bin dann den ganzen Weg nach Hause knapp hinter ihm hergelaufen!" – „Freue dich doch", antwortet seine Frau, „so hast du wenigstens 50 Pence Fahrgeld gespart!" – „Sicher, aber wenn ich hinter einem Taxi hergelaufen wäre, hätte ich fünf Pfund gespart!"

Kommt ein Mann in die Bank, hält sich eine Pistole an die Schläfe und schreit:
„Geld her, das ist ein Überfall!"
Darauf der Kassierer: „Ich nehme an, Sie wollen Schillinge?"

„Eigentlich", sagt der Schotte unschlüssig, „möchte ich nicht die Mütze kaufen, die Sie mir gezeigt haben, sondern die gleiche, wie ich sie aufhabe. Sie stammt auch aus Ihrem Geschäft."
„Unmöglich", sagt der Verkäufer, „meinen Laden gibt es erst seit 50 Jahren."

Was schenkt ein verliebter Schotte seiner Freundin?
Na, einen Lippenstift natürlich – den kann er sich dann nach und nach zurückholen...

Ein kluger Engländer wurde einmal gefragt, was der Unterschied zwischen England, Irland und Schottland sei. Er antwortete mit folgendem Beispiel:
Wenn man in England bei einer Einladung um mehr Zucker zum Tee bittet, so angelt die Hausfrau ein besonders kleines Stückchen aus der Dose.
In Irland reicht sie Ihnen die Zuckerdose und bittet Sie, sich zu bedienen.
Äußert man in Schottland, dass der Tee nicht süß genug sei, so sagt die Hausfrau leise, aber bestimmt: „Sie haben sicher nicht umgerührt."

Ein Tourist aus Norddeutschland auf Stippvisite in den Alpen. Bei einem Spaziergang begegnet er einem Bauern, der eine Rolle Stacheldraht unterm Arm trägt. Neugierig fragt er: „Soll ein Zaun werden, wa?"
Daraufhin der Bauer mürrisch: „Na, einen neuen Pullover will ich mir stricken!"

Ein bayerischer Sportpilot fliegt zum ersten Mal den Flughafen Stuttgart an. Vom Tower aus wird er gefragt: „What's your position?"
Der Pilot: „I, i sitz ganz vorn!"

Als der liebe Gott den Schweizer erschaffen hatte, war ihm dieser sogleich ans Herz gewachsen. Also fragte ihn der liebe Gott: „Mein lieber Schweizer, was kann ich noch für dich tun?"
Der Schweizer wünschte sich schöne Berge mit saftigen grünen Wiesen und kristallklaren Gebirgsbächen. Gott erfüllte ihm diesen Wunsch und fragte wiederum: „Was willst du noch?"
Darauf der Schweizer: „Jetzt wünsche ich mir auf den Weiden gesunde, glückliche Kühe, die die beste Milch auf der ganzen Welt geben."
Gott erfüllte ihm auch diesen Wunsch, und der Schweizer molk eine der Kühe und ließ Gott ein Glas von der wunderbaren guten Milch kosten.
Und wieder fragte Gott: „Was willst du noch?"
„Zwei Franken fünfzig für die Milch!"

Ein Bayer vor Gericht:
Richter: „Warum haben Sie mit Ihrem Auto die Kuh überfahren?"
Bayer: „Jo, auf dr Stroß, do war a Preiß."
Richter: „Ja und warum haben Sie den nicht einfach umgefahren?"
Bayer: „Jo, des wollt i ja, i habn aber erst drunt auf der Wiesn erwischt!"

Ein Mann spaziert eine Allee entlang.
Da sieht er auf einem Baum in typischer Rennfahrerhaltung einen Typen sitzen, der „Bruummm, rrmmmm, bruumm" macht.
Der Spaziergänger denkt sich, der hat doch eine Meise, aber was soll's – er geht weiter. 50 Meter weiter sieht er den nächsten auf einem Baum sitzen, mit verkniffenem Gesichtsausdruck, einem imaginären Lenkrad in der Hand und der macht ebenso „wroommm, brummmm, rrmmmm!"
Der Passant geht kopfschüttelnd weiter, als er auf einem Baum 20 Meter weiter einen Mann sitzen sieht, der die Zeitung liest. Er denkt sich: Der liest wenigstens nur die Zeitung und ruft: „He, Sie da! Haben Sie die Typen da hinten gesehen?" „Die sitzen auf den Bäumen und führen sich auf, als wären sie Rennfahrer!" – Wirft der andere seine Zeitung zu Boden und brüllt: „Waaas? Die kommen schon!?! WWRRRROOUUUMMMM, wrummmmm..."

Eine Entenmutter überquert mit ihren Kleinen die Straße. Ein Bayer kommt angefahren und tritt auf die Bremse. Da erscheint eine gute Fee und sagt: „Weil du so rücksichtsvoll bist, hast du jetzt zwei Wünsche frei.“
Sagt der Bayer: „Ich wünsch mir eine Maß Bier, die nie alle wird.“
Gesagt, getan. Der Bayer trinkt, stellt die Maß wieder hin und zack – der Maßkrug ist wieder voll.
Fragt die Fee: „Und dein zweiter Wunsch?“
Sagt der Bayer: „Ich hätte gern noch so eine.“

Gehen zwei Irre auf Eisenbahnschienen spazieren. Sagt der eine: „Mann o Mann, ist die Treppe vielleicht lang.“ – „Das würde ja noch gehn“, meint der andere, „wenn nur das Geländer nicht so tief wär.“

Kommt ein Schweizer in eine Apotheke: „Ich hätte gerne eine Packung Verhüterli.“ Der Apotheker überreicht ihm eine Packung, der Schweizer geht vor das Geschäft, öffnet die Packung, leert den Inhalt auf den Boden und zertritt ihn mit seinen Schuhen. Danach geht er in die Apotheke und kauft sich abermals eine Packung, geht wieder vor die Apotheke, öffnet die Packung, leert sie aus und zertritt diese abermals. Sichtlich verwirrt – der Apotheker. Der Schweizer kommt nochmals und verlangt wieder eine Packung, worauf ihn der Apotheker fragt, warum er jedes Mal eine Packung kauft, diese öffnet, auf den Boden verstreut und danach zertritt. Der Schweizer: „So habe ich mir auch das Rauchen abgewöhnt.“

Treffen sich drei Braumeister in der Kneipe. Der von der Holsten-Brauerei bestellt sich natürlich ein Holsten. Der von der Bitburger-Brauerei natürlich ein Bit. Der aus Köln, von der Früh-Brauerei, sagt: „Für mich dann bitte eine Cola mit Eis!“ Die anderen zwei wundern sich. Darauf der Kölner: „Wenn ihr kein Bier trinkt, trinke ich auch keins!“

„Halt! Meine Dame, Sie dürfen doch keine Gießkanne mit ins Spielkasino nehmen“, ruft der Kassier. Die Dame darauf: „Keine Sorge, ich habe eh nicht vor, die Bank zu sprengen!“

Ein schwäbisches Ehepaar wandert durch die Alpen und fällt in eine Gletscherspalte.
Am nächsten Tag hören sie eine Stimme von oben rufen:
„Hallo, hier ist das Rote Kreuz!"
Darauf ruft der Schwabe zurück: „Mir gäbet nix!"

Ein Ostfriese möchte sich im schönen Bayernland niederlassen. Mit besten Absichten lässt er sich vorsorglich ein halbes Jahr in die „Geheimnisse" der bayerischen Sprache einweihen. Am ersten Tag in München geht er in ein Geschäft:
„Grüß Gott, ich hätt gern ein halbes Pfund Gelbwurst!"
Die Verkäuferin: „Sind'S vielleicht ein Ostfriese?"
„Herrje, wie kommen Sie denn darauf?"
„Mei, Sie san in einem Blumengeschäft!"

Gertrud will sich fotografieren lassen, fährt in die Stadt und sucht den Fotografen auf. Der fragt sie, wie das Bild sein soll. Sie weiß es nicht. „Schon recht, Fräulein", sagt der Fotograf. „vielleicht blättern Sie mal dieses Album durch. Hier sind Bilder in allen Ausführungen und Größen: Profil, en face, Brustbild, Luxusausführungen mit Goldrand, vor künstlerischem Hintergrund – da werden Sie bestimmt was Passendes finden."
Gertrud nimmt das Album und blättert. Nach einer Weile wird der Fotograf ungeduldig und fragt: „Nun – haben Sie sich entschieden?"
Gertrud sieht ihn unschlüssig an und meint: „Ihre Bilder gefallen mir schon ganz gut – aber wissen Sie, ich möcht doch gern eins, wo ich selber drauf bin."

Überraschend kommt der Schotte zu früh nach Hause und findet seine Ehefrau in den Armen eines anderen. Prompt zieht er seine Pistole und fordert: „Stellt euch dicht hintereinander."

Im Frankfurter Goethe-Haus macht es sich ein Tourist in Goethes Stuhl bequem. Entrüstet weist ihn der Fremdenführer darauf hin, dass dies nicht erlaubt sei. Meckernd erhebt sich der Tourist wieder und meint: „Wenn Goethe kommt, wäre ich sowieso aufgestanden!"

Bei der Osfriesen-Olympiade kommen die Zuschauer nicht mehr aus dem Staunen heraus. Fragt einer der Zaungäste einen Athleten: „Warum ziehen Sie denn das Seil hinter sich her?"
Antwortet der Kraftprotz: „Schieben geht nicht, ich hab's nämlich schon probiert!"

Der Schotte zum Bäcker: „Bitte ein Stück Brot, und wickeln Sie es bittte in die Zeitung von heute ein!"

Kopfschüttelnd betrachtet ein texanischer Tourist den Pariser Eiffelturm:
„Jetzt bin ich schon zum fünften Mal hier, und die Franzosen sind immer noch nicht auf Öl gestoßen!"

Ein ostfriesischer Bäcker: „Obstkuchen bleibt länger frisch, wenn man ihn erst ein paar Tage später bäckt."

„Was kostet die Fahrt zum Bahnhof", fragt ein Schwabe den Straßenbahnschaffner.
„Zwei Mark!", antwortet dieser.
Der Schwabe nimmt seine Beine die Hand und rennt neben der Straßenbahn her.
Völlig außer Atem fragt er den Schaffner bei einem kurzen Stopp an der nächsten Haltestelle: „Und was kostet die Fahrt jetzt?"
Antwortet der Schaffner: „Vier Mark."
Stöhnt der Schwabe: „Das kann doch gar nicht sein!"
Schaffner: „Doch, wir fahren jetzt in die andere Richtung!"

Was bekommt man, wenn man eine wirklich dumme Blondine mit einem Gorilla kreuzt?
Einen wirklich dummen Gorilla.

Wer schnappt sich zuerst den Hundertmarkschein, der auf der Straße liegt: Der Nikolaus, eine kluge Blondine oder eine dumme Blondine? Keiner. Es gibt weder den Nikolaus noch eine kluge Blondine, und die dumme Blondine denkt, es wäre ein breitgetretener Kaugummi.

Ein Kluger kann sich dumm stellen, aber ein Dummer wirkt überzeugender.

Mit dem Handy in der Handtasche geht eine Blondine zu Karstadt. Sie steht am Wühltisch, als plötzlich das Handy klingelt. Sie nimmt es aus der Tasche: „Ja hallo, wer spricht denn da? Marion, bist du's? Das ist aber nett, dass du mich anrufst. Aber woher wusstest du, dass ich bei Karstadt bin?"

Was macht eine Blondine mit einem Führerschein?
Sie kauft sich einen Deo-Roller!

Wie nennt man eine Blondine mit halbem Hirn?
Reich beschenkt.

Wie stirbt die Hirnzelle einer Blondine?
Einsam.

Was hält die meisten Blondinen vom Studium ab?
Das Abitur.

Wann ist eine Blondine eine Mark wert?
Wenn Sie einen Einkaufswagen vor sich herschiebt.

Warum kauft eine Blondine einen elektrischen Rasenmäher?
Um wieder aus dem Garten zurück zum Haus zu finden.

Warum hat Gott die Blondinen erschaffen?
Er konnte den Gorillas nicht das Rasenmähen beibringen.

Warum sind ganz viele Blondinen auf dem Dach einer Bar?
Der Besitzer hat gesagt: „Die nächste Runde geht auf's Haus!"

Was ist der Unterschied zwischen einer Blondine und einem Papagei?
Der Papagei versteht „Nein!".

Blondine beim Vorsprechtermin: „Mein Name ist Lang!"
Der Regisseur meint: „Ist nicht schlimm, ich habe Zeit!"

Eine Blondine steht in ihrem Garten und wirft eine Handvoll Groschen in die Luft: „Herr, lass mich bitte im Lotto gewinnen!" – Keine Reaktion. Das wiederholt sie einige Wochen. Nach zwei Monaten tut sich plötzlich der Himmel auf und eine Stimme ertönt: „Gib mir eine Chance, kauf dir ein Los!"

Warum verkaufte die Blondine ihre Wasserski?
Sie konnte keinen abschüssigen Bergsee finden!

Im Paradies: Warum muss Eva eine Blondine gewesen sein?
Sie glaubte, Adam betrügt sie!

Wie kriegst du eine Blondine zum Einschlafen?
Sag ihr, du möchtest dich mit ihr unterhalten!

Was ist der Unterschied zwischen einer Blondine und einem Gorilla?
Der Gorilla hinterlässt nicht so viele Haare in der Duschwanne.

Was ist ein Ferrari mit zwei Blondinen drin?
Ein Dumdum-Geschoss.

Was ist eine Blondine mit zwei Hirnzellen?
Schwanger.

Zwei Blondinen stehen vor Eisenbahngleisen. Berührt die eine die Gleise und sagt: „Die Gleise sind noch warm. Da muss gerade ein Zug vorbeigekommen sein."
Die andere: „Die beiden Spuren sieht man auch noch!"

Eine Blondine und eine Brünette stehen auf dem Dach eines Hochhauses und wollen Selbstmord begehen – wer springt zuerst?
Die Brünette natürlich, da die Blondine erst noch nach dem Weg fragen muss.

Schadenfroh beobachtet eine Blondine eine andere, wie sie sich abmüht, ein Wollknäuel zu entwirren. Schließlich erbarmt sie sich: „Du kannst dir die Mühe sparen. Falls du das Ende suchst, mach dir keine allzu großen Hoffnungen, ich habe es nämlich abgeschnitten!“

Was ist der Unterschied zwischen einer Blondine und einer Glühbirne?
Die Glühbirne ist hübscher, aber die Blondine ist leichter anzumachen.

Warum essen Blondinen keine Bananen?
Weil sie den Reißverschluss nicht finden.

Warum fahren Blondinen BMW?
Weil sie es buchstabieren können.

Was ist eine Brünette neben einer Blondine?
Eine Souffleuse.

Warum nehmen Blondinen die Pille?
Damit sie wissen, welcher Wochentag ist.

Was ist der Unterschied zwischen einer Blondine und einer Zahnbürste?
Die Zahnbürste leiht man nicht einmal dem besten Freund.

Wie lässt man eine Blondine am besten in den Swimmingpool fallen?
Einfach einen Spiegel auf den Grund legen.

Stromausfall in einem Hochhaus: Die Brünette saß drei Stunden in einem Fahrstuhl fest. – Die Blondine stand drei Stunden auf der Rolltreppe.

Wie kann man eine Blondine zwei Stunden beschäftigen?
Man nimmt ein Blatt Papier und schreibt auf beide Seiten: „Bitte wenden.“

Wie kann man eine Blondine einen ganzen Tag beschäftigen?
Man gibt ihr 'ne Tüte M&M's und sagt, sie soll sie nach dem ABC sortieren.

Wie kann man eine Blondine montagsmorgens zum Lachen bringen?
Freitagsabends einen Witz erzählen!

Warum will eine Blondine im Flugzeug keinen Fensterplatz?
Sie hat gerade ihre Haare geföhnt und will ihr Styling nicht wieder durchwirbeln lassen.

Warum haben Blondinen nur 15 Minuten Mittagspause?
Weil sie sonst wieder neu angelernt werden müssen.

Warum lädt die Blondine immer eine ganze Gruppe von Leuten ein, um sich Filme anzuschauen?
Es heißt doch: „Freigegeben ab 18."

Was ist eine Blondine laut IQ-Test?
Nagellackentferner.

Was tut eine Blondine, wenn sie sich mit beiden Händen die Ohren zuhält?
Sie versucht, einen Gedanken zu behalten.

Was ist der Unterschied zwischen einer Blondine und einem Einkaufswagen?
Der Einkaufswagen hat einen eigenen Willen.

Was ist der Unterschied zwischen einer Blondine und einem Job?
Der Job wird erst nach einer Woche langweilig.

Wieso läuft eine Blondine mit 'ner Ketchup-Flasche auf dem Kopf herum?
Auf der Verpackung stand: „Vor Gebrauch auf den Kopf stellen!"

Warum können Blondinen keine Glühbirnen wechseln?
Weil sie sie mit dem Hammer in die Fassung schlagen.

Warum haben Mantafahrer neuerdings immer einen Strohballen auf dem Beifahrersitz?
Hauptsache blond und hält's Maul!

Was sagt eine Blondine, nachdem sie gegen einen Baum gefahren ist?
„Komisch – ich habe doch gehupt!"

Was passiert, wenn eine Blondine sich gegen eine Mauer lehnt?
Die Klügere gibt nach!

Was ist ein Gerippe unter einer Kellertreppe?
Eine Blondine, die beim Versteckspiel gewonnen hat!

Warum sollte man nicht lachen, wenn eine Blondine mit dem Fahrrad gegen eine Wand fährt? – Es könnte Deins sein!

Wie nennt man eine Blondine mit einem halben Gehirn?
Begabt!

Wie nennt man Blondinen in der Uni?
Besucher!

Wie macht eine Blondine Marmelade?
Sie schält Berliner!

Warum gehen Blondinen in der Dusche immer im Kreis herum?
Weil auf der Shampooflasche „Wash & go" steht...

Frage: Auf der Straße liegt ein 100-Mark-Schein. Wer hebt ihn auf: Der Nikolaus? Eine dumme Blondine? Eine kluge Blondine?
Antwort: Niemand! Es gibt weder den Nikolaus noch eine kluge Blondine. Und die dumme Blondine glaubt, es wäre ein platt getretener Kaugummi!

Was entsteht, wenn man eine Blondine mit einem Gorilla kreuzt?
Nichts – es gibt Dinge, die kann man nicht einmal einem Gorilla aufzwingen.

Drei Blondinen gehen durch den Wald und treffen eine Fee.
Diese sagt: Jede von euch hat einen Wunsch frei.
Die erste wünscht sich auszusehen wie Pamela Anderson – zack – und sie sah aus wie Pamela Anderson.
Die zweite wünscht sich lange Haare – zack – und sie hatte Haare bis zum Boden.
Und die dritte wünschte sich, noch dümmer zu sein – zack – und sie war ein Mann.

Was ist eine Blondine zwischen zwei Brünetten?
Eine Bildungslücke!

Wie nennt man eine Blondine, die ganz mit Schokolade beschmiert ist?
Die wahrscheinlich dümmste Praline der Welt!

Wie viele Blondinen braucht man, um einen Schokoladenkuchen zu backen?
Vier! Eine, die den Teig macht und drei, die die Smarties schälen.

Was ist eine Blondine mit schwarz gefärbten Haaren?
Künstliche Intelligenz!

Weshalb sind Blondinenwitze immer so kurz?
Damit sie auch die Männer verstehen!

Weshalb freut sich eine Blondine so sehr, wenn sie nach sechs Monaten ein Kinderpuzzle fertig hat?
Weil „2–4" Jahre auf der Packung stand!

Weshalb wechseln Blondinen erst nach zwei Wochen die Windeln ihres Babys?
Auf der Packung steht: für 4-6 Kilo!

Weshalb stehen Blondinen mit Computern auf Kriegsfuß?
Sie bekommen RTL nicht rein!

Wohin geht eine Blondine, wenn sie mit einer Matratze durch die Stadt läuft?
Zum Vorstellungsgespräch – sie soll ihre Unterlagen mitbringen!

Woran erkennt man, dass eine Blondine am Computer saß?
Am Tipp-Ex auf dem Bildschirm!

Weshalb sind zwei Blondinen im Autokino erfroren?
Sie warteten auf den Film „Im Winter geschlossen"!

Weshalb friert eine Blondine einen Eimer kochendes Wasser ein?
Heißes Wasser kann man immer brauchen!

Kommt eine Blondine mit 'nem Walkman auf dem Kopf zum Friseur. Sagt sie zum Friseur: „Einmal waschen, schneiden und legen." Sagt der Friseur: „Gerne, aber nehmen Sie bitte den Kopfhörer vom Kopf!" Die Blondine: „Kommt gar nicht in Frage, der ist lebensnotwendig für mich."
Nun denn, denkt sich der Friseur – dann halt mit Kopfhörer. Während des Schneidens bemerkt er, dass die Blondine eingeschlafen ist. Er wittert seine Chance, ihr den Walkman wegzunehmen, ohne dass sie es merkt. Gesagt, getan, er legt den Kopfhörer auf den Frisiertisch, schaut in den Spiegel und erschrickt: Die Blondine läuft ganz blau an und verdreht die Augen.
Na, was war denn so Lebenswichtiges auf dem Bandgerät, fragt er sich und hält sich den Kopfhörer ans Ohr. Da hört er eine sanfte Stimme: „Einatmen, ausatmen, einatmen, ausatmen..."

Was sind die schwersten drei Jahre im Leben einer Blondine?
Die erste Klasse!

Was ist der Unterschied zwischen einer Blondine und Tetrapack?
Tetrapack ist irgendwie clever!

Warum kann man davon ausgehen, dass Rapunzel eine Blondine war?
Ganz einfach, jede andere hätte die Schlüssel heruntergeworfen!

Eine Blondine läuft durch den Wald, als plötzlich nach einem grellen Blitz eine Fee vor ihr steht und sagt: „Heute ist dein Glückstag, mein Kind. Du hast einen Wunsch frei!"
Die Blondine überlegt und sagt: „Es herrscht so viel Krieg auf der Welt, ich wünsche mir, dass alle Menschen, schwarz oder weiß, in Frieden miteinander leben.
Da breitet die Fee eine Weltkarte aus, deutet auf tausende Punkte, welche Kriegsgebiete in aller Welt markieren und sagt: „Weißt du, ich bin nur eine kleine Fee und kann nur kleinere Wünsche erfüllen. Dieser übersteigt meine Kräfte. Hast du keinen anderen Wunsch?"
Die Blondine überlegt wieder und sagt: „Ja, ich würde gerne das Abitur bestehen!" Da legt die Fee die Stirn in Falten und entgegnet ihr: „Da wollen wir doch lieber noch einmal einen Blick auf die Landkarte werfen!"

Steht 'ne Blondine in Hamburg am Hafen und schmeißt andauernd Steine ins Wasser. – Warum ?
Sie hat das Schild gelesen: „DEUTSCHE WERFT".

Warum benutzen Blondinen Schulterpads im Pullover?
Um den Kopf ablegen zu können.

Warum lecken die Blondinen immer ihre Armbanduhren ab?
Weil „TIC TAC" nur zwei Kalorien hat…

Was macht eine Blondine ohne Handschuhe?
Sie bricht sich die Fingernägel ab.

12.

Eine Blondine und eine Brünette gehen über die Straße, sagt die Brünette:
„Sieh mal, ein toter Vogel!"
Sieht die Blondine nach oben und fragt: „Wo?"

Warum haben Blondinen immer Stroh im Auto?
Man kann ja nicht alles im Kopf behalten!

Eine Schwarzhaarige, eine Brünette und eine Blondine wollen auf einem Schiff als blinde Passagiere mitfahren. Sie verstecken sich im Frachtraum in drei Jutesäcken, als plötzlich ein Matrose den Frachtraum betritt. Als er versehentlich in den ersten Sack mit der Schwarzhaarigen tritt, hört er: „Wuff, wuff!" – „Ach, nur ein Hund!", sagt er. Aus Neugier versetzt er nun dem Sack mit der Brünetten einen Tritt. „Miau, miau!", tönt es heraus. – „Ach so, nur eine Katze!" Danach tritt er den Sack mit der Blondine. Kommt eine Stimme aus dem Sack: „Kartoffeln, Kartoffeln!"

Eine Blondine geht spazieren. Da trifft sie einen Schäfer und fragt: „Servus, Schäfer, wenn ich errate, was für Tiere das sind, krieg ich dann eins?"
„Ja klar", sagt der Schäfer.
„Das sind Schafe!", sagt die Blondine, sucht sich eines aus und geht weg.
Da ruft der Schäfer hinter ihr her: „Hallo, wenn ich deine Haarfarbe errate, bekomme ich dann wieder meinen Schäferhund zurück?"

Fragt der Chef die blonde Sekretärin:
„Schauen Sie doch bitte mal nach, was für diese Woche im Terminkalender steht."
Darauf die Blondine: „Montag, Dienstag, Mittwoch, Donnerstag, Freitag…"

Oberst: „Achtung! Rechts um! Das gilt auch für den kleinen Roten da hinten."
Soldat: „Aber Herr Oberst, das ist doch ein Hydrant."
Oberst: „Ist mir scheißegal, was der studiert hat!"

Was tun Blondinen, wenn sie hören, dass 90 % aller Unfälle in der Wohnung stattfinden?
Umziehen.

Was bekommt eine Blondine, wenn sie ein Jahr lang unfallfrei Auto gefahren ist?
Den zweiten Gang...

Warum mögen Blondinen Gewitter?
Sie denken, dass sie fotografiert werden.

Warum rufen Blondinen nie '110' im Notfall?
Sie finden die '10' nicht auf dem Telefon.

Was ist 10 km lang und hat einen IQ von 40?
Eine Blondinen-Parade.

Was ist eine Blondine, wenn sie 95 % ihrer Intelligenz verloren hat?
Geschieden oder Witwe.

Treffen sich eine Blondine und eine Brünette.
Fragt die Blondine: „Na, was sagst du zu meinem tollen Strohhut?"
„Wundervoll. Wie aus dem Kopf gewachsen."

Warum können Blondinen nicht nach einem Kochbuch doppelte Portionen kochen?
Weil der Ofen nicht bis 400 Grad geht.

Was sind die sechs schlimmsten Jahre im Leben einer Blondine?
Die dritte Klasse.

Warum streuen Blondinen Pfeffer auf den Fernseher?
Damit das Bild schärfer wird.

Was ist das Lieblingswerkzeug einer Blondine an einer Tankstelle?
Die Luftpumpe.

12.

Wie starb die Blondine beim Milchtrinken?
Die Kuh fiel auf sie.

Warum haben Blondinen keine Eiswürfel im Gefrierschrank?
Sie haben das Rezept verloren.

Welche Fernsehsendung sieht eine Blondine am liebsten?
XY-ungelöst.

Auf der Fete fragt eine Blondine den Gastgeber: „Mensch, hast du aber tolle Musikkassetten. Aber wer bitte ist die REINIGUNGSBAND?“

Eine Blondine bei der Kurverwaltung: „Bitte bestellen Sie mir eine Kurtaxe! Schließlich bin ich schon eine Woche hier und bin noch kein einziges Mal damit gefahren!!!“

Eine hübsche, ältere Blondine verlässt gerade den Zeugenstand im Gericht, kommt aber nach wenigen Augenblicken wieder zurück und sagt total verlegen: „Ich muss meine Aussage korrigieren, Herr Richter. Ich war eben so aufgeregt, dass ich statt meines Alters meinen Brustumfang angegeben habe!“

Wundert sich die Dame an der Kinokasse, als eine Blondine zum dritten Mal eine Eintrittskarte bei ihr kauft:
„Sie sind jetzt schon zu dritten Mal hier, um eine Karte zu kaufen, wieso eigentlich?“
„Der Mann am Eingang hat sie mir jedes Mal zerrissen!“

Der dicke Chef muss verreisen und bittet seine blonde Sekretärin, ihm zwei Plätze zu besorgen, damit er bequem sitzen kann. Nach einer Stunde kommt sie freudestrahlend zurück und ruft: „Ich habe sogar noch zwei Fensterplätze bekommen!“

Im Schuhgeschäft: „Farbe und Form der Schuhe sind mir gleich“, sagte die große Blonde zum Verkäufer, „ aber niedrige Absätze müssen sie haben.“
„Wozu sollen sie denn passen?“, fragt er.
„Zu einem kleinen, dicken, älteren Prokuristen!“

Während der ersten Fahrstunde sagt die Blondine zum Fahrlehrer: „Der kleine Spiegel dort oben ist verkehrt eingestellt!"
„Wieso denn?", fragt der Fahrlehrer überrascht.
„Na ja, das Einzige, was ich darin sehen kann, sind die Autos hinter uns!"

Siggi fällt in den See, wird aber gerettet.
Der Retter fragt ihn: „Warum bist du denn nicht geschwommen?"
Siggi: „Aber da steht doch ein Schild – Schwimmen Verboten!"

Tünnes und Schäl und Heidi gehen zum ersten Mal ins Kino. Im Saal ist es stockdunkel. Die Platzanweiserin kommt ihnen mit einer Taschenlampe entgegen. „Pass auf, Tünnes!", brüllt Schäl, „ein Fahrrad!"

Zwei Blondinen lassen sich als Astronauten anheuern:
„Wohin fliegen wir eigentlich?", fragt die eine.
„Zur Sonne."
„Du spinnst, die ist doch viel zu heiß!"
„Am Tag schon, aber wir fliegen ja nachts."

Was haben eine Blondine und Wolken gemeinsam?
Wenn sie sich verziehen, wirds ein schöner Tag.

Warum füllt eine Blondine immer zwei auf einmal Lottoscheine aus?
Einen für sich und einen für Jack Pott.

Wen sucht eine Blondine im Reis?
Uncle Ben.

Was sucht eine Blondine im Ketchup?
Heinz.

12.

Wie nennt man eine intelligente Blondine?
Golden Retriever.

Sitzen zwei Blondinen auf einem Brückengeländer und schauen ratlos hinunter. „Was mag das wohl sein?"
„Vielleicht der Rhein?"
„Oder die Mosel?"
„Ach, ich schau einfach mal nach."
Gesagt, getan. Die eine Blondine hält sich die Nase zu und springt.
„Und, was ist es?"
Schwach, hohl und lallend kommt die Antwort: „Die A 1."

Warum ist Commodore Pleite gegangen?
Weil die Blondinen immer die Chips aufgegessen haben.

2000 Blondinen sind zu einer Quizshow eingeladen. Der Quizmaster sucht sich eine als Saalkandidatin aus und fragt sie:
„Wieviel ist drei mal vier?"
Die Blondine überlegt und antwortet schließlich zögernd: „Sieben?"
Darauf der Quizmaster: „O, das ist leider falsch."
Die anderen 1999 Blondinen rufen: „Gebt ihr noch 'ne Chance, gebt ihr noch 'ne Chance."
Der Quizmaster lässt sich erweichen und stellt wieder eine Frage:
„Wieviel ist zwei mal vier?"
Die Blondine überlegt und der Quizmaster denkt schon, dass sie die Antwort diesmal bestimmt richtig hat, als sie sagt: „Sechs."
Darauf der Quizmaster: „O, das ist leider schon wieder falsch."
Die anderen 1999 Blondinen rufen: „Gebt ihr noch 'ne Chance, gebt ihr noch 'ne Chance."
Der Quizmaster lässt sich noch einmal erweichen, sagt aber, dass dies wirklich die letzte Chance ist und fragt: „Wieviel ist drei mal drei?"
Die Blondine überlegt und überlegt, sie überlegt wirklich lange und sagt endlich: „Neun."
Darauf die anderen 1999 Blondinen: „Gebt ihr noch 'ne Chance, gebt ihr noch 'ne Chance."

Woran sieht man, dass eine Post-it-Nachricht von einer Blondine kommt?
Die klebende Seite ist beschrieben.

Die hübsche Blondine zu ihrer Freundin:
„Gestern ist mein Chef über mich hergefallen."
„Hast du dich nicht gewehrt?"
„Ging nicht - mein Nagellack war noch nicht trocken."

Was passiert, wenn eine deutsche Blondine nach Österreich auswandert?
In beiden Ländern steigt der durchschnittliche IQ.

Wie stirbt eine Hirnzelle einer Blondine?
Alleine.

Was ist eine Blondine mit zwei Hirnzellen?
Schwanger.

Wenn eine Blondine und eine Brünette vom Balkon stürzen, wer kommt dann zuerst unten an?
Die Brünette, die Blondine muss nämlich unterwegs nach der Richtung fragen.

Was bekommt man, wenn man einer Blondine einen Pfennig für ihre Gedanken bietet?
Wechselgeld.

Wie versucht eine Blondine, einen Vogel umzubringen?
Sie wirft ihn vom Balkon.

12

INK

Kapitel 13.

Stilblüten, Scherzfragen und letzte Worte

Warum wollte der Herr, der Brenz hieß, seinen Namen ändern? Weil, immer wenn er sich am Telefon mit „Hier Brenz“ meldete, die Feuerwehr anrückte!

Warum nennt man den Frühling auch 'die gefährlichste Zeit' des Jahres?
Die Bäume schlagen aus, die Sonne sticht, die Salatköpfe schießen und der Rasen wird gesprengt!

Glatzköpfe sind friedliche Leute,
weil sie sich nicht in die Haare kriegen können.

Wie nennt man einen Mann, der mit Geldscheinen um sich wirft?
Klar. Einen Scheinwerfer!

„Kennst du 'Das Fernsehgericht'?“
„Na klar: Salzstangen und Bier!“

Konsequent ist, wer auch einen Holzweg zu Ende geht.

Von welchen Gaben wird man nicht reich?
Den Ausgaben.

Was ist, wenn ein Dachdecker vom Dach eines Kirchturmes in den Schnee fällt? – Winter.

Karin und Frieda kugeln sich vor Lachen. Frieda hat eben die Scherzfrage gestellt, wie der leichteste Chinese heißt: „Ping-pong.“
„Aber wie heißt der schwerste?“, fragt Frieda. Karin grübelt und grübelt und kommt nicht drauf.
„Mensch, Karin“, ruft Frieda, „Be-tong!“

„Der andere Wagen fuhr mal nach links, dann nach rechts, dann wieder nach links, ehe ich mit ihm kollidieren konnte. Es war die Zeit des Stoßverkehrs. Ich stieß auf das vor mir zum Stehen gekommene Auto."

Heiteres aus der Firma: „In unserer Kantine kocht das Personal vor Wut!“

Im Gästebuch einer namhaften Galerie sind die unterschiedlichsten Stimmungsbilder der Ausstellungsbesucher festgehalten. Unter der Rubrik 'Grund Ihres Besuches' sah sich ein Besucher zu einer ehrlichen Antwort verpflichtet: „Wolkenbruch."

Wer von seiner Arbeit am wenigsten versteht,
hat in der Regel am meisten zu sagen!

Komplimente der unfeinen Art:
Halt dein Gesicht vors Kellerfenster, und keine Ratte steigt mehr ein. – Dein Gesicht auf dem Kirchplatz, und der Fremdenverkehr ist beim Teufel. –
Wenn du so groß wie dumm wärst, dann könntest du schon aus der Dachrinne trinken. –
Dein Gesicht auf 'ner Briefmarke und die Post geht Pleite.

Ganoven-Chinesisch:
Dieb: Lang-Fing
Polizist: Lang-Fing-Fang
Bandenchef: Lang-Fing-King
Verkehrspolizist: Hup-Hup-Fing-Fang
Polizeihund: Fing-Fang-Wau
Polizeipferd: Fing-Fang-Hue
Polizeirevolver: Fing-Fang-Peng
Polizeiknüppel: Fing-Fang-Hau
Polizeirazzia: Schau-Schau
Vorführung eines Diebes: Schau-Lang-Fing
Flüchtiger Dieb: Lang-Fing-Futsch
Erfolg eines Diebstahls: Beu-Te
Diebstahl ohne Erfolg: Beu-Te-Futsch
Katzendieb: Miau-Lang-Fing
Gefängnis: Kitt-Schen
Polizistengruß: Fing-Fang-Tschau-Tschau

13.

An die Wand einer Damentoilette gekritzelt:
„Nicht alle Frauen sind dumm. – Manche sind auch Single!"

In der Zeitung war folgende Anzeige zu lesen:
„Verkaufe fast neuen Christbaum. Nur dreimal davor gesungen!"

Moralisten sind Leute, die sich da kratzen, wo's andere juckt.

Eine Glatze ist FKK auf höchster Ebene.

Hier kann man nicht mal in Ruhe Krach machen!

Stilblüten aus den Akten einer Versicherung:

„Das Pferd lief über die Fahrbahn, ohne sich vorschriftsmäßig zu vergewissern, ob die Straße frei ist."

„Ich überschlug mich seitwärts mehrmals, um eine Kollision mit dem entgegenkommenden Fahrzeug zu vermeiden."

„Beim Heimkommen fuhr ich versehentlich in eine falsche Grundstücksauffahrt und rammte einen Baum, der bei mir dort nicht steht."

„Ich kam von der Straße ab, wobei ein Baum meinem Auto nicht ausweichen konnte."

Aus einem Schulaufsatz:
„Der Weg machte eine Kurve. Als ich die hinter mir hatte, fiel mir plötzlich eine ziemlich kaputte Ruine ins Auge!"

Unvergessene „letzte" Worte:

Ein Beifahrer: „Rechts ist frei."

Ein Bergsteiger: „War'n gar nicht mal teuer, diese Karabinerhaken..."

Ein Briefträger: „Braves Hündchen...“

Ein Fahrgast in der Achterbahn: „TÜV-geprüft ...“

Ein Fahrlehrer: „Nun versuchen Sie's alleine.“

Ein U-Boot-Matrose: „Hier sollte mal gelüftet werden.“

Ein Wattwanderer: „Oh – meine Uhr ist stehen geblieben.“

Gesichtsverlust setzt immer voraus, dass man eins hat.

Die letzten Worte eines Boeing-747-Piloten:
„So, das war's. Macht's euch bequem, Leute, den Rest macht der Vogel von ganz allein...!“

Die Zeit flieht – aus Angst, totgeschlagen zu werden.

Es gibt Menschen, die so zuverlässig sind, dass sie regelmäßig versagen.

Spritziges aus der Spraydose:
Freiheit für Luis Trenker – nieder mit der Eigernordwand! –
Freie Sicht aufs Mittelmeer – weg mit den Alpen!

Welcher Wein wächst an den Hängen des Vesuv? – Glühwein!

Kommt ein Mann um die Ecke, ist der Bus weg!
Kommt der Bus um die Ecke, ist der Mann weg!
Kommt der Bus zum Mann, ist die Ecke weg!

Was ist ein Cowboy ohne Pferd?
Ein Sattelschlepper!

13.

Nicht jeder, der aus dem Rahmen fällt, war vorher im Bilde.

Was ist das: Es hängt an der Wand, und wenn's runterfällt, geht die Gartentür auf?
Reiner Zufall...

Woran erkennt man einen freundlichen Motorradfahrer?
An den Fliegen zwischen den Zähnen.

Was ist der Unterschied zwischen einem Chemiker und einer Hebamme?
Der Chemiker sagt: „H_2O" – die Hebamme sagt: „Oha, 2!"

Wie viel Programmierer braucht man, um eine Glühbirne auszutauschen?
Gar keinen. Das ist ein Hardware-Problem !

Was ist das: Es ist gelb, hat 22 Beine und zwei Flügel?
Eine chinesische Fußballmannschaft!

Was sagt Petrus zu einem Arzt?
Lieferanten bitte zum Hintereingang!

Die Wettervorhersage:
„Heute Nacht ist mit keiner weiteren Bevölkerungszunahme zu rechnen!"

Nichtschwimmer sollten keine Brücken hinter sich abbrechen.

Ein Millionär ist ein Mann, der gelernt hat, mit Nullen richtig umzugehen!

Welche Leute haben ständig ein Abführmittel bei sich?
Polizisten mit Handschellen.

Was haben Geburtstage und Regenschirme gemeinsam?
Beide werden vergessen.

Auf welcher Straße kann man weder fahren noch gehen?
Auf der Milchstraße.

Was ist aller Laster Anfang?
Die Stoßstange.

Was ist ein Lüneburger, wenn er aus der Kirche austritt?
Ein Lüneburger Heide.

Wer genießt den Sonntag in vollen Zügen?
Der Bahnschaffner.

Welches Urteil ist das ungerechteste?
Das Vorurteil.

Warum dürfen die Nordpolfahrer keine blauen Brillen tragen?
Weil sie sonst die Eisbären für Blaubeeren halten könnten.

Welches Gewicht will keiner verlieren?
Das Gleichgewicht.

Was brennt Tag und Nacht und verbrennt doch nicht?
Die Brennnesseln.

Wie verdoppelt man den Wert eines Trabi?
Einmal volltanken.

Wie viele Leute braucht es, um einen Trabi zu bauen?
Drei. Einer schneidet, einer faltet, einer klebt.

Was ist der Unterschied zwischen einem normalen Trabi und dem Sportmodell?
Ein Paar Turnschuhe im Kofferraum.

„Weißt du, wer das Leuchtfeuer erfunden hat?"
„Sicher irgend so ein heller Kopf!"

Aus einem Schreiben an den Personalchef:
„...wir müssen uns vor Augen halten, dass der Betrieb eine große Maschine ist, in dem jede Schraube gebraucht wird. Deshalb bin ich unbedingt notwendig!"

Grundsätze sind ein Korsett,
das mit der Zeit immer enger wird.

Der letzte Wille: Ein reicher Bürger ordnet in seinem Testament an, er möge doch am Eingang des Friedhofs beerdigt werden, damit er bei der Auferstehung schnell herauskomme und nicht ins Gedränge gerate!

„Männer sind wie Kohl", weiß die welterfahrene Ilse, „am besten leicht abgebrüht zu genießen..."

Frage an Radio Jerewan: Was gab es früher, das Huhn oder das Ei?
Radio Jerewan antwortet: Früher gab es beides.

Läuft Ihr Kühlschrank noch?
Ja? Dann sollten Sie ihn besser festhalten!

„Wer sein Leben in vollen Zügen genießen will, sollte freitags mit der Bahn fahren!"

Was ist weiß und stört beim Essen?
Eine Lawine!

Was ist der Unterschied zwischen einer Kuh und einer Milchtüte?
Milchtüten kann man besser stapeln.

„Haben Sie in Norwegen auch die Fjorde gesehen?"
„Und ob – obwohl die ja so was von scheu sind ..."

„Waren Sie in Rom denn auch im Capitol?"
„Nee, im Kino waren wir nicht, das war viel zu heiß."

Was sagt man von einem Spanner, der gestorben ist?
Der ist weg vom Fenster.

Was ist das: Tagsüber sitzt man drauf, nachts schläft man drin und morgens putzt man sich damit die Zähne? – Na, ein Stuhl, ein Bett und eine Zahnbürste!

Trafen sich zwei Jäger, der eine überlebte schwer verletzt.

Ein Millionär hat das Zeitliche gesegnet. Die trauernde Witwe lässt zu seinem Andenken den Spruch in den Grabstein einmeißeln: „Ruhe sanft."
Nachdem sie erfahren musste, dass ihr Gatte ihr keinen Pfennig vererbt hat, wurde der Grabsteinspruch ergänzt: „...bis ich komme!"

Was sagt ein Physiker ohne Arbeit zu einem Physiker mit Arbeit?
Einmal Currywurst mit Pommes, bitte!

„Tagchen, Herr Anwalt, wie stehen die Geschäfte?"
„Danke, ich kann nicht klagen!"

Baumann kommt in ein Antiquitätengeschäft: „Hallo, was gibt's Neues?"

Sonja betritt die Buchhandlung und meint zu Verkäuferin:
„Welchen Krimi können Sie mir empfehlen – ich bin heute in einer Mordsstimmung!"

Smalltalk auf der Frankfurter Buchmesse.
„Haben Sie schon gehört, der Schriftsteller Kinkel hat seinen Leserkreis verdoppelt!"
„Verraten Sie mir sein Rezept, ich mach das nach!"
„Er hat geheiratet!"

„Sag mal, Thomas, steht was Neues in der Zeitung?"
„Ja, das Datum!"

Elmar kommt in die Buchhandlung und verlangt vom Buchhändler: „Ich hätte gern ein Buch, in dem keine Lügen, kein Mord, kein Gärtner und auch keine alte Millionärin mit Hund vorkommen. Haben Sie vielleicht so was in der Art?“ Beugt sich der Buchhändler zum untersten Fach des Regals, zieht ein dickes Heft heraus und meint: „Genau das, was Sie suchen! Den Fahrplan der Bundesbahn!“

„Wenn ich ein Buch von Karl May lese, bin ich jedes Mal gefesselt", erzählt Heike ihrer Freundin. – „Stört dich das nicht beim Umblättern?"

Ein junges Fräulein betritt die Buchhandlung und sagt zur Verkäuferin:
„Ich suche einen Ratgeber über Kindererziehung!“
„So etwas führen wir leider nicht, meine Dame“, sagt die Verkäuferin.
„Schade. Haben Sie dann vielleicht ein Buch über die Kunst der Selbstbeherrschung?“

Karlchen sagt zu seinem Freund: „Ich wette mit dir, dass ich dir mindestens zehn Seiten vom Düsseldorfer Telefonbuch auswendig hersagen kann!"
„Na, das will ich aber hören", meint sein Freund ungläubig. „Fang an!"
„Also, Müller, Müller, Müller, Müller..."

Zwei Buchautoren treffen sich auf der Frankfurter Buchmesse.
„Wie gehen die Geschäfte, Herr Neumann?“, fragt der eine. „Ich habe ein neues Buch geschrieben!“ Neumann nickt zustimmend, ja, dass wisse er bereits. „Wie haben Sie das erfahren?“, fragt der Autor interessiert. Neumann darauf: „Na, weil ich es mir schon gekauft habe.“ – „Ach, Sie waren das!“

Zwei Buchautoren treffen sich auf der Frankfurter Buchmesse. Sagt der eine zum anderen: „Guten Tag, Kollege, ich habe Ihr Buch gelesen." – Der andere, sichtlich geschmeichelt, fragt zurück: „Mein letztes?" – „Ich hoffe!"

Fragt der junge Dichter seinen Verleger: „Ich soll also mehr Feuer in meine Verse legen?" – „Umgekehrt, mein Lieber, umgekehrt!"

Zugegeben: Manfred hält sich selbst für einen begnadeten Schreiber. Selbstsicher schickt er sein erstes Manuskript an einen Münchener Verleger. Die Antwort lässt auf sich warten. Eines Tages erhält Manfred die ersehnte Post aus München. Im Schreiben heißt es: „Ihr Manuskript ist so schlecht, dass wir es erst umschreiben mussten, bevor wir es über den Müll entsorgen konnten!"

Zwei Nullen gehen hinter einer Acht her.
Sagt die eine Null zur anderen: „Guck mal, wie sie wieder geschnürt geht, die Angeberin!"

Gehen zwei Einbrecher einbrechen. – Da ist prompt geschlossen!

„Wie viel Geld brauchen Sie im Monat?"
„Weiß ich nicht – ich hatte noch nie so viel!"

„Mein Vater ist Numismatiker."
„Was ist denn das?"
„Jemand, der Münzen sammelt."
„Komisches Fremdwort, früher nannte man das einfach Bettler."

Die schönsten Komplimente, die ein Mann einer Frau machen kann, sind jene, die sich weit von der Wahrheit entfernen.

Die Reue, die Feuerwehr und die guten Einfälle kommen oft zu spät!

Aus dem Tagebuch einer Leidgeprüften:
„Man soll die Männer so nehmen, wie sie sind, aber nicht so lassen!"

13.

Wir möchten mit Ihnen lachen.
Senden Sie uns Ihren Lieblingswitz.

Weltbild Buchverlag
Steinerne Furt 67
86167 Augsburg